全国幼儿园园本课程系列

QUANGUO YOUERYUAN YUANBEN KECHENG XILIE

幼儿园"五动教育"

——瑞吉欧理念的本土化实践

主　编　潘晓敏

编　委　吴桂香　洪　雅　朱静贤　张嘉靖
朱骁锷　丁亚筠　刘春华

复旦大学出版社

前　言

一、教育应该是“活”的

自古以来,好的教育应该是“活”的,充满活力,朝气蓬勃。因为,教育的对象是生命力旺盛、正处于成长时期的少年儿童,他们活泼好动、兴趣广泛、好问好学。因此,教育要适合这些蓬勃成长的生命,就应该是“活”的。“活”的教育是与一代代少年儿童一起成长的,她应该是活跃的、灵动的、生机勃勃的,充满生命的活力。

学前教育面对的是幼小但生命力十足的儿童,3～6 岁的儿童对世界的感知是全新的,对一切充满好奇,他们什么都想知道,充满了探求未知的欲望。他们天真烂漫,无拘无束,喜欢按照自己的兴趣与方式探索和发现这个世界的种种秘密。所以,他们喜欢的教育是“活”的,是充满童趣的,和他们一样的活跃,生机勃发,跃动着生命的火花。

二、教育为什么需要“活”起来

卢梭在《爱弥儿》中反复强调“必须把人当作人来看待,把儿童当儿童看待”。这让教育的实施和天性的成长彼此协调。自卢梭的《爱弥儿》问世至今已有两个多世纪了,但今天儿童的状况又是怎样的呢?我们只要看看今天的孩子在学校、家庭和社会上承受的各种压力,就不难看出:今天的儿童仍处于“不自由”的状态之中。这种“不自由”的表现是:教育仍然以“教”为主,忽视了儿童不同的成长样态。教师灌输式的“教”无形中限制了儿童的成长空间。此外,对“教”的过度关注,让儿童在教育中处于被动的地位,各种“被要求”“被指令”“被告知”,压抑了儿童在学习和成长中的主观能动性。久而久之,这种使儿童丧失了童真的教育变成了“死”教育,因为它让教育走进了死胡同,变得沉闷,没有了童心和活力!

为了让孩子爱上学习,乐于探究,焕发生命的活力,我们的教育必须“活”起来!

三、怎样让教育“活”起来

让教育变“死”的根本症结在于儿童学习主动性的缺失,要使教育“复活”,重新焕发活力,其关键在于把学习和成长的权利还给儿童。

在寻求恢复教育活力的过程中,我们选择了瑞吉欧,同时进行了本土化的探索,构建了特色的幼儿园“五动教育”。我们于2016年10月申报立项了上海市市级课题“瑞吉欧教育理念的本土化实践：幼儿园‘五动教育’的研究”，正式踏上了探索教育“复活”之路。

1. 瑞吉欧教育理念

瑞吉欧·艾米莉亚的幼儿教育模式（以下简称瑞吉欧）被认为是20世纪国际幼儿教育具有里程碑意义的改革成果。这一模式对我国学前教育课程开发产生了巨大的冲击，它启发我们：应尊重儿童的主体地位，因材施教；注重关系的建立，构建家、园、社区一体化的课程模式；在记录中反思，在反思中成长；以方案课程为主，预设性与生成性相结合；科学、合理地创设幼儿园环境，凸显民族文化特色。借鉴瑞吉欧的教育理念及模式，我们可以尝试构建具有中国特色的幼儿教育体系。

当前国内的学前教育尽管提出了一些新的观念，但大都还停留在口号层面，与瑞吉欧的整个教育理念存在一定差距。如：瑞吉欧是将幼儿看成一个独立的社会成员，具有自主权，而我们的学前教育则更倾向于认为儿童是一个被教育发展的对象；在课程方面，瑞吉欧强调师生共同构建和生成，而我们则更强调计划性、预设性；在教学方式上，瑞吉欧强调教师做支持者、合作者，而我们则更多的是做主导者、评价者。所以，要实现瑞吉欧教育理念的本土化，我们必须在消解上述几方面冲突上寻求对策，探索瑞吉欧教育理念向本土实践转化的载体与方式。为此，按照瑞吉欧的教育理念我们提出了“五动教育”的实践构想，希望能成为瑞吉欧教育理念本土化的一种教育方式。

瑞吉欧的教育不是一个统一的模式，也不是一种具体的方法，而是要传授给大家一种教育理念。我们不是要去照搬，而是要每一位幼儿教师能够从中学习他们的思想，理解学前教育的本质，为孩子们设置或研制出优质的教育方案，以孩子为中心，构建孩子和教师、环境之间的关系。

2. 陈鹤琴和陶行知的教育思想

关于儿童的教育，除了瑞吉欧外，国内的教育先驱如陈鹤琴、陶行知等，也在倡导“活”的教育上提出了许多真知灼见。瑞吉欧在儿童教育观上，与陈先生和陶先生的儿童教育理念在本质上保持着高度一致。因此，我们在探索瑞吉欧教育理念本土化实践的同时，也汲取了陈鹤琴和陶行知的教育思想。尤其是“活教育”理论和“生活教育”理论。陈鹤琴和陶行知的儿童教育理论是中国本土的产物，更贴近我国的教育实际，更容易被我们理解。所以，在进行瑞吉欧教育理念实践的时候，我们找到了本土化生长的土壤和砧木，可以促进瑞吉欧教育理念在中国学前教育的土壤里落地生根，实现本土化的应用。

陈鹤琴认为：“活”的教育首先是懂得儿童的心理，理解儿童，契合儿童。他认为书本主义的教育就是“死”的教育。而“活”的教育，教材是“活”的，方法是“活”的，课本也是“活”的。我们要一起为儿童谋福利，尽量利用儿童的手、脑、口、耳、眼睛，打破只用耳朵听、眼睛看，而不用口说话、用脑子想事的教育。要教育好儿童，要使我们的教育是活的，不是死的，必定要使它适合儿童的天性。[①] 引用人民教育家陶行知描写当时教育情

① 王振宇，秦光兰，林炎琴. 为幼儿教育发现中国儿童，为儿童创办中国幼儿教育——纪念陈鹤琴先生诞辰125周年[J]. 学前教育研究. 2018(01).

形时的两句警语：先生教死书—死教书—教书死；学生读死书—死读书—读书死。[①] 我们把它改为：先生教活书—活教书—教书活；学生读活书—活读书—读书活。

由上所述，"活"的教育必然是顺应儿童天性，教学的内容来自儿童的生活；教学的方法要契合儿童，符合他们的认知特点与规律；教学的形式要符合儿童的心理特征和认知特点。其中的根本是让儿童成为主体，尊重他们的兴趣和意愿，让教学适应儿童，而不是以教师为主体，主宰儿童的思想和行为，让儿童去适应教学。

"活"的教育要给儿童广阔的自由空间，而不是限制他们。卢梭在对爱弥儿的教育体验中获得了感悟："多给孩子以真正的自由，少给他们养成驾驭他人的思想，让他们多动手，少要别人替他们做事。"他认为这样长大的孩子会成为"成熟的儿童"。他谈道："等他过完了童年的生活，然而他不是牺牲了快乐的时光，才达到这种完满成熟的境地的，恰恰相反，它们是齐头并进的，在获得他那样年纪的理智的同时，也获得了他的体质许可，他享有快乐和自由。"[②]这种思想涉及要对幼儿实施弹性培养。这是一种伸缩性的、留有余地的教育，是与不重视创造力、单纯追求知识量的刚性做法相对照而提出的。它要求教师起到引导、帮助幼儿的作用，直接参与幼儿的活动过程，并在活动过程中，以幼儿的自然天性为出发点，以尊重幼儿个性、培养其创造力为主旨，以爱孩子为前提，以自然陶冶体验认知过程为主要途径，旨在培养幼儿心智能力结构的张力，而并非追求整齐划一、即时可见的效果。

陶行知的教育理念集中体现在他的生活教育理论中。他指出：生活教育三大原理是"生活即教育""社会即学校""教学做合一"。"生活即教育"，是生活教育理论的核心，是生活教育理论的本体论。何谓"生活教育"？陶行知指出："生活教育是生活所原有，生活所自营，生活所必需的教育。"教育的根本意义是生活之变化，生活无时不变，即生活无时不含有教育的意义。因此陶先生主张在生活中进行教育，用生活来教育，教育要丰富和改变生活，为生活前进而教育。

陈鹤琴和陶行知其实是从不同的角度，用不同的表述告诉了我们同一个道理：教育必须是以儿童的生活为源泉，以鲜活的内容和形式，结合儿童的生活进行教育，这样的教育是充满生活气息的、"活"的教育。

3. 幼儿园"五动教育"

在综合了瑞吉欧、陈鹤琴和陶行知的教育理念，并结合国内的教学情况，我们提出了幼儿园"五动教育"。"五动教育"主要包括五个方面：兴趣引动、任务驱动、多向互动、内容灵动、领域联动。

（1）兴趣引动。活动中强调以兴趣去引动幼儿自主学习。以幼儿为中心，从幼儿的兴趣和需要出发。不让幼儿生活在成人的包围之中。在幼儿园中，教学方式的选择要更多地从幼儿兴趣和促进幼儿发展等方面出发。尤其是孩子们正处在特殊的成长时期，教师不应把成人的意念强加于他们，硬性给他们一些教学目标和教学内容。孩子们自主的探索，就是最好的学习方式。这也更能引发幼儿对活动的持续兴趣，愿意主动地学习。

---

① 董宝良. 陶行知教育论著论[M]. 北京：人民教育出版社，1991：395.

② ［法］让-雅克·卢梭. 爱弥儿[M]. 方卿编译. 北京：北京出版社. 2008：209.

(2) 任务驱动。学习活动中强调借助任务驱动,明确学习目标。在确定了活动主题后,便可以展开实施。该阶段主要是为幼儿提供新的经验和研究机会,使其获取第一手的直接经验。而在其中设置一定的任务或者创设可供幼儿探索、尝试解决的问题是必不可少的,幼儿可以在任务的驱动下,根据其关注的不同方面来验证自己的假设,探寻事实的真相,对客观的环境进行有目的的改造。这可以使幼儿的行为更具目的性。

(3) 多向互动。学习过程中形成多向互动,深化学习。开放的环境是幼儿园的第三位老师,教育由复杂的互动关系构成,只有“环境”中各个因素的参与,才能保证各种互动关系的实现。因此,幼儿园中丰富的材料,吸引幼儿探索的物品和设备,开放的教学环境,都能激发人与人之间以及人与物之间的交流和互动,从而形成师生互动、生生互动、幼儿与材料的互动。

(4) 内容灵动。教学内容与方式选择上灵活机动,契合幼儿的实际需要。瑞吉欧的活动主要指师生共建弹性课程与探索性教学,从内容上来说是具有一定灵动性的。结合本地教学实际情况,可以将这种活动设定为既可以是教材选择上的灵动,也可以是教学方式上的灵动。师生在活动中可以解决真实生活中的问题,以不同教学形式共同进行长期深入的主题探索。主题的选择是生成与预设的结合,主要来自幼儿的真实生活经验、兴趣和问题,并在众多的问题中做出选择和判断。

(5) 领域联动。强调课程领域之间的联动,建构立体化的协同教学机制。瑞吉欧的儿童观指出,儿童的语言不仅仅停留在一个领域,可以用一百种语言来表达他的想法。现在幼儿园的课程都按照“四大板块”(学习、生活、游戏、运动)或“五大领域”(健康、语言、社会、科学、艺术)实施,在实施过程中却有所分割,与儿童的生活产生了一定的距离。我们在“五动教育”中强调“领域联动”,各领域之间将不再是独立的、个体存在的,它们相互间是一个整体。通过这种领域之间的相互联动进一步激发和促进幼儿的自主发展。

“五动教育”中的前三个“动”主要指教学方法层面,更多是关乎教师的行为,解决教学活动怎么做的问题。后两个“动”属于机制层面,更多地关系到幼儿园教育的理念,主要解决幼儿园课程教学策略和各领域教育协同的整合性问题。我们试图从实践操作到整个课程策略和行动策略,形成一种顶层设计。所以,“五动教育”是理念与实践的整合。

“五动教育”是将瑞吉欧的课程观、儿童观,陈鹤琴的“活教育”和陶行知的生活教育理论融于一体,再与本园实际情况结合起来的幼儿教育行动方式,既体现了先进的幼儿教育理念,又概括了我们实践的操作行为。

“五动教育”以幼儿熟悉的生活为载体进行学习,让幼儿产生兴趣,激发自主学习的欲望,真正成为学习的小主人,让教育回归幼儿的生活,让课程回归幼儿,让教育回归自然。幼儿教育不能局限在幼儿园中,更多的是要走出去,大自然、大社会都可以作为幼儿学习的课程。“森林教育”就是以大自然作为“活教材”,向自然学习,向自然致敬。在没有围墙的大课堂中,幼儿尽情地体验自然给予的馈赠,爬树、看花、观察蜗牛、研究蚯蚓……这些体验都是在课本中不能得到的。幼儿的每一次亲身体验和接触都会加深他们与环境的互动,让幼儿在感知环境中习得了经验。在自然课堂中教师可以教幼儿怎样防范规避未知的风险，在野外迷路了如何找到回家的路，这样的教育方式比教师在室内通过图片的方式一遍遍地告诉幼儿怎么做更直接、更有利于培养幼儿的核心经验。

三年多来，我们围绕“五动教育”开展了扎扎实实的实践研究，不断深化对瑞吉欧以及陈鹤琴、陶行知教育思想的理解，建构起“五动教育”自身的理论和观念，在实践层面逐步丰富“五动教育”内涵与具体的教育方法，提炼操作策略，将“五动教育”贯彻到幼儿园教育各个方面，形成了整体效应，获得了丰富的经验，有效地促进了幼儿园的全面发展，形成了我们追求的教育生机勃勃、充满活力，幼儿自主好学、乐于探究，教师乐于研究、敢于创新的喜人局面。

本书是嘉定区双丁路幼儿园上海市市级课题“瑞吉欧理念的本土化：幼儿园五动教育的实践”的成果总结。其中“兴趣引动、任务驱动、多向互动、内容灵动和领域联动”是研究者建构的瑞吉欧教育理念本土化实践的操作框架。它既有理论的深度阐述，更有实践的具体描述，融理论与实践于一体。同时，“五动教育”也是整个幼儿园的基本教育范式和教学策略，贯穿于整个教育，应用于各个方面，可以说是研究者对国际先进教育理念实现本土化实施的一种创造。书中通过大量的实践案例，对其经验做出了翔实的描述，非常适合一线教师的阅读需要，有助于他们从中汲取理论的滋养，指导教育实践的改进。

我们不一定做得最好，但我们做得很实在，其中饱含着老师们的心血，能看到她们的努力、思考和探索。我们想通过分享，获得同行和专家的指点，使我们以后的“五动教育”做得更好，能成为幼儿园的教育品牌。

教育优化，任重道远，我们全体教师正行进在路上！

编 者

2020 年 10 月

目　　录

“五动教育”理论篇

第一章　对教育“复活”的思考与追求　003

一、教育活力的源泉是变革　003
二、行动先行，理念保障　015

第二章　唤醒教育活力的理念与行动　020

一、“五动教育”与瑞吉欧的关系　021
二、“五动教育”行动模式的建构　023
三、“五动教育”的具体实施思路　025

第三章　“五动教育”实践的行动策略　028

一、找准要穴多管齐下，激活教育　028
二、突破“围墙”，构建教育生态　044
三、变革课堂引发勃勃生机　057

第四章　幼儿园教育在“五动”中“活”起来了　072

一、教师因“变”而专业长进　072
二、课堂因“变”促进幼儿快乐成长　075
三、幼儿园教育因“变”而品质提升　080

“五动教育”实践篇

第五章 不断生发的学习 085

故事 1 我们的围墙诞生记 085
故事 2 好神奇的小石头 091
故事 3 追光逐影 099
故事 4 “房子”的演变历程 102
故事 5 《我选我自己》引发的主题式阅读 106
故事 6 捡了树枝以后…… 110

第六章 在发现中学习 113

故事 7 我们的小乌龟 113
故事 8 造龙船 116
故事 9 菜园捉虫记 118
故事 10 爱上蔬菜的理由 121

第七章 兴趣与任务伴随的学习 130

故事 11 蜜蜂的秘密 130
故事 12 多样的消防车 133
故事 13 昆虫探秘 135
故事 14 狭路相逢 137
故事 15 洋葱头和风信子 139

第八章 因变而变的教学 143

故事 16 好饿的毛毛虫 143
故事 17 黄瓜还是丝瓜 145
故事 18 约会星空下，整装行远方 147
故事 19 美丽的落叶 153

第九章 互联互动的学与教 158

故事 20 给坦克造路 158
故事 21 认识风婆婆 161

故事 22　多角度认知房子　164
故事 23　初见地球仪　168
故事 24　熟悉的青团　169

后　记　173

“五动教育”理论篇

不管是瑞吉欧、陈鹤琴还是陶行知的教育理念，虽然具体的表述不同，但其对学前教育的认识和核心观念却是高度一致，即学前教育必须以儿童为本，将儿童视为一个独立的人，一个有着自己的思想、兴趣和需求的生命主体。而教育必须尊重儿童的天性，服务儿童成长，满足儿童身心发展的需要，主动地去适应儿童，而不是把教育变成儿童的桎梏。

第一章
对教育“复活”的思考与追求

一、教育活力的源泉是变革

教育之所以失去活力，因为它总是和因循守旧、不善变革联系在一起。程式化的教学过程、生搬硬套的教育模式以及僵化的教学方法，都会使教育丧失活力，变得死气沉沉，没有灵性。所以，教育要有活力，充满生气，必须要积极思变，善于应变，敢于求变，在变革中使教育“活”起来。幼儿园教育的对象是3～6岁的儿童，他们天性活泼好动，随心而行，而我们许多的教学却是周密预设，按部就班，要求孩子紧紧围绕老师的思路和目标活动，慢慢地，我们的教学不再灵动，课堂不再活跃，孩子也不那么活泼，教学仿佛没有了生气。

教育者对教育本质和教育对象的认知，往往会在教育行动、课程建设和教学方式等各方面反映出来。我们习惯于孩子规规矩矩地端坐着，安安静静地听老师讲课，强调课堂秩序，一切都是按照教师所想要的结果要求孩子。如此，教师觉得舒服了，但孩子们的天性受到了压制，课堂渐渐变得死气沉沉。

打破这一僵局的路径在哪里？有效的方式是什么？我们觉得，还需回归教育的本源来认识教育，尤其是学前教育，要想清楚、弄明白教育究竟是什么。

教育最本质的任务是以正确的观念和方式，遵循人的发展规律引导帮助学生成长，让其获得全面和谐的发展。既然教育是为了丰富生命的内涵，为生命的成长服务的，那么，教育就应该尊重生命成长的特点，激发它的活力。

所以，要使教育“活”起来，我们需要改变。

(一) 改变对教育对象的认识

在实践探索中我们认识了瑞吉欧的教育理念。瑞吉欧教育将幼儿看成一个独立的社会成员，具有自主权，而我们的教育者则更倾向于认为幼儿是一个被教育、发展的对象；在课程方面，瑞吉欧强调师生共同构建和生成，而我们的教育者则更强调计划性、预设性；在教学方式上，瑞吉欧强调教师做支持者、合作者，而我们的教育者更多的是做主导者、评价者。

瑞吉欧教育的课程观认为人类发展理论与社会文化环境的价值观信念及目标之间

的密不可分的关系，是成人与幼儿共建的、深入主题的项目活动的基础。在儿童观上，瑞吉欧强调幼儿是能动的主体，儿童是社会成员之一，是社会文化活动的继承者、参与者与创造者，儿童拥有自己的文化与权利。瑞吉欧强调“互动关系”和“合作参与”。“互动合作”是瑞吉欧教育价值取向的一个重要理念，也是贯彻在整个教育活动过程中的一项基本原则。

除了瑞吉欧，其实我们国内的先贤也有着不少真知灼见。

20 世纪 20 年代初，教育家陈鹤琴将儿童的心理特点概括为“四心”，即“好动心”“模仿心”“好奇心”“游戏心”；将儿童生理发展阶段称为“儿童期”，包括三个阶段，即“幼稚期”（出生至 3 岁）、“儿童初期”（4 至 7 岁）、“儿童后期”（8 至 12 岁）。在他看来，儿童不是“小人”，儿童的心理与成人的心理不同，儿童时期不仅作为成人之预备，亦具他的本身的价值，我们应该尊重儿童的人格，爱护他的烂漫天真。[①] 他认为，成人应根据儿童这些与生俱来的特点提供适当的环境，使儿童得以充分发展。

陈鹤琴主张应开阔儿童的眼界，使其与环境充分接触，丰富其经验；同时，让儿童学会精密观察，养成求真的态度。成人与教师应鼓励儿童：“凡是儿童自己能够做的，应当让他自己做。”“凡是儿童自己能够想的，应当让他自己想。”“鼓励儿童去发现他自己的世界。”在学习内容上，他强调“大自然、大社会都是活教材”，“环境”对儿童学习知识具有重要性。在学习方法上，“直接经验”“实践”与“做”“知行合一”“分组研究”“用比赛的方法来增进学习的效率”被认为是儿童获取知识的“法宝”。“活教育”的四个学习步骤包括实验观察、阅读参考、发表创作、批评研究。[②]

陈鹤琴将儿童生活中的五个方面形容为一个手掌上的五个手指，称为“五指活动”，包括：儿童健康活动、儿童社会活动、儿童科学活动、儿童艺术活动、儿童文学活动。每个指头代表一个认知领域，相互以筋肉相连，手掌表示“儿童完整生活”。儿童健全的身体、心智、品行、生活技能、行为规范都需要从小培养。对于成人和家长来说，不仅应从小教起，还应从小教好。要切实改变传统教育中忽视儿童身心成长各阶段需要，以及良好身体、智力与生活习惯的培养。遏制儿童兴趣与个性发展，以“灌输”方式逼迫儿童“不能输在起跑线上”等做法都将对儿童产生不利影响。与此同时，儿童教育不仅作为学校教育的组成部分，还具有社会教育属性。陈鹤琴提出一条宗旨：“心理学具体化，教学法大众化。”这句话是说，所有儿童都是“教育个体”，存在差异，在教育方法上应因人而异。

由此看来，要让幼儿园的教育与儿童一样富有活力，充满朝气，教育工作者首先需要改变自己。如果我们幼儿园的教育活动能从预设走向生成，由教师带领幼儿学习变成追随幼儿去发现，变“因教而学”为“因学而教”，教育的活力也许能够因此而勃发，结合陈鹤琴先生倡导的“活教育”，让瑞吉欧的教育理想之花在中国的学前教育园地绽放、结出累累硕果。

---

①② 陈鹤琴.《陈鹤琴全集(第一卷)》[M].江苏：江苏教育出版社.2008：7.

(二) 改变教育程式：从预设到生成

按照瑞吉欧的教育理念，我们倡导老师要根据孩子的成长需求改变自己，改变教学方式，改变课堂。我们首先从以前费力最多的教学预设入手进行改变，倡导教学要主动适应孩子，注重孩子的基本经验，关注教学生成，从孩子们的活动与生活游戏中发现适合孩子、孩子喜欢的活动内容。

按照瑞吉欧的生成性课程理念，我们注意从孩子的发现和兴趣出发，通过活动生成鲜活的主题，利用孩子的生活经验开展学习活动，使教育充满活力。一次"西瓜虫卷卷"的活动，使我们感受到了"活"教育的魅力。

西瓜虫卷卷

"西瓜虫卷卷"的主题探究来源于一次谷雨种植活动，孩子们偶然发现了埋藏于泥土之下的一窝西瓜虫，伴随着惊讶与好奇，孩子们决定把这窝西瓜虫带回教室饲养，从而开始了我们对西瓜虫的探秘之旅。

一、无意间的惊喜——发现西瓜虫

一次谷雨节气的种植体验活动中，涵涵在挖泥土种种子的时候，无意间挖到了一窝西瓜虫。

涵涵："啊！这是什么呀？"大家听到了涵涵惊讶的声音，纷纷围过去看。

涵涵继续说："我挖着挖着……就挖出来这么一大坨了！我也不知道是什么虫子。"这些虫在一个大土块上爬着，有的掉落到地上。孩子们都凑过去看，议论纷纷。

楠楠看了一会儿说："我知道这是什么虫，这是西瓜虫！我看到过的。"

可欣："我也觉得是西瓜虫，我在路上看到过的，你一碰它就会卷起来！"

几个孩子开始跃跃欲试，拿手指轻轻地戳西瓜虫。果然，一碰它，西瓜虫马上卷成了一个球。

"太好玩了！""我也想玩，让我也试一试吧。""我也想，我也想！"

基于孩子们表现出来的对西瓜虫强烈的兴趣，我说："那我们把这些西瓜虫带回教室吧！"

"太棒啦！我们有好多西瓜虫了！""我要每天都去给它们喂吃的。""下一个轮到我喂，好吗？"

于是，孩子们高兴地将这一窝意外挖到的西瓜虫装到了小水桶里，带回了教室。

解读

(1) 从行为中捕捉幼儿的兴趣。一窝西瓜虫引发了幼儿们的热烈关注与讨论，他们全都围过来欣喜地看着这些虫子，有的还想要伸手去触碰它，全然忘记了我们来的初衷。从幼儿的这些行为当中，我发现他们对西瓜虫是充满兴趣和好奇的。

(2) 从兴趣中思考探索的价值。考虑到幼儿的兴趣，以及《指南》[①]中对大班幼儿“感知生物的多样性和独特性，以及生长发育、繁殖和死亡的过程”目标，我们决定让孩子们把西瓜虫带回教室饲养，并鼓励他们在体验过程中积累科学探索经验。幼儿直接体验式的活动，能够更好地帮助幼儿在动手动脑的过程中获得经验。

二、给它一个合适的家

我们把西瓜虫带回教室后，问题也随之而来，西瓜虫应该住在哪里呢？有孩子提出把西瓜虫放在盒子里时，立马遭到了其他孩子的反对。

我：“为什么不能把西瓜虫放在盒子里养呀？”

小六：“我们是从泥里面挖到西瓜虫的，它应该住在泥土里面的。”

可欣：“可是我在路上也看到过呀，路上又没有泥土。”

我：“那我们应该给它怎样的一个家呢？”

楠楠：“西瓜虫是虫呀，虫都是喜欢泥的，我们要给它做一个有泥土的家。”

石头：“我以前在草地上也看到过西瓜虫，它有可能喜欢草，给它一个草做的家吧！”

我：“你们说的都有道理，但是西瓜虫到底住在哪里呢？让我们再去找一找西瓜虫，寻找答案吧！”

解 读

用问题推动幼儿的探索

原本西瓜虫是孩子们在无意间挖到的，却引出了一系列问题：“西瓜虫住在哪里？”“给西瓜虫做一个怎样的家？”“西瓜虫是生活在泥土里吗？”教师倾听孩子的交流后适时的提问推动了幼儿对西瓜虫的深入探究。

1. 再次寻找西瓜虫

这一次，结合我们的行走课程，我们来到了百草园的小森林里，以合作的方式自主选择西瓜虫可能出现的地方，展开探索，寻找西瓜虫的足迹。

A 组(泥土里)：

悠悠：“唉，挖了这么久，怎么还没找到西瓜虫呀。”

雯雯：“继续挖！西瓜虫在很深的地方，挖！”

B 组(石板路上)：

可欣：“你要仔细地找，西瓜虫很小的，黑黑的，我上次就在路上好不容易才发

① 《指南》代指《3—6 岁儿童学习与发展指南》。

现的。"

静怡:"这个是吗?"

可欣:"是的,是的!太好了!我们找到西瓜虫了!"B组仔细地在路上搜寻,最终静怡在围墙边、道路的交接处找到了一只西瓜虫。

C组(泥土里——叶子下面):

哲楠和石头这里挖一挖,那里翻一翻,找了很久西瓜虫也没有出现。

哲楠:"怎么还没有挖到西瓜虫呀?"

石头:"我也不知道,有可能西瓜虫爬到上面来了,你不要挖了,找找上面有没有。"他边说边到处翻翻看看,翻到一片油菜花根部的叶子。"咦?有发现,有发现!"他惊喜地叫了起来,西瓜虫就在这片叶子底下!"好大一只西瓜虫!"石头又开心又激动,小心地用镊子把西瓜虫夹起来放入昆虫盒中。

"你们要在叶子底下找!地上的叶子下面!"石头把自己的经验告诉其他组的小伙伴。

"我也找到啦!""我这儿也有!""哈哈,天气好了西瓜虫都出来晒太阳啦。""对的,上次下雨它们就躲在下面不出来。"听了石头的建议,很多小朋友也都找到了西瓜虫。

挖西瓜虫

 解 读

从实践中获得问题的答案

"亲身体验"和"动手操作"是儿童的主要学习方式,多感官参与的学习才是真正有效的学习,科学活动更是要求让每个幼儿直接参与活动。孩子们通过实地考察,找到了"西瓜虫喜欢住在哪里"的答案。于是,孩子们自己动手给西瓜虫造了一个装着泥土和一些蔬菜、叶子的家。

2. 从绘本中拓展经验

一天,一个孩子从家里带来了一本《动物百科》,引发了孩子们的关注。

"里面有讲西瓜虫的吗?我想看西瓜虫的。""我也想看。""我也想!"于是,我和孩子们一起阅读了百科全书上有关西瓜虫的内容。

"原来西瓜虫还有个名字叫鼠妇。"

"西瓜虫果然是生活在泥土里的!"

"对,而且它喜欢吃叶子和植物。"

"书里面还说了,西瓜虫喜欢潮湿的地方呢。"

“那我要去给西瓜虫浇浇水了！它要干死了。”

通过阅读科学绘本，孩子们知道了原来西瓜虫喜欢生活在潮湿的泥土中，我们给它造的家虽然适合它，但是并不潮湿。于是，马上就有孩子提出，每天要有一个值日生去给西瓜虫住的泥土浇浇水，让泥土保持湿润，其他孩子也欣然同意了。

解 读

从3D到2D的学习自然发生

有句话是这么说的：“眼睛看不见的地方，文字可以让你看到；脚步不能到达的地方，书籍可以将你送达。”世界无涯，而人的所见、所闻、所知却有限。阅读书籍就是借助成千上万“别人的眼睛”和文字到达未知的世界。

当幼儿已经对事物积累了一定的认识，通过体验进行观察、猜想和验证之后，再重新回到绘本，更有助于儿童将绘本中抽象的信息与真实、具体的环境连接，把知识有效地转化为自我认知结构的一个部分，并从绘本中进一步体会：“原来西瓜虫是生活在潮湿的泥土中的。”

三、在饲养中深入观察

在这次主题式微探活动中，西瓜虫这一资源是孩子们在生活中随处可见的，可以支持孩子进行真实的探究。因此我们鼓励孩子在饲养西瓜虫的过程中，可以及时地将自己的发现记录下来，做出自己的自然笔记。

1. 自由观察

刚开始的几天，孩子们与西瓜虫还处于“磨合期”，只是凑近用眼睛仔细观察，观察到的内容相对静态一些。

“西瓜虫的身体是椭圆形的。”“西瓜虫的壳是一节一节的。”“它有很多只脚，看上去又细又软。”“有时候它会卷起来，变成一只球。”“我发现西瓜虫爬的时候很快很快，它有好多的脚，都在动。”“还有他们的颜色和泥土很像，但是又有些不一样，有两只小的西瓜虫颜色很淡，可能是小宝宝。”

2. 工具支持

渐渐地，孩子们不满足于用眼睛看了。“老师我可以用镊子吗?”“我想用尺量一量它的身体有多长?”“我想用放大镜观察它。”

我们从小班就开始尝试用工具支持孩子们的观察。他们通过前几天的自由观察，对西瓜虫的外形特征有了一个初步的认识之后，就开始有了使用工具进一步观察的需求。于是，我们在区角中投放了镊子、放大镜、尺子等便于孩子们使用的工具。

在投放各种观察工具后，幼儿的观察变得更加细致和系统了。

片段一：

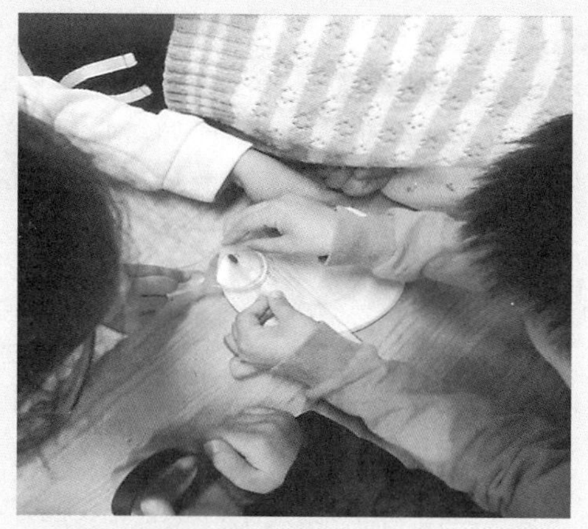

测量西瓜虫

一霖和楚楚正在合作观察一只西瓜虫。楚楚将它放在盘子上，一霖为了防止它逃跑，用尺轻轻地将它盖住，西瓜虫果然就不动了。

一霖开始测量西瓜虫的长度，“这只西瓜虫是……1 厘米加上 1 毫米长。”他用尺测量出来西瓜虫是 1.1 厘米长。

片段二：

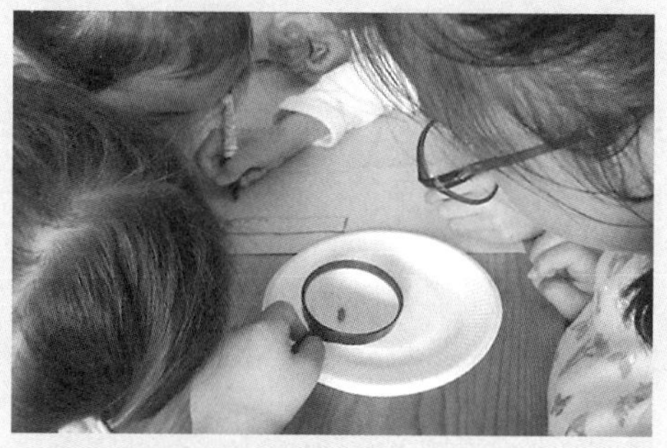

观察西瓜虫

石头在用放大镜观察一只西瓜虫。只见他盯着这只西瓜虫看了好久好久，嘴里念念有词，终于他说：“我数出来了，西瓜虫有十四条腿！”睿睿不相信，“我也来数一数。”说着，他也拿着一把放大镜开始数西瓜虫的腿，“真的是 14 条腿！”

睿睿数完，用手轻轻地摸了摸西瓜虫的肚子，“哇！它的肚子摸上去刺刺的，跟它的壳不一样！”石头也想去摸，可是当他一碰到西瓜虫，西瓜虫就马上缩成一团了，“啊，它怎么又变成球了！”

片段三：

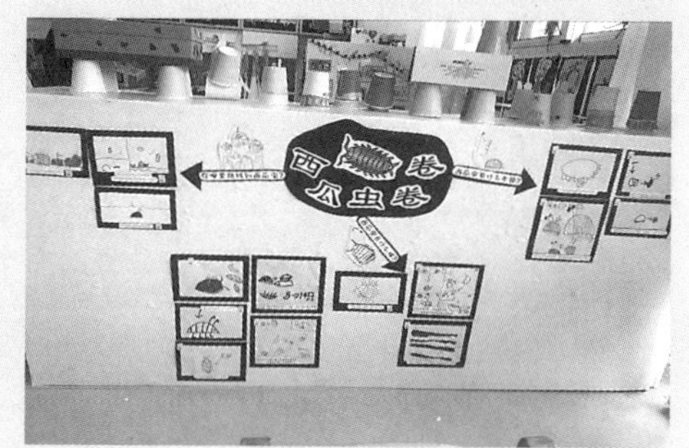

思维导图

楠楠手里拿着放大镜在观察西瓜虫，他仔细看了一会儿，喊道：“我发现西瓜虫是有眼睛的！”听了他的话，孩子们马上围过去看。“没有啊，我没看到西瓜虫的眼睛啊。”悠悠看了一会儿有些疑惑。“在它的触角和壳连接的地方，它的眼睛很小的。”楠楠用放大镜更贴近西瓜虫，给朋友们看。“我发现了！西瓜虫真的有眼睛。”子希看了一会儿说道。“我也看到了，是真的，很小的眼睛。”歆然也发现了。

每一天，孩子们都会有新的发现。

“我用放大镜看到西瓜虫的身体是一节一节的，头上有两条触角，还有很多条细细的腿，它走路的时候触角一直在上下动。”

“我摸了摸西瓜虫的肚子，是刺刺的，很粗糙。”

“西瓜虫是有眼睛的，但是很小很小，长在他们第一节壳上，离触角很近。”

“我一碰西瓜虫，他们就卷起来了，把自己的肚子和脚全都包在里面。”

“西瓜虫是一节一节地爬的。”

“西瓜虫的身体一共有十节。”

我们将孩子的发现和平时做的自然笔记整理起来，一起做成了一个思维导图，从而帮助孩子梳理对西瓜虫的认识。孩子们也时常会过去看一看、指一指、说一说。

解 读

从观察与记录中提高幼儿的科探能力

《幼儿园教育指导纲要(试行)》指出科学活动中记录的相关内容必须是真实发生的，并且是经过仔细观察确认无误之后再进行记录。在“西瓜虫卷卷”的主题探究中，我们的孩子细致观察，并用自己的表征方式记录自己的发现。

3. 做一做泥巴西瓜虫

在孩子们系统观察西瓜虫一段时间以后，我们开展了一个“做一做泥巴西瓜虫”的活动，鼓励孩子在玩泥巴、捏泥巴的过程中再现自己认知中的西瓜虫形象。

片段一：

益行将泥巴团成一个球形，又去捡了两根树枝想插在泥球上。只见他使劲地想将树枝折成两段，可是树枝的韧性很强，怎么折都折不断。他果断地把这两根长树枝往地上一扔，重新找了两根短的树枝插在泥球上。

泥巴西瓜虫

“为什么刚刚的两根树枝你不要了呀?”我问他。

“因为西瓜虫的触角是短短的，那两根太长了。我完成啦，西瓜虫。”益行说。

“你的西瓜虫是一个球形对吗? 它的脚呢?”

“它的脚在它的肚子里呀，它卷起来了，你看不见的。”

片段二：

景茹与歆然正在合作完成一个泥巴西瓜虫。时间快要来不及啦，两个人有点急了。歆然嘴里数着：“1、2、3、4……”景茹急着问她：“还差几条腿啊? 西瓜虫的腿也太多了吧，要来不及啦。”歆然说：“你快点把树枝插进去呀，一共要 14 根呢，早着呢。”

幼儿作品

片段三：

幼儿制作的西瓜虫

雯雯的西瓜虫快完成啦，她用泥土捏成了椭圆形当作西瓜虫的身体，正在用铲子的边在西瓜虫的身体上划出一条条横线，就像西瓜虫一节一节的身体。接着她再请悠悠帮忙，撕了两片小叶子，作为西瓜虫的眼睛。

“悠悠，你要贴在它第一节的壳上。”雯雯说。

“我知道的啦。”悠悠回道。

解 读

在领域联动中丰富幼儿经验

从观察西瓜虫到制作泥巴西瓜虫，再到制作“西瓜虫卷卷”思维导图，孩子们在不同领域的活动中不断建构对于西瓜虫的经验，实现了2D的平面阅读与3D的立体阅读之间的灵活转换。

四、投放绘本，产生新问题

在我们观察西瓜虫一段时间以后，偶然发现了《树林里的魔法师》这本书，并将这本书介绍给了孩子。孩子们都对这本书感兴趣，在自主阅读时间总想争着去看。

通过阅读绘本，孩子们了解了西瓜虫。

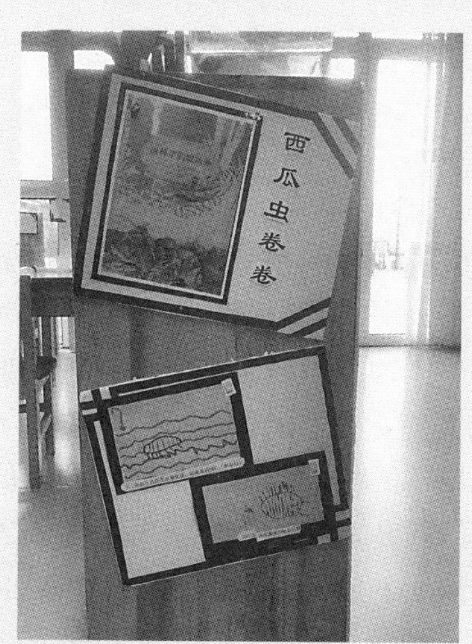

蓁蓁：“西瓜虫的确是喜欢潮湿的地方，它的呼吸系统类似于小虾和小鱼，所以它不怕水。”

石头：“西瓜虫遇到危险的时候会将自己团成球，把柔软的肚子包在里面。”

小六：“西瓜虫的大便对于植物来说，有很高的营养价值，是很好的肥料。”

益行：“西瓜虫身上的颜色是它的保护色，花纹可以保护自己不轻易被发现。”

但是随着绘本的投放，孩子们对于绘本中的内容也产生了疑问。

“书上说西瓜虫能在水里生活，这是真的吗？”

“为什么西瓜虫喜欢晚上出来？”

解 读

从“疑”中引发幼儿进一步探索

“问题比结果更重要。”这是来自《指南》中的一句话。对学龄前幼儿来说，此时，置疑和存疑的思维品质更显其价值。给予幼儿足够的空间与时间支持，让其根据有限的经验进行大胆猜测，甚至是天马行空的猜想，一点一点地攒下自己的“大疑”“小疑”。幼儿因“疑”而产生的兴趣还在推动他们继续探究西瓜虫，相信孩子们还会收获来自自主探究的惊喜。

“西瓜虫卷卷”这个活动的生成来自孩子，是孩子喜欢和感兴趣的一个活动。在活动的整个实施过程中，教师改变了以往“老师教幼儿学”的方式，始终把主动权交给孩子，鼓励他们去发现、探究和解决问题。当孩子逐步具备了基本的探究未知、寻求答案和获取知识的方法和能力，也就在一定程度上具备了主动学习、自主学习的能力。从活动的过程中我们可以看出，孩子们主动学习的愿望是强烈的，而他们每一次都会有许多思考和经验的累积。

作为一名教师，在活动中应该积极鼓励和支持幼儿的探究行为。每一次活动的开展和调整看似简单，却处处彰显教师追随孩子的兴趣，满足孩子需求的教育智慧。教师在整个活动中对孩子们生成的点进行了梳理和分析，在活动中有效调整目标、材料和策略，逐步引导和推荐有价值的点，从而帮助孩子能够更好地体会和发现探究的乐趣。

（三）改变教育关系：从跟我学到帮你学

中国的教育长期以来都是由“教”定“学”，是教师带着孩子学知识，所以是教师教什么，孩子就学什么。孩子总是被动地接受老师给予的知识，而不是能动地发现知识，这也是我们的学前教育丧失活力的原因。而如今，我们试图翻转“以教为中心”的课堂，不是由老师带着知识走向孩子，而是让教师伴随着孩子一起去发现，领着孩子走向知识，从“跟我学”变为“我来帮你学”，让孩子始终处在学习活动的主体地位。

我们从瑞吉欧的教育中找到了依据，发现了搞“活”教育的秘密。

瑞吉欧的教育理念中，尊重儿童、保护儿童权益已成为指导一切与幼儿有关行为的准则。《儿童的一百种语言》也生动地诠释了这样的理念。但是，尊重儿童、保护儿童权益不仅仅只是营造温馨的气息、创设宽松的环境，更应该体现在教育者的儿童观中：把儿童当成一个独立的个体来看待，尊重儿童想法，接纳儿童之间的个体差异，尊重关于儿童的每一件事，让信任儿童成为尊重儿童、保护儿童权益的核心。只有在信任儿童的基础上，才有可能真正实现尊重儿童、保护儿童权益。信任儿童意味着相信每个孩子天生就具备自我探索、自我建构的能力，与周围环境进行沟通的能力，了解生活环境、社会环境的能力。孩子们在这方面的潜力是无限的，“一百种语言”中的“一百”并不是具体的数字“100”，而是一种“无限多”的表达方式，意思是儿童天生就有无限多种学习、探索、表达的方式，成人应该相信他们的能力，支持他们，挖掘他们的潜能，使他们的潜能得到最大限度的发挥。作为教师能做的是多、细、深：多是指观察得多，记录得多，对于幼儿的一举一动都观察得非常仔细，有很多项目的策划也是从观察中得来；细是指不仅观察得细，研究也要细。谨记：只有多观察儿童、了解儿童的需求、研究合适的方式，才能真正为儿童提供适宜的教育！

案例

一次伴随孩子去发现的尝试——绘本阅读：《北京 中轴线上的城市》

活动的起始

9月3日，我们迎来了抗战胜利70周年大阅兵。这些天，孩子们到处都能看到英姿飒爽的武警官兵在站岗、在巡逻、在保卫着国家的安全。自由活动时间，孩子们探讨着：“当兵的叔叔都好帅！长大后，我也想要拿着枪保卫祖国！”“我要去北京，北京有天安门！”“北京好玩吗？北京有什么？”……在幼儿的交谈中，我发现幼儿对北京这座城市产生了浓厚的兴趣，由此我们在阅读区中“巧”投绘本《北京 中轴线上的城市》，链接幼儿当下的兴趣点。

活动观察

在幼儿自主阅读的过程中，教师就要“静”察幼儿的兴趣点、对画面的解读、分析能力，找出幼儿感兴趣的话题，跟着孩子去发现他们的兴趣点、困惑点。如果过程中的兴趣点、困惑点仅仅是小部分幼儿的问题，教师可以利用一日活动中适宜的时间段与幼儿展开个别交流予以解决。如果难点是全体幼儿的共性问题，那么教师可以就此组织一个集体教学活动，帮助幼儿掌握基本的阅读技巧。以《北京 中轴线上的城市》为例，在活动过程中我们发现大多数幼儿不能对作品中的图片进行分析和解读，虽然尝试细致阅读，却无从感知北京城的布局之美及历史文化，于是教师设计了一节绘本阅读集体教学活动。

活动过程

根据幼儿的兴趣点、困惑点，我们将阅读《北京 中轴线上的城市》的目标定位为：

(1) 能对九宫格中提供的图片进行细致阅读，理解图书的内容。

(2) 了解中轴线上的建筑，初步感知北京城的布局之美及历史文化，为自己是中国人而感到骄傲。

活动环节设计为：

第一环节：出示北京城平面图，引起孩子的活动兴趣，引导幼儿初步了解什么是中轴线。

第二环节：共读绘本，在共同阅读的过程中引导孩子们初步感知中轴线上周围建筑的艺术美。

第三环节：

(1) 介绍游戏“找到我”的玩法：小朋友分成两组，每队选一代表站到黑板前，在最快的时间里记住九宫格中闪动图片的顺序和位置，用圆点在教师自制的九宫格版面图中记录刚才看到的闪动图片的顺序和位置。

(2) 每队推选代表玩游戏，在玩的过程中跟随老师认识中轴线上的各种建筑，并简单了解该建筑周围的风貌、风景及有趣的故事。

第四环节：看北京中轴线的北延，了解水立方、鸟巢，为自己是中国人而感到骄傲。

调整与推进

在设计的第一次活动中，看似层层递进的环节中一个现象浮现出来：活动的第三个环节，看似非常热闹，教师依据大班幼儿的年龄特点运用竞赛的形式引起了孩子们极大的活动兴趣，你看，幼儿个个跃跃欲试，都想参与竞赛。细细推敲却发现：教师牢牢控制了话语权，教师高控制填鸭式地灌输给孩子们一些关于中轴线上的建筑布局之美及历史文化知识点。

于是，我们对第三环节设计进行了微调整。

(1) 介绍游戏“找到我”的玩法：小朋友分成两组，每队选一代表站到黑板前，在最快的时间里记住九宫格中闪动图片的顺序和位置，用圆点在老师自制的九宫格版面图中记录刚才看到的闪动图片的顺序和位置。

(2) 每队推选代表玩游戏，回答正确的小组获得一次提问机会，推选小组代表选择最想了解的建筑进行自主提问。

在第二次活动尝试放手、采用开放式提问的环节中，幼儿自己提出了一些问题：

永定门前为什么有一条护城河？

城楼上为什么有小小的洞？

大清门前怎么有这么多人，城墙内为什么没有人？

紫禁城门前为什么有这么多人？他们是去打仗吗？

紫禁城内怎么有这么多屋子？为什么都是黄色的？这些房子都是让皇上住的吗？

钟鼓楼前的大汽车能通过窄窄的门洞吗？

……

如此开放式的一个环节设计，对于教师的现场回应能力无疑是一个非常大的挑战。如果幼儿的提问没有价值点，我想作为教师应机智回应，及时收住，不在时间有限的集体学习活动中作为一个集体交流点展开讨论。如果幼儿依然非常想知道，可以放在活动后进行个别交流。对于比较共性的一些未知点，可以放手让幼儿在生生互动、师幼互动中展开大讨论，进行思维的大碰撞，增强语言的表达能力，体会通过阅读获取信息的乐趣。

这次活动让我们看到了更多来自幼儿眼里的未知点，正是这些来源于幼儿的未知点真正引起了他们活动的兴趣。在第一次活动紧紧收住幼儿话语权的过程中，活动虽看似热闹，细推之下却不难发现幼儿的兴趣点更多是围绕在游戏本身，而非来源于对中轴线周围建筑的关注。此时活动的进行以教师牢牢操纵在前、幼儿接受为主，教师“填鸭”在前，幼儿“咀嚼”为主。作为教师如果尝试更多放手，退后再退后一点，推一把再推一把，让幼儿走在前头，幼儿一定会找寻到更多通过阅读获取信息的乐趣，成为阅读真正的主人。

这个活动让我们知道，一个优秀的集体教学活动并不是体现在活动形式的丰富、场面的热闹、环节流程的顺畅、听课教师的赞许，更多地应体现在孩子们学习发现问题、分析问题和尝试解答问题的学习过程中。充分的学习过程将有助于帮助幼儿不断积累经验，并运用于新的学习活动中，形成受益终身的学习态度和能力。教师收、放过程中更多是自身观念、价值的转变。尊重教育的科学，发展幼儿的自信和自尊，“五动”的旋律必然在教与学之间奏响。

二、行动先行，理念保障

教育要变，行动先行，落实在教育行为中的变化才是真改变。在此之前，我们认为教育实践的改变首先需要转变理念。理念是抽象的，缺少行动的支持难以帮助教师内化。因此，当大家对理念还没有清晰的认识时，我们可以尝试在教育行动中进行模仿学习，在实践中不断加深对理念的理解，让理念为正确的行动保驾护航。

(一) 让生活走进教育，教育变成生活

在二期课改的实践中，面对孩子们各种知识、能力、经验的多种需求与渴望时，我们不断地学习陈鹤琴先生的“活教育”理论，接受新课程的理念，作为教师从教育目标、活动内容、活动过程、活动形式、活动评价等多方面进行思考。在确立教育目标时，我们会反问：能在幼儿的已有经验上有多少挑战？在确立活动内容时，我们会判断：精选的内容是幼儿终身学习必备的知识与能力、情感与态度吗？在确立活动过程时，我们更多地在推敲：如何让幼儿在过程中获得直接经验？在确立活动形式时，我们会琢磨：怎样的方式能让幼儿的学习变得更有意义？在实施活动评价时，我们会比较：如何更有效地实现“以人发展为本”的理念？说到“活动的内容”，我们的脑海里就会涌现陈鹤琴先生所倡导的：“所有的课程内容都要从人生实际生活与经验里选出来。”作为幼儿园教师，在实践这一理念时就要重视幼儿在园生活的一切活动。

幼儿的学习，主要来自生活，教师要做的，就是善于从幼儿遇到的生活事件，展开有目的的教育活动，帮助幼儿通过生活中的事件积累经验。我们以下述案例作说明。

老师，请你帮帮我

天气逐渐变凉了，孩子们的穿着从短袖衣服变为了长袖衣服，在厕所洗手时教师观察到了这样几个场景：

涵涵按好洗手液在水龙头下直接冲洗，两个袖口都湿掉了。

熬熬很小心地在洗手，但只洗到了手指头部分(刚进幼儿园没多久的小班孩子胆子小，不敢寻求老师的帮助，只能这样让袖子不湿掉)。

佳佳伸出手说：“老师请你帮帮我。”教师说：“你自己把袖子卷起来一点。”“我不会，在家是爸爸妈妈帮我弄的。”(折射出的是包办代替式的家庭教育，家长疼爱小年龄的孩子，从不给予他们自己动手的机会，导致孩子一有麻烦就马上寻求成人的帮助，长期养成了依赖心理。)

文文在洗手台边站着，教师提醒他把袖子卷上去洗手，他使劲地拽着袖口向上提，可刚一洗袖口就掉了下来，被水淋湿了(当孩子有意识地自己动手的时候，却因为平时生活中经验不丰富，自己锻炼的机会少，因此在老师提示后仍不会用正确的方法卷袖子)。

而沁沁呢，在洗手台边停了停，转了个身说了一句：“老师，我洗好了。”(因为穿着长袖子的衣服洗手时要卷袖子，不会卷袖子的孩子有的索性就不洗手了)……

上课的教师想到了办法，她大声说：“宝宝们，我们一起来变魔术吧!”说着教师便慢慢地卷起了袖子，指着卷好的袖子说：“宝宝们，你们瞧老师变的这像什么呀?”小卓说：“像豆腐干。”文文说：“像胡萝卜。”慧慧树说：“像白菜呀。”“是呀孩子们，今天和老师一起来变白菜吧!”“好呀好呀!”孩子们兴奋地叫着。于是，教师边念儿歌一边卷起袖子示范：“卷卷卷、卷白菜，卷出一棵小白菜；换只手儿卷卷卷、卷白菜，卷出两棵小白菜。老师的长袖变中袖，洗手再也不怕湿。”“孩子们，老师长长的袖子变成了两棵小白菜，你们的呢?”“我的也变成小白菜啦!”孩子们一个个也成功地“变”出了两棵白菜，看着自己变出的白菜，孩子们哈哈大笑起来：“真像棵白菜，卷白菜真有趣。”

通过观察孩子们在洗手环节出现的状况，教师马上意识到他们从穿短袖衣服洗手到穿长袖衣服洗手时卷袖子有一定难度，缺乏方法，不适应。

小班孩子年龄小，教师通过“变魔术”吸引孩子、引导孩子和教师一起来学习如何把袖子卷起来，把小手露出来，将原本枯燥的卷袖子的动作游戏化，加上形象生动、短小的儿歌，帮助孩子获得了生活自理的技能。通过真实生活中的练习与体验，孩子能以积极自信的态度来参与学习，取得了良好的效果。这是教师及时应变的成果，把一件生活中的小事，变成了一个幼儿的学习内容。

陈鹤琴先生也曾说：“小孩子是生来好动的，以游戏为生命的。”抓住这一特征，让生活走进教育，教育变成生活提高了孩子们的生活自理能力，让孩子在愉悦的情绪中发展手眼协调能力，锻炼小肌肉，使他们的自理技能得以巩固和强化。

(二) 让行为革新，让观念变革

在中国现代教育学说中，教育目的是通过培养具有健康身体、健全人格，全面发展的儿童，造就自主、自立、自动的公民，实现民族、国家的新生。其中，儿童教育是整个教育的基础，培养怎样的儿童和怎样培养儿童，反映出不同的“儿童观”和“教育观”，背后隐藏着社会普遍的价值取向。

在传统观念中，成人将儿童作为自己血脉的延续和附属品，儿童被迫穿起长衫，充当“小大人”，端端正正坐在家中或在私塾、学堂“勤学苦读”，不许游戏玩耍、多嘴饶舌，行为举止不许超越“礼”的界限，所谓“长幼有序，尊卑有别”，在这样的教育环境之下，儿童不能依照自己的本能享受童年的生活与快乐，许多与生俱来的“天性”“天才”被湮没了。

20 世纪 20 年代初，教育家陈鹤琴在《儿童心理及教育儿童之方法》一文中写道：“必须向教师再简单地声明如下：(1) 儿童不是‘小人’，儿童的心理与成人的心理不同，儿童时期不仅作为成人之预备，亦具他的本身的价值，教师们应该尊敬儿童的人格，爱护他的烂漫天真。(2) 儿童秉性好动，教师们不要仍旧用消极的老法，来剥夺他的活泼天性，必须予以适当的环境，能使他充分地发展。(3) 教师们教育儿童，亦当利用他的好奇心。好奇心为知识之门径，教师们当利导之。有些父母常常摧残这点好奇心，禁止儿童‘多嘴’‘饶舌’，这实在令人痛恨之极。”

在陈鹤琴的教育学说中，儿童教育应来自儿童的直接经验与当前生活过程，并且着眼于儿童的未来成长，使儿童生活得到进一步发展，激发儿童的各项潜能与创造、创新能力。儿童通过“五指活动”，将学校教育、社会自然教育、家庭教育紧密联系在一起，营造良好的环境。同时，根据儿童认知特点，重视各学习领域之间的关联性与学习内容的整体性，通过组织活动与游戏，培养儿童观察与认知、学习事物的整体观念，倡导“整个的教育”与集体学习，从而纠正儿童教育中存在的“零散化”“个人化”与“室内化”。儿童教育更重要的目的应该是使儿童学习适应外界环境，积累经验，培养生活热情与生活力。由此，在儿童教育过程中，儿童个性可以在儿童共同游戏或活动中得以体现并协调、相融。

这些观念不是空头理论，而是前辈在幼儿教育实践中获得的指导性经验，是他们在实践中发现的规律和悟出来的真知灼见。当然，我们那种缺乏生气的教育后面也有着相应的观念，比如：认为幼儿是一张白纸，只能由教师把知识传授给他们；认为教育活动就是应该由教师主导、决定一切；还有教学就是教师如何教的问题，幼儿只要认真学就行了；等等。所以，每一种教学行为后面其实隐藏着某种对教育的理解和认识，即所谓观念。这些观念时时影响着我们对教学行为方式的选择。所以，行为要革新，观念须先行。

(三) 师幼关系由教师主导变为师幼互动

以前，教学中一切都由教师主导和决定。如果这种观念不改变，那么，我们的课堂必然是教师的一言堂，教学不会有思想的交流和碰撞，课堂是不会有活力的。所以，只有课堂观转变了，教学关系也跟着转变，才会出现充满活力的课堂。

我们应该变教师主导为幼儿主导：幼儿作为学习的主体能主动选择自己想要探索、探究的议题及方法，并执行自己的构想；能发现问题、思考解决问题的策略或方法，并勇于面对学习过程中的困难与问题；能思考、分享发表自己的重要发现与学习经验及成果；能在探索、探究及问题解决历程中感知自己的发现与学习。

而教师作为引导的主体应为幼儿自主学习的支持者，提供一个有利于幼儿自主学习的环境，采用如创设空间、投放工具材料、提供玩具教具、指点方法等措施，然后让幼儿自主选择。如此一来，因为孩子的选择各异，行动多样，看法不一，课堂不再如止水一潭，而是水花四溅，活跃起来了。下面这个案例中，教师注意到了角色的转变，从以往的包办者和指挥者变为一个组织者和支持者。那么，结果又如何呢？

把椅子翻放到桌子上

背景：

每天午睡的时候，周老师都会把孩子们的椅子翻到桌子上，以便于地面的清洁，但周老师一个人翻椅子时间比较长，而且都要等到孩子们进入午睡间之后开始翻凳子，声音比较响，容易打扰到孩子们午睡。

情境：

今天中午睡午觉前我留了一段时间，我给了孩子们一个任务，请他们想想办法怎么样来帮助周老师把小椅子翻到桌子上，这样一来周老师打扫卫生可以比较方便。

刚开始请孩子们来讨论，孩子们都很有自己的想法，"要把椅子反过来""椅子要靠近桌子"等等。但当我让孩子们的想法付诸行动时，问题就出现了。几个能力较弱的孩子，如翔翔、扬扬、晞晞等，都不知道应该怎么样把椅子翻过来，有的人直接把椅子竖在了桌子上，但是感觉好像不太对，又拿了下来，东看看西瞧瞧，看看其他人是怎么翻的。

而几个能力较强的孩子，他们尝试的时候，有的是先把椅子放倒，然后抓住椅子的腿，直接拎到桌子上放好。但是在放的过程中，孩子们又发现，椅子背如果先碰到桌子，那么椅子就放不上去了，而椅子面先靠到桌子，椅子背垂直在桌子边上，好像就可以放好了。有的是把椅子搬到桌子上，横躺好之后再摸索着怎么把椅子架在桌子上，转了好几个圈，总算是把椅子放好了。

在我们看来比较简单的翻椅子，孩子们探索了接近 20 分钟。很多开始不会的孩子，看到其他小朋友成功了，他会去模仿其他孩子的动作，去学习应该怎么摆弄，虽然花费的时间长了一些，但还是可以自己来完成翻椅子的这个小任务。

有些女孩子力气不够，男孩子也会来帮忙抬到桌子上，然后女孩子再来放好，当所有孩子都完成的时候，每个人脸上都绽放出笑容，和身边的朋友说："我力气很大的，一下子就翻好了。""我也翻好了。""我是大力士。""我也是。"……

其实，如果要让幼儿尽快学会怎么样把椅子反过来放到桌子上，只要教师先做一次示范,边演示边讲解,相信孩子们很快就能学会,无需 20 分钟。但那不是孩子自己获得的经验。现在让他们自己边操作、边观察、边思考、边探究,最后的成功是孩子自己努力获取的,他们会深刻地记在心里,是他们自己的经验。所以,教师应学会退后,放手并鼓励孩子自己去尝试,只要教师变成支持者,幼儿必然就成了能动的主体。可以这样说:幼儿的主体地位,是教师退让出来的。既然幼儿是学习的主体,我们应该让他们成为主导者,让他们学会自主。

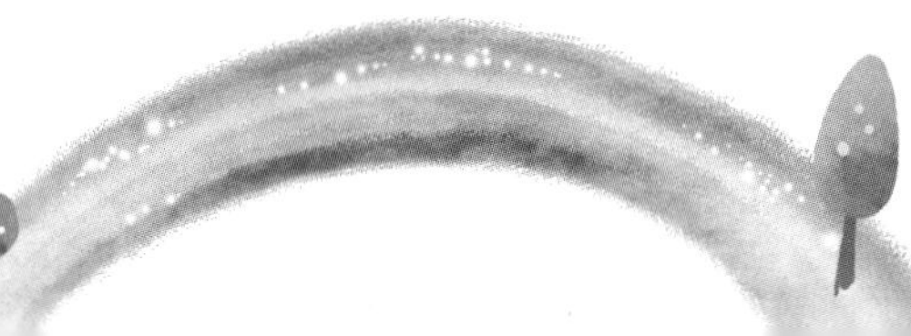

第二章
唤醒教育活力的理念与行动

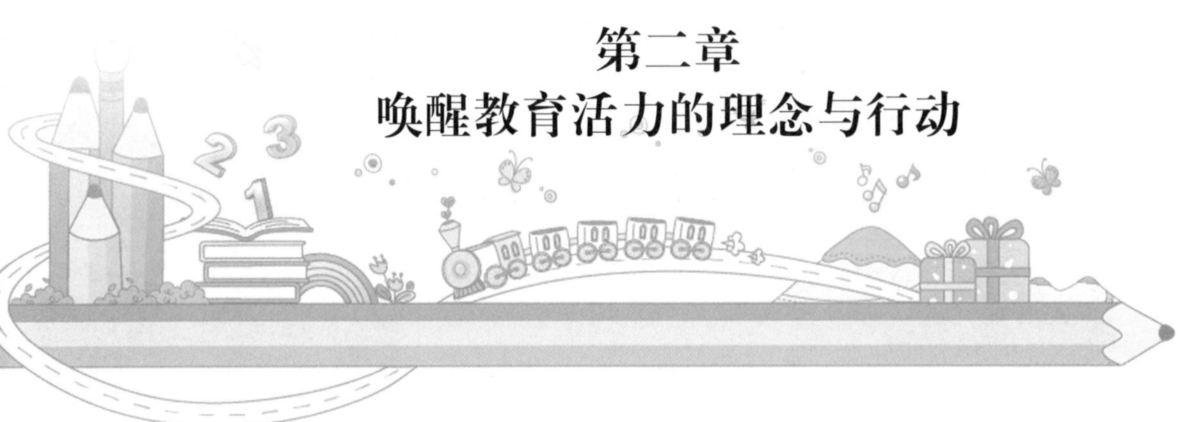

唤醒教育活力必须有高屋建瓴的整体架构，形成一种能适合所有教师的运作机制。在学习国内外成功的教育理论和实践中，我们从瑞吉欧的方案教学和陈鹤琴的活教育、陶行知的生活教育理论及园所实践中获得了启发，将他们和我们教育变革的探索结合起来，构建了幼儿园“五动教育”的实践形态和教育行动方式。“五动教育”主要是指“兴趣引动”“任务驱动”“多向互动”“内容灵动”和“领域联动”，它既体现了瑞杰欧幼儿教育理念的核心思想，又概括了幼儿园“五动教育”行动的本质特征。

“五动教育”概念的诠释如下：

兴趣引动(Inner Motivation)

兴趣是一种内驱力。3～6 岁的幼儿的认知活动处在兴趣主导的阶段，因此，兴趣引动符合这一阶段幼儿的心理特点。这里强调以幼儿的兴趣来调动、唤醒其学习心向。

任务驱动(Task-driven)

指用教师设置或者幼儿生成的任务、事件为动力引擎，形成学习动力。3～6 岁幼儿的学习活动需要有具体的可操作的任务、事件作为载体，能让幼儿有事可干、能干。

多向互动(Multilateral Interaction)

主要是指教学活动中师幼互动、幼儿同伴互动、幼儿与材料的互动、幼儿与环境的互动等多方向的互动。这种多向的互动是一种交往，它能帮助孩子完成意义的建构。这是当前新课程理念倡导的一个教学改革方向。

内容灵动(Content Smart)

主要是指教学内容的来源与教学方式上的灵活机动，可以预设，更关注生成。教材教法根据幼儿的需求和兴趣点，选择切合他们生活经验、适合他们参与的内容开展活动，尤其注意幼儿的生成，这是现今教育资源开发的一个重要理念。

领域联动(Interdisciplinary)

指幼儿教育中健康领域、社会领域、语言领域、科学领域和艺术领域之间联合的教学行动。各课程领域方向一致，相互融通，实现教育联动，或一致行动，或相互补充，或在同一主题下各施其力，以形成立体化的教育。

这五个“动”，是瑞吉欧教育理念的具体化、操作化。它与瑞吉欧的教育理念，以及陈鹤琴活教育的理论有着内在联系和一致性，但又有所发展。

一、“五动教育”与瑞吉欧的关系

1. 课程观的契合

瑞吉欧与传统课程的教育模式不同，它强调儿童的兴趣、活动和经验，通过实际操作来获得知识经验。因此，瑞吉欧课程中最大的特色就是生成课程。它强调儿童在与环境的互动中寻找课程的来源，并以儿童的兴趣、经验为中心。瑞吉欧课程没有明确的课程内容，没有预先编制的固定的教材，也没有预设好的教学方案，只是从日常生活中探讨对儿童的价值和意义。因此，瑞吉欧课程不仅具有时间和空间的动态性，也涉及科学领域、生活领域等多个领域，具有开放性。

“五动教育”中的“教学灵动”——即教学内容与教学方式的灵动，其核心与瑞吉欧的这一课程观念极其契合。我们主张教师在执行幼儿园课程的时候，做到事前有准备、有预选，并有应变的预案。活动时应根据幼儿实际情况灵活机动，主要从幼儿的经验与实际出发，随机调整内容与教学方式。

瑞吉欧的课程目标体现了表现性和生成性的统一，它从现代课程观出发，认为课程是师生共同探索新知识的发展过程，世界的知识不是固定在那里等待被发现的，而是通过我们的反思行为得以不断地扩展和生成的，是非线性、建构性的。因此，瑞吉欧课程目标具有多元化、个性化、全面性、适宜性等特点，其课程目标着重强调是在教学活动中生成的，不仅与儿童的兴趣、经验相结合，还要求教师能够在活动中为儿童设定最大的发展目标，体现其生成性特点。

有学者认为瑞吉欧的课程是：人类发展理论与社会文化环境的价值观信念及目标之间密不可分的关系，是成人与幼儿共建的深入主题的项目活动的基础。

2. 儿童观的契合

瑞吉欧的儿童观是一种走进儿童心灵的儿童观。他们走进儿童的世界，研究儿童的文化、儿童的心理、儿童的需要、儿童的梦想。在瑞吉欧的眼里，儿童是这样的：

① 儿童是社会的一分子，是社会与文化的参与者，是他们共同历史的演出者，也是他们自己文化的创造者，他们有权利发表自己的看法，与成人一样，是拥有独特权利的个体。

② 儿童是主动的学习者，他们在入学之前就已拥有了一定的知识、经验。他们有自己独特的学习方式。

③ 儿童具有巨大的潜能，他们并非只有单纯的需求，他们富有好奇心、创造性，具有可塑性。他们有着强烈的学习、探索和了解周围世界的愿望，他们是在与外部世界的相互作用中主动地建构自己的知识与经验，主动地寻求对这个复杂世界的理解的。马拉古兹的诗歌《其实有一百》充分展现了对儿童巨大潜能的认识。

④ 儿童是坚强的，他们有能力担当自我成长过程中的主角，儿童之间尽管有着一

定的差异,但他们都试图通过与别人的对话、互动与协商来找到自己的定位,找到与别人的共同点与不同点。

⑤ 儿童天生都是艺术家,他们能够广泛运用各种不同的象征语言和其他媒介来表达自己对世界的认识。瑞吉欧认为儿童有一百种语言,它把文字、动作、图像、绘画、建筑构造、雕塑、皮影戏、戏剧、音乐等都作为儿童的语言,归纳为表达语言、沟通语言、象征语言、逻辑语言、想象语言和关系语言等。

"五动教育"秉承了瑞吉欧的这一儿童观,倡导"兴趣引动""多向互动",调动幼儿的多种感官感知事物,认识世界,并通过广泛交流、分享成为主动的学习者。

3. 教学方式的契合

瑞吉欧的教学基本方式主要是项目活动的学习。

项目活动是瑞吉欧的核心教学方式。儿童在教师的支持、帮助和引导下,围绕某个大家感兴趣的生活主题或认识的问题研究探讨,在共同的研究探讨中发现知识、理解意义、建构认识。它是一种既非预定的教学模式,也非一般的教学计划,而是师生共建的弹性课程与探索性教学。它的基本要素有三个:一是解决真实生活中的问题;二是以小组为单位共同进行较长期深入的主题探索;三是成人与幼儿共同建构、共同表达、共同成长的学习过程。主题的选择是非预设的,主要来自幼儿的真实生活经验、兴趣和问题,并在众多的问题中做出选择和判断,教师往往是决策者。

与项目活动学习相匹配的是开放的、自主的新形态教学环境。环境的创设对儿童发展具有特殊的意义,幼儿与环境相处的方式直接影响到教育的质量。瑞吉欧课程在建构性的学习中,特别强调环境的作用。教师在课程的实施中,不是主导者,而是支持者。课程强调儿童的自主性,主张儿童与教师共同合作。家长的参与是其一大特色,幼儿园课程可以在社区中进行,家长和教师一起布置环境,充分利用社区资源。儿童的一百种语言是多样的学习和表达方式,儿童根据自己的兴趣选择活动,并在不断探索、不断假设中表现自己的情感,区别于全班的统一式教学,更好地让儿童进行自我表达和相互交流。

"五动教育"中的"任务驱动",可以说是瑞吉欧项目学习的具体化。我们提倡选择适合幼儿年龄心理发展水平、又具有一定挑战性的任务作为幼儿学习的主题,激发幼儿探索的兴趣和求知欲,让幼儿在问题的解决中获得核心经验,获得全面成长。

4. 教育整体观的契合

瑞吉欧的课程建设强调整体联系,协同作用,注重幼儿各方面经验的融通,许多活动是教师集体协作方式下的教学,建构生态化的课程系统。而我们的《指南》《纲要》将幼儿的一日课程划分为四大板块和五大领域,在幼儿园课程实施过程中,常常出现各领域各自开展活动,完成自己的任务,缺少与其他领域或者其他板块的联系。这种资源分割、精力分散、作用分解的现象,对幼儿的成长而言是不利的。因为幼儿是个完整的人。这样的课程实施,是中小学分科教学前移,并不适合学前儿童的教育。所以,我们提出了"领域联动"的观点,试图打破这种学习领域之间不应有的壁垒,通过这种领域之间的相互联动,让幼儿在活动中对事物获得立体的、完整的认识,使我们教育的作用方向一致、用力一致,发挥教育的整体作用,更好地促进幼儿的自主发展。

我们理解的瑞吉欧不是一个模式，也不是一个具体方法，而是一种教育理念。我们不是要去照搬，而是要每一位幼儿教师能够从中学习他们的思想，理解学前教育的本质，寻找回归教育本源、唤醒教育活力的路径与策略，这个理念是以孩子为中心，重构孩子和教师、环境之间的关系，这个路径与策略就是能让学前教育"活"起来的行动路线和教育行动策略。

我们正是在学习、借鉴瑞吉欧的先进经验和陈鹤琴活教育理论与自我实践相结合中，构建了自己的"五动教育"实践模式，找到了教育"复活"的路径和策略，使幼儿园的教育"活"了起来。

二、"五动教育"行动模式的建构

作为实践瑞吉欧等先进的学前教育理念的行动模式，"五动教育"绝不是几个方法和流程的线性排列，而应是综合的、立体的，是一个包含了指导理念、反映行动相互关系的教学方法的结构形态。

"五动教育"不是割裂的独立存在，而是个相互联系、相互影响、互为因果的整体。

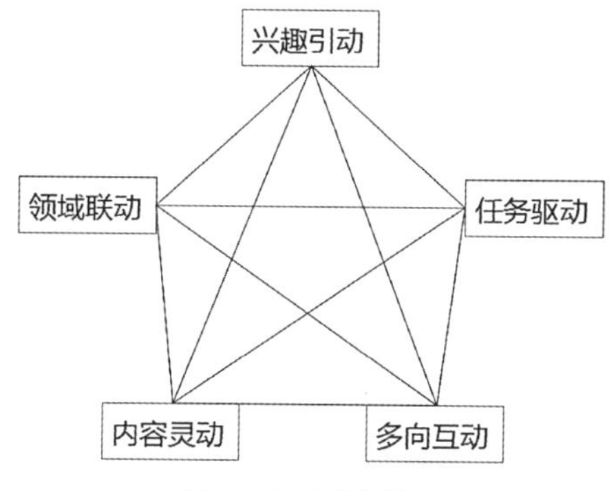

图 2－1　五动教育

如图 2－1 所示，"兴趣引动""任务驱动""多向互动""内容灵动"和"领域联动"这五个要素既可独立存在，运用于活动的某一个环节，又相互连接，构成了一种活动的组织系统，有序地开展教学活动。它们相互之间能灵动地组合，可以是五个要素，也可以是两种要素或者三种要素进行结合。领域联动不仅仅是指各领域之间互相联结，围绕某个主题在不同领域开展相应的学习活动，是一种教育整体化的思路，同时也可以作为一种教学设计的思路和方法，从多种角度开展相关的活动。比如某个内容可以从科学领域切入，也可从艺术领域出发，或者设计语言领域主题教学。这样，幼儿可以从不同领域、角度，通过不同的途径与方式去认知事物，广泛联系，开阔视野。

可以说"五动教育"诸要素是依据幼儿年龄特点与学前教育特点设计的，它既包括了具体的教育策略，也包括了幼儿园教育的整体设计与实施策略，体现了我园对教育的整体思考、理解与追求。

1. 课程形态坚持儿童取向

现有的幼儿园课程，从设计理念和内容的取向上，都更多地反映了成人意志，是成人按照自己的目的和认识为幼儿选择和设置的。而根据瑞吉欧的教育理念，课程应该是以儿童为主体，从他们的经验中生成的。所以，我们以为，要让课程被孩子喜欢，契合他们的需要，使幼儿的学习充满生活气息和活力，课程形态的选择和建构必须坚持儿童取向。关注儿童的兴趣、儿童的需求、儿童的实际。

2. 指导方式注重儿童特征

长期以来，教学、指导的方式也主要由教师决定，受教师经验、喜好的支配，不少教师总以为自己是选择了最好的方法在帮助孩子学习，教他们学本领，但却从来没有把自己当作一个孩子，没有想过孩子们到底喜欢什么样的教学方式。所以，老师们往往花了很多精力设计教学活动，但具体实施的时候与原来的预期存在着很大的距离，孩子们的学习缺乏热情，活动事倍而功半。

3. 活动过程强调儿童情趣

强调兴趣，这是由幼儿的年龄、心理特点决定的。3～6岁阶段幼儿的学习是由兴趣主导的学习，往往是出于好奇心、新鲜感而产生的探索、学习的行为。所以，如果不是幼儿自发的而是由教师组织的学习活动，就必须遵循从幼儿兴趣出发的原则，在活动形式、内容选择上注重儿童情趣，吸引幼儿的注意力。

4. 师幼关系主张儿童主导

由于受传统教育思想的影响，我国的教育在教与学的关系上，一直处于教师主导、学生被支配的状态，教师决定教学的一切。尤其是在学前教育，更多的人认为孩子太小，什么也不懂所以一切只能听老师的。而今，随着新课程改革的不断深入，师生观、教学观和教与学的关系被彻底扭转。按照瑞吉欧的教育理念，在师幼关系上我们强调儿童主导。在教学中，我们在苏霍姆林斯基“教学不应是带着学科走向儿童，而应是带着儿童走向学科”这一观点基础上，进一步倡导“跟着孩子去发现，帮助孩子去学习”。

“五动教育”作为一种教学行动方案，它可以覆盖到幼儿园活动的各个方面。而作为一种先进教育理念的理解和诠释，它更具有高屋建瓴的指导作用。

首先是教学策略的运用。从幼儿兴趣出发，选择幼儿生活中的问题，形成探索性的任务，激发幼儿学习的动力，进行自主探究；然后通过多向的互动、经验的分享，建构核心经验，使幼儿在充满动感的教育活动中获得成长。

其次是在活动组织策略上，借助师幼、幼幼互动中以及活动中生成的学习主题，以小组为单位，问题（任务）为载体，各领域根据自己的教育要求，结合学习主题开展相互呼应的、互补的、立体化的学习活动，使幼儿能从不同的角度完整地认识事物，建构认知。

比如，结合二十四节气，科学领域着重从知识层面帮助幼儿了解二十四节气与农事、农时、作物生长以及气候等的关系；艺术领域侧重以艺术表现的手段和方式，表达某个节气与人们生活的关系，介绍某个节气的大自然景象；健康领域结合运动和保健，帮助幼儿了解不同节气运动、保健和养身的注意事项，学会科学健身；在生活中，可以从更多方面让幼儿了解二十四节气与日常生活中包括科学饮食、日常起居、风俗习惯等多方面的联系。

我们对幼儿园教育课程的内容进行了系统重构，使之纵横贯通，相互融合，整体联系,完善了课程建构。同时教育的组织实施也更加具有顶层设计和整体操作的特点,有效提升了课程的实施效果。

在此基础上,我们将"五动教育"与幼儿培养目标联系、整合,进一步明确了其教育目的与价值追求,构成了我们的实施方案。

三、"五动教育"的具体实施思路

如图 2-2 所示,内圈中除五个要素之间是相互联结和自由组合外,每个要素都包含多种教学操作方法,这些操作方法同样可以相互联结和自由组合。外圈中五个概念词是幼儿的发展目标。

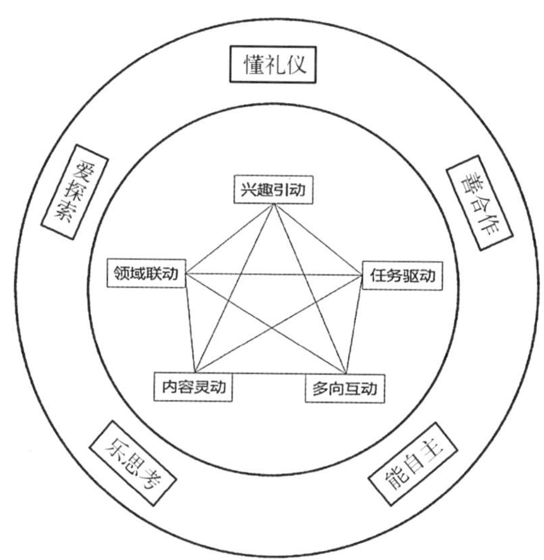

图 2-2 "五动教育"实践操作模式

从"五动教育"实践操作模式的示意图可以看出:通过"五动教育"多种模式的组合使用,最终的目的是把幼儿培养成为懂礼仪、善合作、能自主、乐思考、爱探索的儿童。

(一)基本思路与策略

1. 顶层设计,全面覆盖

围绕幼儿发展目标,着眼教育的整体架构,切入所有活动。

我们根据"五动教育"的构想,注重教育活动的整体设计,覆盖到所有班级,组织全园教师始终以幼儿发展为出发点,充分协调多种资源、协调多方教育的积极性,以瑞吉欧教育理念为核心,在一日生活的各项活动中实践"五动教育"。

2. 教研训合一,辐射式推进

教研训一体化运作,随机的课例研讨,辐射式经验分享。

我们基于瑞吉欧教育的理念,通过扎实的教研与实践,探索"五动教育"的实践途径和组织实施策略,成为教师课程实施的有力拐杖。

“五动教育”在瑞吉欧理念的引领下，有了更为明确的实践方向，也初步形成了一定的实践路径。

(二) 实施理念与原则

1. 选择主题生活化、问题化

瑞吉欧提出弹性课程，强调以儿童为中心，从儿童的兴趣和需要出发，这也是我们“五动教育”的核心理念。为了让教师在与儿童生成弹性课程的过程中明确价值判断，我们通过教研和实践，梳理了选择和判断主题价值的主要依据：

(1) 主题内容必须是符合儿童当前经验和儿童感兴趣的；

(2) 主题开展过程中的资源是可获得的；

(3) 儿童是可直接探究、实际操作的；

(4) 主题要有真实情境；

(5) 主题对于孩子发展是有意义和价值的。

通过对瑞吉欧案例的分析和解剖，教师们领悟了瑞吉欧方案教学的重点。我们觉得要把握好整个主题的推进方向，必须基于孩子当下的兴趣，依据孩子年龄特点，初步构建一个有逻辑、可探究、有价值的主题储备网络。

2. 活动形式多样化、项目化

在主题活动建构的过程中，我们引导教师突出幼儿主体地位。要实现“以学定教”，活动内容、活动目标、活动环节、活动策略方法必须适合孩子的需求，如此才能有效发挥活动的功效，真正触摸幼儿的需要，促进幼儿的有效发展。

(1) 活动目标：经验联想与深入剖析同关注。

活动是否有意义与其目标的定位和结构的安排密不可分，有意义的教学活动其目标必须是清晰的，具有可操作性，并且是可以达成的。这个目标，是符合幼儿认知水平的，能提升、拓展幼儿的已有经验，既能从教师教的必要性考虑，使教学有目的、有计划地进行，更应从幼儿学的角度出发，考虑幼儿原有的基础及其发展可能。

我们通过教研，剖析案例，现场演练，对活动目标进行了深入的剖析，基于孩子的实际需求谈目标制定的适切性。通过研讨，老师们觉得把握“度”很重要，目标的制定能够看出教师整个活动的价值取向，活动组织的追求和落脚点，为幼儿的下一步学习打好基础。

(2) 活动环节：逐步推进与目标达成共关联。

活动环节的清晰性、层次性在老师们心中已经根深蒂固，但是，很多老师在环节的层次架构时脱离目标，因此表面看似玩法上、材料提供上逐步递进，但是实则逻辑关系不清，不能很好地为幼儿理解关键经验建立支架。我们通过模拟课堂让教师分析活动环节与目标达成之间的关系，分析孩子主体地位，最终明确环节推进的意义。

(3) 活动方法：“动”的选择与“动”的价值并思考。

在课题推进过程中，我们的教师观念有了明显的转变，“五动”的意识越来越强。但是，在这个过程中，我们发现很多老师活动中的“动”停留于表面，只是纯粹地满足孩子肢体的“动”，对“动”的内在价值思考较少，有时不仅动得无意义，甚至还会影响整个活动的组织。

通过“现场模拟”，我们聚焦活动设计中每一处“动”的形式以及与目标之间的关系，老师们通过亲身体会感受到了“动”应充分领会教材的内容和精神，充分了解幼儿的能力和水平，充分挖掘某一种“动”的教育价值，利用多种学习策略、方法引导幼儿参与活动，实现有效的师幼互动。例如“西瓜虫卷卷”的活动，教师根据小班幼儿的年龄特点，每一个环节选择了不同的“动”的策略，完全围绕解决活动重难点而展开，让孩子在活动中仔细听、认真看、开口说、动手操作，从而感受到每一种动物都有自己独特的本领，萌发了关爱小动物的情感。

3. 活动评价动态化、整体化

瑞吉欧理念下的“五动教育”更关注儿童视角，我们鼓励教师为幼儿创设自主学习、自主探究的学习机会，让幼儿在主动参与的过程中获得发展。但是，在这个过程中，我们强调把握好以下几个原则：

(1) 完整性原则。教师在主题设计和推进的过程中，要以培养完整儿童为课程目标。重视儿童在学习过程中多元能力的发展。

(2) 平衡性原则。我们在确定主题网络的过程中，要关注领域的平衡，通过“领域联动”推进主题，让幼儿获得完整经验。

(3) 互动性原则。我们的“五动教育”强调幼儿的多向互动。因此，在开展主题活动的过程中，教师要为幼儿创设与各类资源互动的机会，以帮助幼儿获得多元经验。

(4) 体验性原则。我们要牢牢把握“让幼儿在行走中体验和成长”的课程理念，让孩子从丰富的经历中建构属于自己的经验。

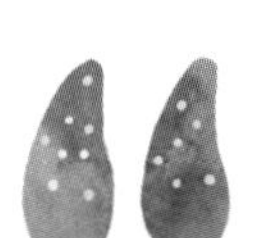
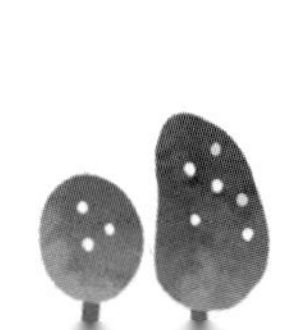

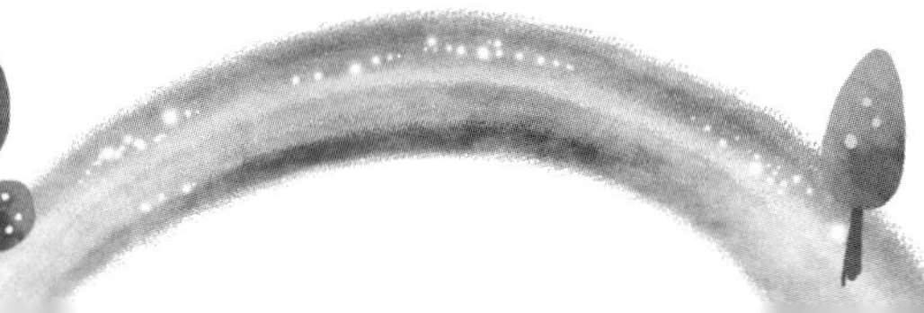

第三章
“五动教育”实践的行动策略

一、找准要穴多管齐下，激活教育

在近几年的课题研究过程中，我们通过对教学实践的经验积累和不断梳理，围绕“五动”开展教育实践的行动研究，不断探索—总结—反思—提炼，形成了切实有效的“五动教育”具体行动策略，并对其中的每一个“动”总结提炼出了更具操作性的具体方法。

1. 兴趣引动的策略

瑞吉欧幼儿教育首先涉及的是一个学习过程，这是一个在学习者共同兴趣和好奇心的驱使下通过对话来建构认知的过程，这一合作过程重视幼儿自身的知识和能力并以此为基础。对幼儿而言，要突出强调以他们的兴趣为基础的学习过程，使得他们能够在诸多领域得到发展，并且轻松地达到学习标准。

根据我们的实践研究，将“兴趣引动”策略梳理了如下六种方法，即：暗示激趣法、故事激趣法、直观激趣法、问题激趣法、谈话激趣法和游戏激趣法。

(1) 暗示激趣法。暗示是根据教学目的、内容、幼儿的知识水平和知识规律，采用含蓄的语言或者具有示意作用的动作、诱导性的情景启发、诱导孩子去发现、参与探索，以起到促进身心发展、学习知识、培养能力的效果。

暗示教学，就是对教学环境进行精心的设计，用暗示、联想、练习和音乐等各种综合方式建立起无意识的心理倾向，创造高度的学习动机，激发学生的学习需要和兴趣，充分发挥学生的潜力，使学生在轻松愉快的学习中获得更好的效果。其理论依据的要点有：① 环境是暗示教学重要而广泛的发源地；② 人的可暗示性；③ 人脑活动的整体观；④ 创造力的假消极状态最易增强记忆，扩大知识，发展智力；⑤ 充分的自我发展，是人最根本的固有需要之一；⑥ 不愉快的事情往往不经意就为知觉所抵制。

暗示激趣法具体有如下操作方法，即：语言暗示、环境暗示、情景暗示。其中，情境暗示是指教师根据自己的教育教学目标，创设具有诱导性的情景，引导幼儿去发现，从而激发其参与探索的兴趣，调动幼儿参加活动的积极性。下面的案例中就包含了环境的暗示和语言的暗示。

洗手七步骤

小班幼儿在洗手的过程中,"七步洗手法"的第四步往往做不好。所以老师把贴在洗手池前方的七步洗手图里的第四步图片放大,并做了醒目的边框装饰,引起幼儿的注意。幼儿在洗手的过程中,第一眼就能够看到这幅被放大的图。除了环境暗示之外,每当幼儿开始洗手,老师还配以语言暗示,提醒幼儿要关注洗手图,避免有的孩子只顾着低头洗手而没有注意到墙面上的洗手图,同时也可以引导孩子自己去发现墙面的图片。为了能让幼儿更自发地认真洗手,老师还采用了情景暗示法。在幼儿开始洗手之前,老师创设了一个有趣的游戏情景。老师使用了游戏化的语言,把洗手说成了"给小手洗洗澡",最后还要比一比、闻一闻,谁的小手最香,说明他的小手洗得最干净。

瑞吉欧中的"环境"是人与人之间、人与物之间互动的关键性因素。瑞吉欧教育体系中有两句关于环境的著名的话:没有一处无用的环境;环境是儿童的第三位教师。因此,环境的设计应从幼儿的实际需要出发,从中获得感性的直观体验。环境不应该是一成不变的,应随着幼儿园的活动开展情况进行相应的调整,使环境有新鲜感,幼儿对环境能保持积极互动,不断从中学到新经验、获得新知识、习得新技能。

在"洗手"这个案例当中,教师把幼儿最不容易做好的那一步洗手图在环境中凸显,并加以语言暗示、情景暗示,即同时使用了三种不同的暗示激趣法,使得洗手这件简单而枯燥的事情变得更加生动有趣,不但使幼儿带着积极性去洗手,也达到了教师纠正幼儿不正确的洗手姿势的教育目的。使用这样的方式有以下益处:一是对于幼儿而言这种方式具体且相对比较直接;二是环境的改进能起到促进作用。

暗示激趣法的运用往往需要放大一些局部,通过突出某一材料以及略带夸张的语言等暗示手段,引起幼儿的注意,同时也要考虑幼儿的年龄和认知水平,让他们能够感觉到,这一点很重要,不然,你虽刻意为之,他们却可能不知不觉。

(2) 故事激趣法。在教学中根据教师的教学目标,恰当使用一些趣味性较强且寓意深刻的故事导入,不仅可以活跃课堂气氛,激发幼儿参与活动的兴趣,而且这种兴趣具有一定的持续性,使得教师的教学目标能够较好地达成。

故事激趣法可以用于活动开始的导入环节,起到引发幼儿关注、激发兴趣的作用。故事激趣法也可以用于活动中,以故事作为活动背景,增加活动的趣味性。所选用的故事可以是幼儿喜爱的绘本故事,也可以是民间故事,或者是教师自创的故事等等。故事的内容要具有趣味性或者寓意深刻,故事的呈现方式也可以是多种多样的,关键是故事的内容与活动目标具有相关性,能促进活动目标的实现。

案例

贪吃的变色龙

小班幼儿最喜欢涂涂画画，所以入园初期开展涂色活动是大多数幼儿教师最常见的活动。老师以《贪吃的变色龙》为故事背景，让幼儿在故事当中，发挥自己的想象力，自己做魔术师，想一想变色龙还可能吃了什么东西，变成什么颜色？在这个活动当中，幼儿一边想象，一边涂色，用颜色来代表自己想画的事物，使得简单枯燥的美术活动变得富有创意，这更能激发幼儿的想象力，非常符合幼儿的年龄特点，而且每张画都是独一无二的。与大多数的教师在开展涂色活动的时候一般会创造一个游戏情景相比，让孩子带着角色意识或者在游戏情景中涂色，趣味性要更浓。

在瑞吉欧教育体系中有关于儿童的兴趣描述：兴趣是以某些特定方式来深入探索世界的某些方面的持久性动机。这个活动牢牢抓住了小班幼儿喜欢听故事的年龄特点，在故事情境中萌发涂鸦的兴趣。《贪吃的变色龙》这个绘本原本是让孩子在绘本中认识生活中常见事物的颜色。教师把这个故事作为活动背景，让幼儿回忆自己的实际生活经验，发挥想象，延续故事情节，想象变色龙吃了什么，变成了什么颜色，这样让枯燥的涂色活动变得更有趣味性，而且在故事情境中，幼儿的创作也更具想象力。在活动的交流分享环节，以讲故事的方式让幼儿介绍自己的作品，这种分享交流方式比传统的看看说说要更有趣味。

(3) 问题激趣法。问题激趣法是指教师依据活动目的提出具有吸引力的问题，或者让幼儿提出问题，从而激发幼儿学习兴趣的一种方法。教师根据授课的内容，提出问题，设置悬念，引起幼儿惊奇，激发兴趣，引出新课。这样可以使幼儿意识到问题所在，提高注意力，开动脑筋，引入积极思维的状态，为学习新知识做好准备。

在使用问题激趣时，需要注意以下几点：提出的问题具有一定的探讨价值，且以本次活动的教育目标为依据；问题可以有一种或者多种答案，不局限于一个简单的答案，以引发幼儿兴趣、积极探索寻找答案为目的。此方法适用于活动的各个环节，可以是单个问题，也可以是多个问题的组合。多用于任务驱动法中，问题的提出旨在驱使幼儿在寻找问题答案的过程中进行学习，最好是利用幼儿在探索中碰到的问题，这样既符合他们想要解决问题、寻求答案的欲望，又能契合他们思维的兴奋点，会更好地激发幼儿探究的动力。

案例

落葵的叶子

今天给植物浇水的小朋友发现一个问题：落葵的叶子不知被谁咬出了一个个的大洞洞。这个问题引起了班里很多小朋友的关注。

景茹说:"我觉得应该是毛毛虫吃的,因为叶子的洞洞边缘是一圈圈毛毛虫咬的痕迹。"

美琪说:"我也认为是毛毛虫吃的,因为毛毛虫喜欢吃绿色的叶子。"

依雯说:"我认为是尺蠖吃的,因为我的尺蠖本来在笼子里的,可是不知道被谁放出去了,所以它很可能跑出去吃叶子了,它也是很喜欢吃叶子的虫子。"

一霖说:"估计是甲虫吃的吧,我记得书上讲过甲虫喜欢吃叶子的。"

石头说:"我觉得可能是七星瓢虫吃的,它要吃叶子的。"

哲楠说:"我觉得是蜗牛吃的叶子,我们小班的时候养的那些蜗牛都喜欢吃新鲜的叶子。"

蓁蓁说:"我觉得可能是一些小昆虫吃的,因为我在书上看到过有些小昆虫是喜欢吃叶子的。"

扬扬说:"我觉得有可能是苍蝇和蟑螂吃的,因为它们在家里也会吃叶子。"

那到底是不是这些虫子吃的呢?有什么办法证明呢?于是孩子们决定每天去观察落葵,看能不能等来吃叶子的虫子,再去搜集可能喜欢吃这类植物的虫子,缩小范围。

瑞吉欧课程的内容来自周围的环境,来自儿童生活中感兴趣的事物、现象和问题,也来自他们的各种活动。在上述案例中,孩子们对植物的关爱不仅仅停留在口头,他们意识到:我们再不行动植物就会没有了,我们要有一个保护植物的行动。这个行动的发起就可以成为后续课程内容的来源。保护绿叶的第一个重要任务就是抓到虫子,不让它再继续伤害叶子。而孩子们的猜测很好地把前期对昆虫累积的经验应用到了这里,包括孩子们在书上看到的一些信息。于是我们开始动员家长一起参与到昆虫信息大搜集的活动中。

(4)谈话激趣法。谈话激趣法就是教师运用语言对将要学习的内容做出诱导性的描述,让幼儿感觉将要学习的内容是个很有挑战性和值得探究的主题,产生一探究竟的冲动。这对教师的语言艺术有一定的要求,同时也要求教师能挖掘出学习主题具有悬念的地方,让幼儿产生学习的愿望。瑞吉欧幼儿教育的精髓之一就是从孩子的兴趣切入,引导他们学习探究。谈话激趣法是通过教师与儿童平等对话,交流已有的经验,回顾过往的知识,引入新的话题,激发幼儿对新的话题的兴趣,引起幼儿关注,促使幼儿萌发进一步探究的愿望。

谈话话题要基于幼儿已有经验。这种方法多用于活动的导入环节。谈话激趣法与问题激趣法往往会同时使用,而且效果更佳。可以在回顾已有经验的基础上,提出新的问题,引起幼儿兴趣,激起进一步探究的欲望。

案例

谁偷了包子

今天和孩子们一起讲故事《谁偷了包子》,部分孩子已经听过这个故事了。在故事开始的时候我和孩子们一起就封面进行了讨论。轩轩说:“这本书有很多中国特色的东西,比如这个‘福’字。”我问孩子们:“什么时候你看到过这个‘福’字?”小奕奕说:“人们结婚的时候。”玥玥反驳道:“人们结婚的时候贴的是‘喜’字。”御州补充说:“过年的时候很多人家都贴这个‘喜’字。”轩轩又说:“你看,这套碟子上都是我们中国特色的青花瓷。”我回应道:“对啊,这本书的画面上有这么多中国特色的东西,它就是由一位中国作家写、一位中国画家画的,然后带给我们小朋友的一本书。”

重视儿童的思考是教师是否具有瑞吉欧教育理念的重要标志。在这个活动中,教师通过谈话鼓励幼儿表达自己的想法,并对他们的想法表现出真诚的好奇心。教师通过对话引入新视角来促使幼儿拓展他们的想法,并将想法联系起来,从而引发幼儿对故事进一步探究的兴趣。

彭懿曾说过,要读懂图画书,封面和封底得和内文一起看,才是一个完整的故事。因此将幼儿带入阅读故事的过程时,可以引导孩子们从仔细地观察封面开始,形成一种预期,猜测这本绘本里可能藏着一个怎样的故事,故事会和谁有关。很多作者会将非常精华的画面作为封面呈现给读者,如果教师能重视引导孩子们仔细观察封面,猜测故事,长此以往,孩子们一定会爱上借助封面解读故事这一环节,这对孩子们学会阅读会有很大的帮助。

兴趣引动的策略中,还有大家比较常用的直观激趣法和游戏激趣法,这里就不再具体介绍了。

2. 任务驱动的策略

在瑞吉欧教育课程观中提到,课程是师生共同探索新知识的发展过程,世界的知识不是固定在那里等待被发现的,而是通过我们的反思行为得以不断地扩展和生成的。

而“任务驱动”是在学习的过程中,幼儿在老师的帮助下,紧紧围绕一个共同的活动任务为中心,在强烈的问题动机的驱动下,通过对学习资源的积极主动的应用,进行自主探索和互动协作的学习,并在完成既定任务的同时,引导幼儿产生学习实践活动。任务驱动教学本质上应是通过“任务”来诱发、加强和维持学习者的成就动机。

以往的做法,任务都是老师提出的,幼儿只是被动地执行,去完成老师想要完成的任务。而现在更注重从幼儿的生活、学习出发。为了推进任务,环境的创设、游戏的配合、条件的提供、支持性条件的补给都是必不可少的。

现在的“任务驱动教学法”是一种建立在建构主义学习理论基础上的教学法。它将以传授知识为主的传统教学理念，转变为以解决问题、完成任务为主的多维互动式的教学理念；将再现式教学转变为探究式学习，使幼儿处于积极的学习状态，每一位幼儿都能根据自己对当前问题的理解，运用共有的知识和自己特有的经验提出方案、解决问题。

任务驱动的具体做法包括：事件驱动法、问题驱动法、情景驱动法和游戏驱动法。这里主要解释前两种方法。

(1) 事件驱动法。瑞吉欧课程与传统课程的教育模式不同，它强调幼儿的兴趣、生活和经验，以幼儿的兴趣、经验为中心，在与环境的互动中寻找课程的来源。

所谓事件驱动，简单地说就是产生了某一事件，从一个事件引发后续的一系列活动。事件驱动的核心自然是事件。从事件角度说，这个事件是幼儿感兴趣的，想要去了解和探究的事情。

① 从幼儿的兴趣出发。当幼儿在某一阶段对于某件事情很感兴趣，并且大部分的幼儿都有极大的探索欲望时，可以尝试以幼儿的兴趣为出发点，满足幼儿的探究欲望，从而也可以达到教学目的。

② 从幼儿的探索出发。现在的教学大多是以老师的设想为主，老师想要幼儿对什么感兴趣，就把幼儿往这方面去引，但却忽略了他们是否感兴趣。这里是指尝试以某一事件激发幼儿自主探索的愿望，在探索的过程中有自我的思考，用自己的方法来解决、解答问题，而不是老师直接地给予答案，从而培养幼儿的自主学习和自主探究的能力。

虫子大调查

为了调查谁喜欢吃落葵叶子，我们想出了一个好办法：把从小院子附近抓来的昆虫分别放到不同的瓶子里，这些昆虫分别是绿色蚱蜢、咖啡色蚱蜢、瓢虫（七星瓢虫和四斑瓢虫），然后每个瓶子里再放上落葵叶子。一切准备完成，我们就等着看虫子们的表现啦！

第二天，我们早早地就来观察我们的虫子了，看看到底是谁喜欢吃我们的落葵叶子。

景茹第一个观察，她看了会说：“绿色蚱蜢肯定爱吃落葵叶子的，你看叶子都被啃出一个个的月牙形了，就像我们吃饼干一样的。”

石头用放大镜看了会说：“不只是绿色的蚱蜢喜欢吃落葵，咖啡色蚱蜢也喜欢吃落葵，只是它是一小口一小口吃的，所以我们要用放大镜才能看得清。”楠楠也在认真观察甲虫，甲虫差不多把一半的落葵叶子给吃掉了。他举起来给大家看：“甲虫吃得最多，不但叶子被吃掉了一半，还拉了很多黑色的大便，就跟蜗牛是一样的。”

韬韬盯着瓢虫的罐子看了很久，他不是很确定，又让雯雯一起来观察，雯雯拿了放大镜来研究了半天后，他们很肯定地告诉我们：“瓢虫们没有吃落葵叶子，那片叶子还是好好的。”

通过实验，大家终于找到了吃落葵的昆虫。可有小朋友提出：能不能不让它们吃我们的落葵，改吃其他叶子呢？例如小院子里银杏树的叶子老是掉下来，吃它掉下来的叶子行不行呢？因为我们的落葵叶子实在太少了。这又成了我们下一个研究的问题。

孩子们在小班的时候已经有了做小实验的基本经验，因此在试验谁喜欢吃落葵叶子的过程中，孩子们提出可以给每只昆虫放点落葵叶子，这样就能看出哪只昆虫喜欢吃了。在今天的活动中，孩子们通过实证检验寻找到了爱吃落葵的昆虫。

当孩子们找到昆虫以后，他们并不仅仅是为了答案而寻找，他们也想到了，不给虫子们吃落葵它们会饿的，但给它们吃落葵的话我们的叶子会不够，因此他们想到了可不可以用其他掉落的叶子代替的办法。

孩子们在老师的支持、帮助和引导下，围绕着感兴趣的主题研究探讨，在共同研究探讨中发现知识、理解意义、建构认知。

（2）问题驱动法。瑞吉欧教育中的儿童观指出：“儿童是主动的学习者，他们有自己独特的学习方式。教师是儿童活动的支持者和引导者，帮助儿童发现、明确自己的问题，鼓励儿童互相交流、共同活动、共同建构知识。”

“问题驱动”这种方法不像传统教学那样先学习理论知识再解决问题，而是一种以幼儿为主体、以问题为核心来规划学习内容，让幼儿围绕问题寻求解决方案的学习方法。问题驱动教学法能够提高幼儿学习的主动性，提高幼儿在教学过程中的参与程度，容易引发幼儿的求知欲，活跃思维。因此问题驱动中的问题很重要，必须认真选择。

① 问题的产生包括两种。一是老师预设好的问题。在提出问题时，要注意调动每一位幼儿学习的积极性，力争让每个人都有发挥和表现的机会，做到人人参与、人人有收获。二是幼儿产生的问题。在老师预设问题的基础上，如果幼儿又生成更多的问题，就不能只是一味地把幼儿抛出的问题忽略掉，可以以幼儿教幼儿的形式，或者幼儿自我学习、查阅资料的方式等等，来解决他们提出的问题。

老师的预设不再是全部，要更多地以幼儿为主体，以幼儿想知道问题、想了解知识为动力，激发幼儿的主动性、积极性。

② 问题的分析。这一阶段以幼儿的活动为主，常常让全班幼儿相互讨论和交流，也可以全体幼儿分组讨论，争取让每个幼儿都提出自己的观点和看法。老师在此阶段主要是发挥引导作用，给予幼儿及时的支持和引导。

月亮的变化

和孩子们在课上一起讨论了月亮在不同时期的变化,课后孩子们的问题也来了。A:为什么月亮会变化?B:为什么妈妈说月亮上有嫦娥?C:月亮上到底有什么,为什么我们看到图片上的月亮有阴影?D:我知道地球有公转也有自转,是不是它把太阳光挡住了,所以月亮才会变成这样?

于是我将这些问题又抛回给了孩子们。娴娴说:"老师,嫦娥只是传说。"我说:"什么是传说?"双双说:"就是人们想出来的,不是真实的。"渊渊说:"就像龙也是想象的。"

在孩子们的强烈要求下,我给他们看了一组月球的照片,可可发现那些阴影只是月球上的一个个坑洞形成的,并没有我们想象的那么神秘。那月亮和太阳以及地球是怎么转才会挡住光的呢,这成了孩子们又一个讨论的焦点。我让孩子们将这个问题作为课后活动回家搜集信息。同时,孩子们对八大行星也有兴趣,在月球的研究中又提出了八大行星的问题。

这次活动首先引发了大家的一个思考:如何帮助孩子解决他们的困惑?

一个主题的进行,并不只是孩子们的事。孩子们回家热情地查阅资料、整理资料,家长们也纷纷受到了感染。家长们很支持孩子们这种研究、探索的精神,他们不仅能够提供书籍来让孩子进行学习,周末还会带孩子们去图书馆进行资料的收集。在整个过程中,孩子们的兴趣也渐渐变成了家长们的兴趣。这个过程让孩子们感受到了在玩中学、在学中玩的快乐。

对于老师来说,不再是教学计划的实施者,而是和孩子一起进行探索的共同探索者,是学习者与研究者。在帮助孩子获得知识的同时,自身也在不断学习、不断研究,提升自己的专业素养。

其次,如何让幼儿成为学习的主人?

应该让教学从孩子出发,适应孩子的发展,满足孩子的需要,而不是倒过来让孩子去适应教育。我们的教学应该是带着孩子走向课程,而不是带着课程走向孩子。孩子是主动的,是能动的;孩子可以自己探索,而不是被灌输的。我们的教育应该首先来自孩子,其次适应满足于孩子的需要,为孩子的发展服务,对孩子的发展起作用。

3. 多向互动的策略

瑞吉欧的互动精神首先体现在幼儿之间以及幼儿与教师之间相互合作的关系。瑞吉欧教育最基本的理念是:儿童的学习主要是在与同伴相互作用的过程中建构的。他们"强调儿童学习和发展中的社会交往的重要性,相信儿童在作用于材料的过程中与他人交流自己想法的需要,并在与他人相互作用的过程中共同建构知识"。另外,瑞吉欧的互动精神还体现在教师之间的相互协作关系。在瑞吉欧中,教师的成长同幼儿的成长一样,是在教师与教师的集体协作、合作学习中获得的。此外,任何一个教育机构都不可能脱离它周围的环境而单独存在，瑞吉欧的教育观更重视环境的作用，并摆脱了以往教师中心的传统模式，以儿童为教育的中心。

结合瑞吉欧教育的互动精神，我们的“多向互动”是在突出幼儿主体地位的基础上，通过师生之间、生生之间、幼儿与材料、幼儿与环境之间的互动进行交流、质疑、争辩和补充，从知识与技能、过程与方法、情感态度与价值取向等方面完成教学目标和任务的一种教学策略。其基本操作方法是：幼儿自发地发现问题，围绕问题开展讨论、质疑，在相互探究与交流中释疑解惑。实施“多向互动”教学，必须做好以下两点：第一，在多向互动的指导下，将课程的组织更贴近幼儿，互动更满足幼儿的需要、兴趣点和生活。第二，教师不再是互动的唯一发起者，幼儿才是互动的主体和中心，教师的预设与组织退后，以幼儿的互动生成性为主。

根据实践研究，我们将多向互动策略梳理成以下三种具体方法，即讨论交流法、环境支持法和展示评议法。

（1）讨论交流法。为幼儿提供倾听和交谈的机会，鼓励幼儿与他人讨论自己的发现、体会和想法并提出自己的观点和问题。讨论的内容和方式主要由幼儿决定。教师的角色是参与者、观察者和组织者。

教师及时记录幼儿的话题和观点并梳理出两个要点：兴趣点（幼儿最感兴趣的地方）与重点（有进一步讨论价值又让孩子感兴趣的话题）。

讨论互动的基本流程可以是：

观点呈现 → 自主讨论 → 延伸问题或拓展活动预告
↓ 初步理解　↓ 观点形成　↓ 应用、评价、创造

我 妈 妈

在完整地给孩子们读了一遍绘本《我妈妈》后，我让孩子们说说自己的妈妈是什么样的。

凡凡说：“我妈妈像沙发一样。”

我问：“沙发是什么样的呢？”

凡凡说：“很温暖很柔软。”

我问：“什么时候觉得你的妈妈像沙发呢？”

凡凡说：“妈妈陪我睡觉的时候。”

六六说：“我的妈妈像蝴蝶一样漂亮。”

我说：“在你的眼里什么时候的妈妈像蝴蝶一样漂亮？”

六六眼睛朝上好像在思考的样子：“有一天？有一次？”

轩轩说：“我的妈妈是世界上最漂亮的人，比所有中国人、外国人都要漂亮。”

我说:"你的妈妈真的很美,说一说你觉得什么时候你的妈妈最美?"

轩轩说:"我的妈妈什么时候都很美,无论在哪里都最美,她会陪我玩儿,陪我找乐高玩具。"

我说:"你妈妈一直陪着你,她一定很美,她一定很爱你。"

这个案例所表达的就如同瑞吉欧教育者提倡以儿童为中心的教育观一般,儿童的角色不是被动的知识的接收者,而是主动学习的个体。他们有自己独特的思想和对事物的看法,他们会用自己的智慧和方式去理解和解决问题。

从孩子的情绪和表征中能够看到孩子对画面、故事、情节都有着自己的看法,因此才会有一系列情绪的体现。从孩子的语言中能够看出孩子在尝试理解之后努力去表达、去想象妈妈与事物形象的关系。而老师作为孩子能力发展的支持者,更是给予了足够的时间,鼓励孩子想象,肯定孩子的智慧。

(2) 环境支持法。借助瑞吉欧教育观,再根据我国幼儿身心发展的特点,有选择地为幼儿提供材料、创设环境,并促进幼儿与外部环境交互作用的方式,是促进幼儿主体性发展的有效策略。

本环境支持法有三种操作方法:① 创设环境来自幼儿生成,帮助幼儿不断累积各类经验;② 在环境中体现、发挥幼儿的主体性;③ 根据幼儿的动态发展和需求,及时对环境进行调整。

环境支持法的形式也是多样的,例如:环境与课程之间的互动;环境创设与教学之间的互动;环境与幼儿动态生存的发展和需求之间的互动;环境创设与幼儿、家长之间的三维互动。

织　网

在材料投放前期,我一直观察着孩子们对材料的互动情况。孩子们对着不同颜色的绳子一直发问:"这个怎么玩?"进入游戏区的孩子抓着这些绳子编起了辫子。

因为材料简单,又没有环境的暗示,孩子们以自己的生活经验对材料进行了诠释,于是他们玩起了编绳游戏,而且几次游戏都是女孩偏多。我根据孩子的情况,对材料进行了一次调整:将绳子有规律地以不同颜色间隔摆放。而且又在墙面上创设了简单的环境给予暗示,如投放了编织、张网的方法示意图和蜘蛛织网的一些实图,还投入了草编箩筐、钉子和棉绳。

材料调整后,还是有很多女孩来这里玩,她们很快发现了材料的变化,也渐渐对环境暗示感兴趣。她们尝试根据步骤图一步一步进行编织。有些男孩开始选择草编箩筐和钉子,看着示意图用棉线有规律地缠绕。

瑞吉欧教育过程以幼儿的“学”为重点，该案例很好地体现了幼儿“学”的过程，幼儿比较能看懂环境的暗示，发现材料的玩法。同时，瑞吉欧教育在重视儿童的同时，也很重视教师在教育中的重要作用，这就有了教师对游戏材料的不断跟踪观察，并发现有时材料不需要很丰富。在游戏的前期不需要把这个游戏的所有材料都应有尽有地全都投放进去，太多的材料也会使幼儿对材料茫然，缺乏了对材料的探索。教师应观察幼儿的情况，逐步将材料按幼儿的需求投放，这样才能突显幼儿在整个过程中的主动性。后期为加强幼儿对游戏的感兴趣程度，可以加入时间限制，关注幼儿的编织速度，增加一些挑战性。

(3) 展示评议法。展示评议法结合了瑞吉欧中的一种教学形式——“方案活动”。方案活动实施的整个过程，从方案的生成、解决问题、方案的实施到结论，都是在儿童与教师的共同讨论、共同探索、共同制作中完成的。瑞吉欧教学法认为：方案活动的本身并不重要，儿童的发展水平和兴趣，以及儿童与他人的合作、分享交流和协商被赋予了很高的价值。我们的展示评价法利用孩子们表现欲强、自诉欲强的心理特点，采用多种方式将孩子们的作品、想法进行公开的集体展示，由孩子们自己来介绍、展示，其他孩子在观看和听讲对比中，开展自评、互评、小组评和师生共评，推荐好的作品，再进行张贴、公布、集中展示、投票评选等，以充分激发幼儿的学习兴趣，培养竞争意识、语言表达能力等。

展示评议法可以根据以下几点进行操作：① 创设适宜的环境，让幼儿能够大胆进行表达；② 给予每个幼儿平等的机会进行表现；③ 善于利用多媒体等工具。

假如狐狸和兔子互道晚安

最近教师一直在和孩子们聊图画书《假如狐狸和兔子互道晚安》，孩子们对于狐狸到底是不是真的想吃兔子这个问题尤其感兴趣。

自主阅读时间，奕奕对恒恒说：“我就是觉得狐狸和小兔子是朋友啊，狐狸有那么多的机会吃掉小兔子，可是它都没有把小兔子吃掉。”恒恒说：“不对，你没有看到狐狸张开的那张利牙森森的大嘴吗，如果他们是朋友的话，狐狸会这样吗？”更多的孩子参与到“狐狸和兔子是不是朋友”的话题中。关注到孩子们的兴趣点后，教师设计了一张表格，请持不同的观点的孩子们记录证明自己的理由有哪些，然后进行交流和相互评议。

交流分享环节，百盛是这样解读他的“读书笔记”的：狐狸和兔子不是朋友，从他的动作上可以看出来。因为狐狸从一开始就是偷偷地跟在小兔子后面的，如果是朋友，他不用这么偷偷摸摸的。王梦伊是这样解读的：你看当小兔子一家把门拴住之后，小兔子还是没有睡着，它没有睡着是因为害怕狐狸想出办法爬进它们的家里面。

本案例中教师借助了读书笔记这种形式帮助孩子们罗列他们的想法，这对于大班年龄段的孩子们来说非常合适。读书笔记很好地帮助了孩子们用一定的方法记录自己的发现和想法,验证自己的猜测。由于是第一次请孩子们做"读书笔记",所以教师预设了记录的形式,但以后可以放手引导孩子们运用自己的方式去做属于自己的"读书笔记"。交流评议则起到了修正完善幼儿预先推测的理由的作用,同时也促进了幼儿的思考与认知的建构。

在活动后的讨论中,不少教师获得了教育启发。

其一:关注幼儿的生成性、自发性。以往的活动是教师事先预设,进而组织发起的互动,而在"多向互动"中,更关注的是幼儿的主动参与、兴趣点、兴奋点,和其自然生成的一些内容。因此教师的组织要稍稍退后,退后不代表不需要预设。此时的预设还需要多角度、多维度、多形式的考虑,因为预设是为了让幼儿有更多的生成,为幼儿的生成创造有利的条件。一旦抓住幼儿生成性的内容后,教师再组织的互动会在质量上有明显不一样的效果。生成与预设相互补充,使生成变得更加有质量,使课堂变得更加精彩。

其二:"多向互动"也应关注人与环境(幼儿园环境、班级环境、课程活动、材料)等的互动关系。创设会说话的物质环境,可以对幼儿的互动起到暗示作用。创设宽松和激励的心理环境,让幼儿自由探索和发现,获得成就感。环境不仅能使幼儿间产生互动,也能增加教师和幼儿之间的互动,这种将教师与幼儿之间相互作用、相互影响的行为和过程展现在幼儿的作品上,大大地提升了环境的意义。

4. 内容灵动的策略

瑞吉欧教育理念认为教育应以儿童为中心,从儿童的兴趣、需要及经验出发。在"教"与"学"两者之间,更应尊重后者,所以瑞吉欧教育理念倡导以学定教。

以此为依据,我们提出"内容灵动"的教育策略。在该策略的指导下,教学内容不再刻板地从教材出发、从教师出发。在确定教学活动内容,即选择教学材料时,更注重从幼儿的兴趣点和热点中去发现和挖掘,而不是传统教学中教师刻板地以教材为中心,对幼儿进行灌输。

在活动的组织形式上,要更尊重幼儿好奇好动的年龄特点,以灵活多样的教学形式来使幼儿对教学内容更感兴趣,让幼儿的学习更主动、更投入。

内容灵动策略包括三种方法:资源转换法、热点追踪法和问题定位法。

(1) 资源转换法。资源转换法有两层含义,其一,对已有教材的价值转换。旨在打破教材的固有价值,转换视角,挖掘教材的多元价值,选择契合教育对象的角度实施教育,从而开展更有针对性的教育。其二,将其他素材转换为教学内容。教学内容不仅仅来源于教材,幼儿每天的所观所感、幼儿园及家庭生活中的琐碎小事以及当前社会热点话题等都可能具有教育意义,作为教师,应及时捕捉这些资源的价值,并将其转换为教材,以此来丰富教学内容,契合幼儿需要,提高教育意义。

在实施资源转换法时,可以从这两方面着手。第一,当现有教材的常规教学角度不适用于幼儿发展需要时,尝试对其从不同角度进行解读,并结合教育对象当前的经验、能力水平和兴趣需求,选取适当的角度作为切入点,开展教学。第二,当现有教材无法满足教育需要时,可以从幼儿的生活事件、社会热点事件中寻找适宜的内容,将其转换为教学内容,填补现有教材的空缺,丰富幼儿学习内容和开拓幼儿视野。

案例

碰一碰

小班上学期，孩子们相互间还不熟悉，教师试图通过歌曲《碰一碰》来增加幼儿之间的互动，帮助他们尽快建立起同伴友谊。但是活动前，教师发现孩子们都对这首歌曲非常熟悉，一听音乐，他们就会随着词“小脚碰小脚”来做相应的动作。那么这首歌曲就没有教学价值了吗？结合小宝宝主题的要求，教师发现孩子们对身体部位有探索的兴趣，于是把孩子们的这一兴趣点与歌曲相结合，和孩子们把歌曲进行了改编：“碰哪里？小脸碰小脸(肚子碰肚子/鼻子碰鼻子)。”不但孩子们的创意被激发出来了，还玩得更加有趣。在这个活动中，教师不拘泥于活动的固定方法，使教学活动从内容到形式上变得更灵活、有效。

在“碰一碰”活动的组织开展中，执教教师使用了资源转换法。当传统教育方法不适于本班幼儿时，对已有教材进行价值转换，及时从其他角度挖掘活动的新价值，开展了更有针对性的教育。

(2) 热点追踪法。所谓热点追踪法是指由幼儿关注的热点生发的方法。学习内容反映幼儿的兴趣点。在当前主题的开展过程中，以及社会生活中都会使幼儿产生属于他们的热点话题。追踪这些热点，可以帮助教师找到适宜本班幼儿的、更加灵动的教学内容。

在实施热点追踪法时，教育内容的来源更加多样。下一个主题可以在当前主题中产生。即教师在当前主题活动中，观察并了解幼儿对哪些方面比较感兴趣，对幼儿感兴趣的内容进行挖掘和拓展，从而产生新的主题内容。让主题随着幼儿的兴趣点开展，而不是主题牵着幼儿走。主题活动也可以从社会中来。如果幼儿对社会生活中的某些人、事、物感兴趣，形成了热点话题，教师就可以抓住这些热点话题，结合幼儿发展目标，生成主题活动。

案例

我们的小乌龟

班级里养了一只小乌龟，孩子们发现小乌龟一直没有吃过东西，他们担心这样下去小乌龟会死掉。由此引发了孩子们的问题：小乌龟喜欢吃什么？为什么它一直不吃不喝还活着？为此教师抓住孩子的兴趣，进行了热烈的讨论，从而生成了“我们的小乌龟”主题活动。在整个活动中，幼儿尝试着探究小乌龟的生活习性及主要特征。随着他们经验的不断积累和需求的不断增加，“我们的小乌龟”这一生成性主题活动也愈加丰满了。

“我们的小乌龟”并非来自主题活动课程，而是孩子们日常活动中生成的热点。他们喜欢什么、关注什么,教师要及时地观察、捕捉,做孩子们的后盾,支持他们、帮助他们,把自己想要了解的内容挖掘出来作为学习的内容,进行有趣又有效的活动。

(3) 问题定位法。问题定位法是指教学内容来源于幼儿发展中的问题和不足。教师通过对幼儿的观察,发现幼儿出现的问题和不足,并据此决定开展什么内容的活动。

实际使用问题定位法时,教师要更多地着眼于两个方面:一是查漏。在对幼儿的日常观察中,要有“问题意识”,不但要善于发现幼儿发展中的问题和不足,更需要分析导致问题和不足产生的原因,从而发现教育中的疏漏之处。二是补缺。当现有教材内容不能弥补幼儿的问题和不足时,根据出现的问题来决定教育内容,进行有针对性的教育,促使幼儿全面发展。

我会自己做

小班上学期,天气越来越冷,孩子们穿得越来越多,老师发现“懒宝宝”也越来越多了。他们洗手前不愿意卷袖子,午睡时不愿意自己穿脱衣服,挂外套也总是等着老师来帮忙。经过观察,这些宝宝的问题其实不是他们懒得做,而是不会做。因为衣服的件数增多,这些事情的难度都加大了,宝宝们有些不知所措。因此,我们就开展了“我会自己做”主题活动。在环境中布置了照片、步骤图让幼儿边看边做;创编了简单又朗朗上口的儿歌,帮助幼儿理解和记忆方法;评选了小能手,在幼儿中树立了榜样。这种种方法都起到了激励幼儿的作用。在反复的尝试、发现问题、跟进措施后,越来越多的幼儿开始自己卷袖子、包裤子、穿脱衣裤、挂衣服,本领越来越大。

问题定位法告诉我们:首先,不要拘泥于固有教材,让教育内容更适合当前教育对象,可以使活动真正“活”起来。

统一的教学内容有其科学性,但却并不一定适合所有的教育对象。幼儿的发展需求、兴趣点不尽相同,教育内容也应该有所变化。内容灵动的教育策略告诉我们,教育内容是不断变化、调整的,是从受教育者的需要出发的。

其次,让幼儿成为教育内容的最终决定者,以他们关切的问题为主导,有利于最大限度地激发幼儿学习的热情与灵性。

实行内容灵动,改变了以往教育自上而下的属性,让幼儿成为教育的主导。不再是教什么学什么,而是需要什么教什么。

我们将传统幼儿园教育与瑞吉欧教育理念相结合,呈现出了新的教学方式和新的教育行为:学习活动的开展以幼儿为中心,幼儿决定主题进行的空间与时间。幼儿的学习成为教学中最为关键性的因素。教师更愿意观察与研究幼儿的学习,依据幼儿的学习情况来补充教育资源、提供多元选择,并为幼儿提出的有建设性的想法提供支持。

这样做，不仅使儿童处于主动学习地位，同时还加强了幼儿对幼儿园、集体的认同感，让每个幼儿在参与活动时，能感受到归属感和自信心。

这与瑞吉欧以儿童为中心，从儿童的兴趣和需要出发的教育理念非常契合。由此才能产生真正以儿童为本的、有弹性的课程。

5. 领域联动策略

瑞吉欧中没有明确规定课程的内容，更没有固定的"教材"或预先设计好的"教育活动方案"。其课程是在教学中生成的，课程内容来源于周围的环境、幼儿和老师感兴趣的主题，这些主题一般由幼儿的兴趣和能力聚焦而成，形成一个不可分割、有机联系的整体。这个理念为我们实施"五动教育"下的领域联动提供了一个极好的参照。长期以来，我国学前教育在教学内容安排上存在着诸多交叉和重叠，知识体系被分解得过于精细，教师的教学也往往从五大领域的角度分别展开。这种情况使得学科领域之间缺少沟通联系，最终导致幼儿难以获得完整的经验，难以把握五大领域知识整体与部分的关系。为改变这种现状，使教学更为有效，使幼儿获得最大的学习效益，我们尝试在主题教学中进行领域联动。领域联动主题教学中课程结构的特点，在于采用跨学科的方式，围绕一个主题、五大领域融合展开教学活动，各课程领域之间相互融通，实现教育联动，以形成合力，从不同角度促进幼儿情感、态度、能力、知识、技能等方面的发展。实施领域联动能够较好地显示五大领域知识整体与部分之间相互依赖、相互联系、相互作用、相互制约的关系，实现教育的整体功能和各领域的教育协同作用，进而有助于幼儿完整地认识一个事物，整体地感知和认识世界。

协同论认为，千差万别的系统，尽管其属性不同，但在整个环境中，各个系统间存在着相互影响而又相互合作的关系。其中也包括通常的社会现象，如不同单位间的相互配合与协作，部门间关系的协调，企业间相互竞争的作用，以及系统中的相互干扰和制约等。协同论告诉我们，系统能否发挥协同效应是由系统内部各子系统的协同作用决定的，协同得好，系统的整体性功能就好。如果一个管理系统内部，人、组织、环境等各子系统内部以及他们之间相互协调配合，共同围绕目标齐心协力地运作，那么就能产生1+1>2的协同效应。反之，如果一个管理系统内部相互掣肘、离散、冲突或摩擦，就会造成整个管理系统内耗增加，系统内各子系统难以发挥其应有的功能，致使整个系统陷于一种混乱无序的状态。

我们提出领域联动，正是想形成一种教育合力，创造一种多领域整合互补的纵横交织、立体化的学前教育模式，更好地促进幼儿的发展。

领域联动策略包括：主题贯穿式和学科辐射式。

（1）主题贯穿式。主题贯穿式强调以问题为中心，生成来自幼儿的需求，教师引领幼儿学会发现和提出问题，师幼合作研究解决问题的活动过程。

3～6岁幼儿的思维带有明显的跳跃性和随意性，常常会离开教师预设的内容，出现与教师预设不一致甚至相矛盾的意外情况。幼儿在活动中的学习状态，包括他们的兴趣、注意力、学习方法与思维方式、合作能力、提出的问题与争论乃至错误的回答等等都是教学过程中的动态生成性资源。在这类动态生成性资源中通过师生互动、生生互动来碰撞、生成新的主题来源。

应用举例

主题活动：

在动物园、农场里。

内容与要求：

① 观察了解动物的外形，关注它们不同的特征，并比较异同。

② 愿意运用多种方式表达自己对动物的喜爱。

环境创设：

创设"在动物园里"主题墙面。

集体活动：

线索一：小鸡小鸭。七只小鸡排队走、鸭子上桥、小黑猪、家禽家畜……

线索二：在动物园里。小动物睡着了、我喜欢的动物朋友、颠倒歌、小动物……

区角活动：

① 创意工坊(动物园)：羊毛卷卷、纸杯动物、我喜爱的动物、指纹添画小动物……

② 快乐书屋：动物手影、自制图书、动物对对碰……

家园共育：

① 帮助孩子收集一些动物的图片和书籍，并尝试自制小图书(可分成海洋动物、陆地动物、空中动物三类)。

② 建议家长与幼儿在家中大胆运用多种材料(纸盒、纸盒、贝壳、瓶盖等)制作小动物。

……

这些活动本来都可以独立分开，内容也可互补关联，现在把他们放在一个较大的主题下贯穿起来，成为活动的系列内容，使学习内容更加丰满、完整，更重要的是让幼儿从中获得的知识更趋于整体性、全面性。通过领域联动，促使学前教育五大领域的知识在一个主题下有序聚合、相互链接，贯穿各个领域，上下贯通，横向连接，可帮助幼儿在头脑中形成整体化的知识结构。

(2) 领域辐射式。领域辐射是指从某一个领域将其学习主题和优秀活动及其方法推广到其他多个领域，进行教育的联动。各课程领域之间相互辐射，实现教育联动，以形成合力，从不同角度促进幼儿情感、态度、能力、知识、技能等方面的发展。在具体的领域教学操作活动中，尝试用"五动"方法进行教学，并归纳梳理出好的教学方法，辐射到其他领域的教学活动中。

应用举例

一次户外自主游戏中，因为各种车总是从"医院""娃娃家"里穿过，于是孩子们想要建造围墙，但围墙并不是那么容易就能建造起来的。他们寻找了不同的材料，也参观了幼儿园大门口的一堵灰色围墙。但孩子们的建构并不顺利，他们的围墙总是会被风吹倒，甚至不小心一碰就会翻倒。可正是这样困难的围墙，却引起了孩子们想要将它设计好的决心，直到游戏结束，孩子们都还在研究围墙的问题。看似简单的一个游戏内容，在孩子们的兴趣推动下，却延伸出了一系列的活动。

科学活动：“给幼儿园造围墙（建构）”。引导幼儿围绕搭围墙活动，尝试运用多种材料进行围合拼搭、拼摆和延长等。在此科学活动中教师运用了兴趣引动的策略，根据幼儿游戏中出现的问题设计了此次活动，意在通过活动解决孩子建构中围墙不牢固、高矮不齐等问题。

同时教师又将此兴趣引动的策略辐射至社会活动“围墙的亲密接触（户外观察）”。引导幼儿动用感官、身体等充分去观察、触摸、比较，感受围墙的特性。在接触中发现解决问题的方法，并在实践、交流的过程中，不断地拓展思维。

在此基础上教师又将兴趣引动策略中应用到的操作方法辐射至艺术活动“围墙大探秘（写生画）”，尝试用不同方法引导幼儿将观察到的各种围墙的典型特征进行大胆表现。

领域联动打破了以学科知识为中心的格局，直接把幼儿的思维活动引向问题，使得问题易于被幼儿发现，又通过领域联动，调动幼儿已有的知识和经验去分析和解决问题。这样就把五大领域知识与幼儿思维发展、游戏活动和幼儿生活实际串联起来，不仅使教学主题更易于被幼儿接受，也使幼儿的学习目标更为明确，从而实现有效学习。

领域联动主题教学活动为幼儿提供不同学科领域的学习环境，使幼儿能够从不同的侧面认识和理解同一事物，从而立体地建构自己的知识结构。另一方面，它又可以帮助幼儿把在某一领域学习获得的知识经验适当迁移、运用到另一领域，进而促进知识及能力结构的多元发展。

透过领域联动主题教学推动幼儿在积累各大学科领域经验的过程中更为主动、积极，在“学与玩”中获得身心和谐健康发展。在此过程中五大领域各自特有的教学要素相互支撑，功能互补，真正做到了你中有我、我中有你，浑然一体。

二、突破“围墙”，构建教育生态

1. 打破教室的“围墙”

在开展“春天来了”的主题活动时，幼儿画蜗牛，所有的幼儿画的蜗牛都是圆圆的螺旋形壳，脑袋上顶着两个大眼睛，不是往右走就是往左走。单一的特征，统一的动作，好像蜗牛天生就应如此。可假如让教师来画蜗牛，似乎也逃不出这样一个规律。

如此简单的一个绘画活动，看似没有多大问题，但细细琢磨却发现这个现象并不是特例，还有很多被忽视的现象存在。如绘画中的蚂蚁始终是黑色的，梨花一直是五瓣的，树叶飘下来就是像跳舞的，橘子全都是橘黄色的，太阳也永远是红彤彤的。追根溯源，这些现象的产生正是受到我们常见书本上的图片和内容的影响，也是教师传授给幼儿的间接经验。

画家董其昌曾对绘画做出了这样的评论："每朝陵回，得写胸中丘壑，不行万里路，不读万卷书，欲作画祖，其可得乎?"围墙中的画家就如同教室中的幼儿，在学习的过程中也应该把目光投向外面的世界。真正的学习往往发生在课堂以外。

中国教育学家陈鹤琴先生在其"活教育"课程论中也曾说过：大自然、大社会就是活教材，让儿童在与自然、社会的直接接触中，在亲身观察中获取经验和知识。与传统"死教育"相比，陈鹤琴课程论的"活"表现在：第一，传统灌输式所获得的间接经验在一定时期内可以看作是固定不变的，而大自然、大社会却是动态的，时时在变，处处在变，具有很大的灵活性；第二，在学校里幼儿只能按照教师的要求去做，思想、行为被限制了，而在大自然中，孩子们可以根据自己的想法去探索周围的世界，随着自然的变化而改变探索方式，可以玩游戏进行竞赛，或仔细观察，不仅空间范围扩大了，更重要的是思想的舞台也变得无限宽广。当然，陈鹤琴虽然主张从自然和社会中直接获得知识，但他并未绝对强调经验，否定书本。陈鹤琴认为书本知识是现实世界的写照，可以在自然和社会中得到印证，反映幼儿的身心特点和生活特点，书本作为参考资料可以恰当地使用。总之，陈鹤琴追求的是让自然、社会、儿童生活和学校教育内容形成一个有机联系的整体。

鉴于以上理论，为了让幼儿对蜗牛有一个更直观、多角度、多元化的认识，教师针对活动进行了调整，将幼儿带到大自然中去，寻找蜗牛，观察蜗牛的不同动态。同时把几只蜗牛带回教室饲养，每天进行观察记录。一周后再来画蜗牛，教师发现幼儿笔下的蜗牛不再是统一的模板，有的蜗牛壳形状不同，有的蜗牛形态各异，有的蜗牛前行方式发生了变化，甚至有的蜗牛吃东西的样子都有很大区别。

同一批幼儿，在前后画蜗牛的过程中有如此大的变化，原因就在于他们获得前期经验的途径和方法都有了改变。刚开始幼儿获得经验的渠道是单一的，因而表现出来的形式也呈单一性。但后来教师将幼儿带到了蜗牛生存的大自然中，并给了幼儿充分观察的机会，每个幼儿观察的角度不同，发现和获得的经验也会有所区别，因而在表达的过程中就会呈现百花齐放的现象。正因为有了这样一次尝试之后，我们教学的形式变得更加大胆，不再拘泥于课堂这种单一的教学方式，也不仅仅在绘画活动中带领幼儿走出课堂，我们在各个领域都开始打破固有的教室"围墙"，让教育真正地开始走向无"围墙"的教学境界。

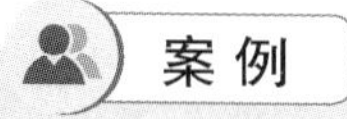

蚂蚁与食物的故事

最近孩子们对小蚂蚁的兴趣越来越浓厚，为了观察蚂蚁是如何搬运食物的，他们决定拿着食物来一次实地观察。

来到草地上，孩子们将饼干掰成一块一块放在蚂蚁前面，可是蚂蚁就是不来搬。梓龙有点着急了，他拿着饼干追着蚂蚁说："你快搬呀，我这有这么大的饼干，你为什么不搬呢?”楠楠看见了,他对梓龙说:“你不能追着它,它会害怕的,我们沿着它经过的路线放饼干,这样它看见了就会搬了。”他的提议得到了其他小朋友的同意。于是他们在蚂蚁要经过的地方都放上了饼干,等着蚂蚁来搬。

子希和靖琪在大树旁的座椅上撒上了饼干屑。一会儿来了一只小蚂蚁,她们特别高兴,一动不动地盯着蚂蚁看。可是小蚂蚁东爬爬,西爬爬,就是不去搬饼干。孩子们着急了,商量着是不是蚂蚁要去找朋友一起来搬饼干呢。果然,一会儿来了四五只蚂蚁,它们两只在旁边,两只钻到饼干下面,一只待在饼干上面,一起将饼干搬走了。

蓁蓁她们在走道上放了饼干,可是蚂蚁碰了碰就是不拿。蓁蓁说:“肯定是因为饼干太大,所以蚂蚁不喜欢。我来把饼干掰小一点。”说着她把饼干掰成了一小块一小块。

小蚂蚁一会儿就发现了食物,它围着食物兜圈子,钻到食物底下想往上抬,可掰碎的食物对它来说还是太大了,它爬到食物的上面看了看,又爬了下来,一会儿,它咬了一小块食物,举着食物往家爬。孩子们看到蚂蚁终于搬食物了,开心地相互奔走相告。

蚂蚁如何搬运食物,这个经验在很多绘本上是没有具体介绍的,即使找到相关的视频,但也是幼儿看为主,很难参与到其中,获得的只是间接经验。而在这次观察蚂蚁搬运食物的活动中,孩子们起初都认为这是一件很简单的事情,但在操作后才发现并没有想象中的简单,其间会遇到很多意想不到的问题。在解决这些问题的过程中,孩子们也逐渐地了解了蚂蚁发现食物后的反应,搬运食物的各种动作等。这种直接经验的获得,是课堂上收获不到的。一百个孩子有一百种观察方式,更有一百种收获。

案例

画一画雨的声音

下雨了,老师带孩子们一起去玩雨。

撑着大雨伞来到户外,我们发现雨宝宝是会发出声音来的,有时响,有时轻,还会时不时地发出调皮的雨滴声,就好像音乐一样。回来我们就把雨的声音画了下来。

石头说:“这个雨滴滴到伞上的时候就好像大海里波浪的声音,所以我在记录雨的时候画了一个波浪。这是很大的声音。”

小六说:“雨滴滴在伞上的声音就好像我们家里的钟走路的声音,是嗒嗒嗒的,所以我画了一个指针在走路。”

可欣说:“雨滴就好像我们家里的小珠子掉在地上的声音,滴滴答答的,所以我画了很多的小珠子。”

子希画的最好玩,她画了一张长大嘴巴露出牙齿的嘴,她说下大雨的时候声音很响,就好像我们张大嘴巴在大吼大叫。

雨对孩子们来说并不陌生，甚至可以说是从小看到大的，但更多时候也仅仅停留在看而已。现在的家庭教育，几乎没有家长愿意让幼儿与雨进行直接接触，甚至还想方设法阻止孩子去接触雨。正是在这样的条件下，孩子对雨的概念一直停留在课堂上老师所教的"大雨哗啦啦，小雨淅沥沥"的概念中。通过让孩子置身于雨中，让孩子们根据自己的想法去探索雨的世界，随着雨的变化而不断改变探索方式，通过聆听雨滴敲打地面、伞面甚至身体的声音，或者运用听、触摸等感觉来体验雨的声音甚至雨的形态，从而拓展幼儿对雨的认识，了解雨的特性。

2. 将生活融入教育

著名教育学家陶行知指出："全部的课程包括全部的生活，一切课程都是生活，一切生活都是课程。"从孩子们踏入人生开始，生活即与他们密不可分，生活中蕴含着取之不尽的教育资源，学习可以说是随时随地发生着，在幼儿园一日活动皆是课程。挖掘一日活动中各环节资源，树立教育的整体观，适度把握生活环节是幼儿园"一日活动皆课程"的重要表现。

陶行知的生活教育思想提出孩子的生活是丰富的教育资源，在教学活动实施的过程中，我们逐渐体会到"解读幼儿"绝不仅仅是跟随幼儿，更重要的是要走进幼儿心里，读懂他们，在活动中重视幼儿的主体地位，充分满足幼儿的需要。

《指南》中也指出：幼儿的学习是一个主动建构的过程，幼儿主动建构自己的知识，而不是被动地接受某种现成的知识。正因如此，幼儿的学习不是抽象的、概念化的，而是丰富生动、具体形象的。这种直接建立在他们生活经验基础上的学习才是最适合他们的教育方式。

观察秋天时使用的工具

明天孩子们要去湿地公园观察秋天，要带哪些工具呢？今天他们一起梳理了可能需要的工具。

刚开始孩子们大多数都想带放大镜和塑料袋。甜甜的理由是：放大镜可以将东西放大，小虫子放大后可以看得很清楚，知道它长几条腿。杨峥用袋子的理由是：袋子可以装很多的叶子和其他植物。

萱萱提到了一个不一样的工具：手套。因为有的地方比较脏，但我们又需要那些叶子或者其他植物和虫子，那就可以用手套。

丁晨需要的是瓶子和时钟。瓶子可以装活的植物，比如鲜花。时钟是为了看时间，避免延误。

万轩需要拿铲子和水桶，因为植物需要挖出来再装在大一点的水桶里。孩子们从这里又延伸出了盒子、绳子、笔、画纸、相机和水壶等。

带不带绳子让大家产生了争论。万轩觉得没有必要带，因为去的地方很安全，而且绳子没地方用。双双不同意，认为绳子可以绑东西。博渊认为必要的时候绳子还可以用来将树上的叶子甩下来。孩子们的争论到最后结果是：可以带一些细绳子，必要时可以绑东西。

杨晨曦提议带点吃的，被孩子们否定了，因为他们觉得每次都是吃完点心出去的，又是带着任务去观察的，手很脏的时候拿食物不卫生。

这是幼儿外出观察的第一个活动，从整个活动中可以看出他们的思维始终处于活跃状态，能从一个幼儿带工具的理由又延伸出对其他的工具的思考。同时他们又对带的工具是否有效有着不同的看法。这些都充分说明幼儿不仅仅停留在应该带什么、为什么带的问题上，还会考虑到带去的工具在这次的观察中是否有用。而判断这些工具价值的依据正是来源于他们的生活经验。因为有过使用放大镜的经验，了解放大镜可以放大一些微小的部分，帮助我们观察得更清晰，才会让幼儿觉得有必要带它。假如没有使用这些工具的生活经验，幼儿是无法开展这些讨论的。

这个案例让我们看到，教学不能无视学习者的已有知识经验，简单强硬地从外部对学习者实施知识的“填灌”，而是应当把学习者原有的知识经验作为新知识的生长点，引导学习者从原有的知识经验中，获得新的知识经验。教学不是知识的传递，而是知识的处理和转换。教师不单是知识的呈现者，也不是知识权威的象征，而是应该重视幼儿对各种现象的理解，倾听他们的看法，思考他们这些想法的由来，并以此为据，引导幼儿丰富或调整自己的想法。

案例

我们终于造出有屋顶的房子了

户外自主游戏持续了整整一年，从原先的什么都没有，到后来出现了围墙划分的区域，又从区域划分逐步形成了独立的小院。这一系列的变化始终在孩子们的游戏中逐步地发展着、推进着。而今天我们欣喜地发现孩子们造出了有屋顶的房子。当静怡、博渊、双双和万轩将所有的月亮船垒高变成一个圆形的房子时，他们发现房子的墙壁已经超越了他们的身高，上面可以盖上屋顶了。于是双双不断地寻找合适做屋顶的材料，从纸板到泡沫垫。虽然这些东西还不能完全覆盖整个屋顶，但有屋顶的房子已初具规模。而他的举动也启发了姗姗、杰杰和若水，让他们的屋顶更具特色。最终屋顶由多块泡沫垫分高低建造而成。

课程来源于生活，生活离不开教育，同时课程的实施也需要孩子的生活经验。一日生活中占很大比重的就是游戏活动，它是我们幼儿园课程中必不可少的活动。在案例中我们可以看出，孩子在游戏中的建构能力是随着他们生活经验的累积而逐步发展的。也许在老师直接的指导或者示范下，孩子会更快地建构出简单的房子。但老师却并没有这么做，只是不断地给予材料支持和问题引导，因此经历了一年之久才出现了孩子们建构的简单房屋。虽然最终都能建构出房屋，但两者对孩子来说却有着完全不同的意义。前者只是教师说孩子做，而后者却是孩子真正独立思考、探索的结果，是孩子们通过一步步的探索和建构，到最后水到渠成的收获。

案例

菜园捉虫

三个星期前，我们一起在小菜园种下了小青菜，孩子们期待着小青菜快点长大。但是，由于接连下雨，孩子们几天都没有去看小青菜了。一天下午吃完点心，孩子们提议去看看小菜园的蔬菜是否长出来。刚走进小菜园，孩子们发现菜叶上有许多小洞洞。孩子们像小麻雀一样七嘴八舌地讨论起来，说菜叶上的小洞洞都是小虫子咬的，还发现了蚂蚁、蚂蚱等小虫子。于是，我和张老师商量决定和孩子们联合起来开展一场“蔬菜保卫战”活动，引发孩子们对于菜叶上小洞洞的探究。孩子们使用了瓶子、夹子、筷子等各种工具探究捉虫的方法。同时，在捉虫的过程中，进一步引发了孩子们对昆虫的探究兴趣。

通过一个小小的捉虫活动，孩子们冒出了很多的问题，也找到了很多的方法。这次的菜园捉虫活动已经不仅仅停留在操作层面，还有着探索的尝试和经验的积累。小小的捉虫事件都能探索出好的方法，这也正应验了“一日生活皆课程”，一日生活皆是孩子的体验。他们能从这些体验中找到兴趣点，找到秘密。作为老师，每一个环节、每一个点都可以激发孩子的探索兴趣。

3. 由活动生成活动

在一个科学活动中，教师原计划是让幼儿在活动室观察青蛙标本，了解青蛙，但在开展活动前，班里有幼儿在户外捉到了一只活的青蛙，兴奋地向老师报告，还提出要饲养青蛙，让青蛙长大生小宝宝……每一位教师都应珍视孩子的生成，使幼儿拥有真正的生成性课程。面对3～6岁的孩子，生成性课程的资源从哪里来？叶澜教授曾说过：“课堂应是向未知方向挺进的旅程，随时都有可能发现意外的通道和美丽的图景，而不是一切都必须遵循固定线路而没有激情的行程。”孩子的思维带有明显的跳跃性和随意性，常常会跳出教师预设的内容，有与课前预设不一致甚至相矛盾的意外情况发生。幼儿在活动中的学习状态，包括他们的兴趣、积极性、注意力、学习方法与思维方式、合作能力与质量、发表的意见、建议、观点，提出的问题与争论乃至错误的答案等等，无论是言语还是行为、情绪方式的表达，都是教学过程中的动态生成性资源。

案例

乌龟不冬眠引发的活动

在一次关于“动物是如何过冬的”科学教育活动中，教师让幼儿在活动开展前通过各种方式收集信息，了解小动物是怎样过冬的。在活动开展的过程中，教师通过多种方式引导幼儿讨论、体验小动物过冬的方式，如动作表演、图片展示等，幼儿都十分积极，共同讨论分享了很多动物过冬的方式，如冬眠、迁徙、躲藏、储备粮食等。在活动快要结束时，教师帮助幼儿总结会冬眠的小动物。当说到乌龟是通过冬眠过冬的动物时，一名幼儿站起来说：“老师，乌龟不冬眠，我家的乌龟就不冬眠。”他的话立即引发了孩子们热烈的讨论，而这种讨论在课后依然持续不断，对于乌龟是否冬眠，持认可意见和否定意见的都有。

为了了解乌龟到底冬不冬眠，老师和幼儿开展了新一轮探究活动“乌龟冬眠吗”。从查阅科普绘本资料、饲养乌龟、做观察记录等活动中了解了有关乌龟冬天的各种生活习性。在集体教学活动中，幼儿对于这个问题展开了深入的讨论，他们拿出各自搜集的信息，通过分享和交流，终于发现乌龟的冬眠与环境以及其种类都有关系。

生成性课程是促进幼儿当前发展的重要媒介。在组织教育活动时，教师如果能够充分关注每个幼儿的问题、兴趣和需要，并根据他们的现有经验和能力灵活地调整、改进、充实预设的课程计划和教育活动方案，将有助于幼儿积极主动地学习和发展。在这个案例中，对于乌龟是否冬眠引起了幼儿极大的兴趣。教师了解了幼儿的兴趣和需要，于是决定生成新的活动内容“乌龟是否冬眠”，并鼓励幼儿尝试饲养乌龟、观察乌龟、搜集有关乌龟的科普知识等等。与原来的活动方案相比，如此生成的“新活动”更切合幼儿自己的问题、兴趣和需求，也更加丰富，更具有教育价值，这样更能够促进幼儿积极主动地学习，推动他们的发展。

4. 由点到面地主题延伸学习

大多数幼儿园课程都围绕主题而设计。不管主题对幼儿来说是否重要，主题式课程仍然是教学活动、教学研讨的重点。但是，这些主题是否与幼儿生活相关？主题是否反映了幼儿的现实生活和兴趣？对幼儿来说，有意义的学习源于教师有目的的思考。如果教师习惯性地选择自己喜欢的活动，那么这些活动对幼儿也不会产生任何有意义的结果。因此，教师在对主题进行思考的过程中，需要通过观察幼儿来了解他们的兴趣，利用他们的兴趣将其注意力吸引到学习上，并逐渐拓展幼儿的学习活动。这是以儿童为中心的课程的重要组成部分。

当我们从幼儿的视角看问题时，有助于我们重新认识主题的概念。教师如能给予幼儿充分的机会，他们一定很乐于参与各类活动。仔细观察，我们必定会对幼儿已有的知识和能力惊叹不已！作为成熟的幼儿行为观察者，教师需要发现幼儿行为更深层次的意义，看到主题的发展性，了解幼儿对主题的喜欢程度，并运用这些主题开展活动。教师还可以探究幼儿的兴趣，引领他们开展各个领域的探索，这种思路和教学方式可为教师和幼儿感兴趣的活动或探究增添动力。

案例

《蚂蚁和西瓜》引发的科学探索活动

活动起源

午餐后，有一群孩子在阅读区的地垫上看书。这时来了几只小蚂蚁，因为它们的出现，打破了阅读区的宁静。韬韬、宁宁、哲楠、石头等孩子围着蚂蚁开始观察起来。他们拿来了放大镜、昆虫观察盒等观察工具，想要仔细观察蚂蚁的样子。可这几只蚂蚁实在是太小了，尽管用上了各种观察工具，依然看不清蚂蚁的主要特征。

为了更好地了解蚂蚁，石头去自主阅读区找来了绘本《蚂蚁和西瓜》，他说：“我记得《蚂蚁和西瓜》里有许多蚂蚁，我们一起来看看，说不定就能发现蚂蚁长什么样。”于是七八个孩子开始认认真真地阅读绘本。

梓龙说：“我家里有一本关于蚂蚁的书，上面的蚂蚁不是只有头和身体，妈妈告诉我蚂蚁有头、胸、腹。”

读完整个绘本以后，孩子们却产生了疑惑。

韬韬说：“我看到蚂蚁有一对触角。”

哲楠说：“那蚂蚁不是成昆虫了？”

石头说：“蚂蚁不会是昆虫的，蚂蚁没有翅膀，所以蚂蚁不是昆虫。”

哲楠说：“昆虫不一定有翅膀的呀。”

涛涛同意石头的想法：“我也觉得蚂蚁不是昆虫，你看书上的蚂蚁根本没有头、胸、腹的呀？”

他们的争论引来了其他孩子的加入，有的持肯定意见，认为书上的蚂蚁长成这样肯定是对的，所以蚂蚁不是昆虫。但也有持否定意见的：书上说的不一定就是正确的，就像《蚯蚓的日记》上说蚯蚓的头和尾巴是一样的，其实根本就不是一样的。孩子们争执不下，提出可以去户外找几只大一点的蚂蚁进行观察。

当孩子们出现问题时，他们的第一反应是从书上寻找答案，这也是长期阅读对孩子们产生的影响，书是很好的知识的来源。所以当看不清蚂蚁的长相时，石头的第一反应就是从绘本《蚂蚁和西瓜》中寻找答案。但找到的答案是否正确又成了孩子们的困惑点，于是他们想到了一个更直观的方法，到户外通过观察真实的蚂蚁，验证从绘本中搜集到的有关蚂蚁的知识是否正确。作为教师，我们给予了支持，因为这样的验证不仅能够帮助幼儿探索蚂蚁的主要特征，也能让他们学会如何进一步验证蚂蚁特征的方法。

活动观察

孩子们观察蚂蚁的活动开始了，观察中他们带上了放大镜（便于更清楚地观察蚂蚁特征）和记录板（方便记录自己观察到的蚂蚁特征）。

户外的蚂蚁个头明显要比室内的大许多，有些甚至不用放大镜都能看到蚂蚁的六条腿、头、胸、腹和触角。经过半个小时的户外观察和记录，孩子们又回到了活动室进行进一步讨论。

子希说：“我观察到的蚂蚁是有六条很细的腿和一对触角，那对触角还和另一只蚂蚁碰了碰呢。”

楠楠说：“我观察到的蚂蚁个头特别大，能够看到它有头、胸、腹，这和书上是不一样的。”

梓澄说：“我观察到的蚂蚁和书上一样是黑色的。”

歆然说：“我观察到的蚂蚁还举着东西在搬运呢，也和书上是一样的。”

雯雯说：“蚂蚁是昆虫，因为它有昆虫说的那些特征。”

孩子们根据自己的记录再次和绘本上的蚂蚁进行了比较和验证，通过他们的验证可以发现，《蚂蚁和西瓜》中的蚂蚁有的地方是画得正确的，如一对触角、黑色的身体、六条腿。但也有不正确的地方，如：蚂蚁应该分为头、胸、腹三部分。通过这样的验证，让孩子们对蚂蚁的特征以及属性有了一个较为清晰的了解。也正是在这样的调查过程中，孩子们对蚂蚁的兴趣变得越发的浓厚，对绘本《蚂蚁和西瓜》产生了进一步阅读的需求。因此在验证后的一周内，这本绘本成了我们班最受欢迎的书，有百分之九十以上的孩子阅读了这本书，有百分之四十左右的孩子阅读了两遍以上。

小实验一：蚂蚁搬运食物

在阅读一周后我们组织了一次讨论活动，孩子们在讨论活动中提出了很多问题，如：蚂蚁是怎么寻找食物的？蚂蚁不会说话是怎么交流的？蚂蚁离家那么远怎么回去呢？等等。但其中一个问题是很多孩子关注的：绘本中的蚂蚁是很聪明的，会用铲子将一大块西瓜铲开后再搬运，生活中的蚂蚁也会这样做吗？要验证蚂蚁是否会将大块食物分开后搬运，实验是最好的验证方法，因此大家决定一起去做一个“蚂蚁搬运食物”的实验。

孩子们分成5组，分别拿了面包、饼干、馒头、糖果、薯片作为实验的食物。寻找到蚂蚁洞后，孩子们将各自的食物放在蚂蚁的必经之路上，安静地等待蚂蚁的出现。

“饼干”观察组的蚂蚁是最早出现并发现食物的。它发现后围着饼干兜了很久，从饼干下面爬到饼干上面，但始终搬不动比它身体大上5倍多的饼干。于是它回去找来了同伴，和同伴一起将大块饼干搬运回了蚂蚁洞口。“糖果”和“薯片”观察组的蚂蚁也是如此，它们叫来了好多蚂蚁一起搬运食物，并没有将食物分成一小块一小块，但搬到洞口就搬不进去了。“面包”和“馒头”观察组和其他三组发现的不同，他们发现蚂蚁会将大块的面包、馒头咬成小块搬回洞里。

回来后幼儿进行了分析，他们认为蚂蚁是懂得将大块食物分成小块后搬运回家的，只是面包、馒头像西瓜一样都是容易咬的，而糖果、薯片还有饼干比较硬，因此面包、馒头是直接分成小块后搬回家，而将其他食物集体搬运到洞口旁，等过一段时间化掉了或者软了再分开搬运。孩子们的猜测在两天后得到了验证，原本停留在洞口的食物基本上已经被分开搬运得差不多了。

当孩子多次阅读绘本后，他会关注绘本中一些有趣的环节，会有自己的思考，因为缺乏现实生活中的经验，所以孩子们的思考可以说是一种预猜测：可能蚂蚁会将食物像西瓜一样搬运回去，也可能它们不能将整块食物分成小块搬运。本次活动就是建立在孩子对问题思考后的预猜测上，通过实验做了进一步验证。而这次的实验其实有了两次预猜测和验证。

小实验二：寻找蚂蚁的运输线

蚂蚁的食物是搬回去了，可蚂蚁的食物藏在哪里呢？孩子们再次关注绘本故事。他们对蚂蚁地下的那几张图片特别感兴趣，蚂蚁的家真的是这样的吗？真的可以有许多房间，而且每个房间的功能都是不同的吗？为了满足幼儿对蚂蚁窝的观察兴趣，我们为他们提供了一个“蚂蚁工坊”。

刚开始“蚂蚁工坊”里啥都没有，放入的蚂蚁也只是待在啫喱泥土的上面。但几天后，蚂蚁通道逐渐开通了，孩子们发现蚂蚁有了午睡的地方，但它们依然把食物放在啫喱泥土的上面。又过了几天，开始出现了两根管道，房间也多了一个，蚂蚁开始分开“居住”了。随着时间的推移，蚂蚁的家每天都在发生着变化，管道逐渐增多，房间也逐渐增多，房间里开始出现食物。

面对蚂蚁家的变化，孩子们坚持进行记录，并将这些不断出现的发现和绘本上蚂蚁的家进行着比对：“这个我们‘蚂蚁工坊’也出现了，这个还没有。”一本有趣的故事书，还有了科学探索的味道。

孩子们在阅读一本书时不仅仅了解了书中的故事，更是从故事逐步地延伸开来，带着一种批判性或者说科学性的眼光在思考这本书中的内容。

延伸活动：自制绘本《蚂蚁王国》

《蚂蚁和西瓜》的故事还在持续发酵着，有趣的活动也在不断生发，例如：探索蚂蚁喜欢吃什么？蚂蚁如何交流发现食物的信息？等等。孩子们在边阅读、边思考、边观察、边实验的过程中积累了丰富的经验，他们将这些经验一一进行了绘画记录，我们将他们的话写在旁边。当我们把这些涂好颜色的记录纸放在一起时，忽然发现这就是一本很完整的蚂蚁绘本故事。孩子们觉得这本绘本故事要比《蚂蚁和西瓜》更完整，它记录了蚂蚁的各个方面，因此大家给这本绘本故事取了一个很有趣的名字《蚂蚁王国》。

这本书来自孩子，书中记录的都是孩子们发现的有关蚂蚁的故事，例如蚂蚁的特征、蚂蚁的分类、蚂蚁运输的路线、蚂蚁的地下王国等。这本书又回归孩子，因为这本书是孩子喜欢的，同时也集合了所有孩子的发现，在阅读时能将他人的经验转化为自己的，起到了经验的归纳、梳理和提升作用。

《蚂蚁和西瓜》的故事结束了，《蚂蚁王国》的故事才刚开始，孩子们对书的热爱持续升温，因为一个绘本故事孩子们得到的不仅仅是知识，更有着阅读后的思考、科学探索以及合作、体验的感受。这些都是科学阅读带给我们的乐趣。

从上面的这个故事中我们可以看到，这是一个发展性主题活动，主题的产生源于孩子们对一群蚂蚁的好奇，想要探究蚂蚁的特征。因而在整个主题活动的推进过程中，孩子们始终抱着强烈的好奇心和探索欲望。教师的教学活动基于对幼儿问题的探究，立足于幼儿的真正生活与关系。所以在整个主题活动的开展过程中，教师始终追随着幼儿，观察幼儿在活动中的兴趣点，提供各种材料和活动进一步支持幼儿的积极探索。

5. 把孩子的发现变为教育资源

建构主义学习观认为，学习过程不是学习者被动地接受知识，学习过程总是与一定的社会文化背景（情境）相联系，是积极建构知识的过程，儿童的认知结构通过“同化”与“顺应”逐步建构起来。学习者在实际情境下利用自己原有认知结构中的有关经验去同化（指个体把外界刺激所提供的信息整合到自己原有认知结构内的过程）和搜索当前学习到的新知识，从而赋予新知识某种意义。由于建构主义学习活动是以学习者为中心，而且是真实的，因而学习者就更具有兴趣和动机，发展批判性思维，并且更容易形成个体的学习风格。

在当前幼儿园课程改革的各种尝试中，人们越来越清晰地认识到幼儿的学习是一个主动获得经验的过程。幼儿园的课程应关注幼儿的经验与生活，并由师幼共同建构而成。我们认为：主题的生成源于幼儿的兴趣和需要以及真实的生活经验。在主题的生成阶段教师应注意去倾听幼儿，了解幼儿关注的热点、焦点、疑点问题。那些幼儿自发生成的问题，能更好地引发幼儿探索的兴趣，使教学内容更切合幼儿的学习兴趣。

“捉影捕风”游戏的诞生

接连几天操场上刮着大小不同的风，孩子们开始追逐着风。因此我为孩子们提供了很多报纸，让他们去体验风的特质。

当孩子们拿着报纸站在风中时，他们手中的报纸似乎有了魔法，有的会贴在身上，有的怎么抓都好像要飞掉。报纸的变化，激发了孩子们进一步探索的兴趣，他们奔跑、躲闪、追逐，玩得不亦乐乎。

回到教室，杰杰告诉我们：“风对着我脸吹的时候，那张报纸就会贴在我身上”。琪琪说：“那就是逆风，因为逆风的时候风是对着自己面前吹的，所以报纸被身体挡住不会被吹跑。”豆豆说：“当风吹在自己背上的时候，手中的报纸就会想要飞掉。”“那这个是不是叫顺风。”可可领悟了逆风和顺风的区别。萱萱和几个伙伴还发现了风和物体之间的关系，阳阳说：因为报纸轻所以风能吹起来，重的东西小风是吹不起来的。可可提出：要是报纸接起来的话，虽然不是很重，风同样是吹不起来的。真的是这样吗？

《指南》中指出，幼儿科学学习的核心是激发探究兴趣，体验探究过程，发展初步的探究和解决问题的能力。孩子们在风中玩报纸时出现的各种现象，让他们对风产生了浓厚的探究兴趣，他们在玩风时是带着思考在行动的，这点能够在孩子们的交流中得以体现。他们在发现顺风和逆风时，又更深层次地考虑到了风力大小以及风的方向等。孩子们的这种专注与执着正是来自他们对事物的探究兴趣，这种兴趣一旦被激发，就会产生无穷的创造力和思考力。

活动后，教师针对孩子们想要探讨的风力大小和物体轻重之间的关系，在材料上进行了调整：提供了报纸、透明胶、双面胶等各种辅助材料。同时教师也鼓励他们可以自主寻找其他的游戏材料，尝试新的探索。

此外，在活动目标方面，教师做了如下调整：在游戏中比较和分析风力的大小以及物体轻重之间的关系；乐于与同伴合作，共同探究解决问题。

案 例

幼儿看到了无形的风

为了探究风力大小和物体轻重的关系，孩子们又展开了第二轮行动。他们自由分成了5组，每组将收集到的各种大小不同的报纸全部连接了起来。当孩子们拿着连接好的报纸"长龙"再次奔跑于风中时，与最初的单张报纸试验有了明显不同。万轩一组的"龙"接得比较短，在风中比较活跃，"龙尾"很难抓住。但嘉丰一组接的"龙"特别长，明显没有"短龙"灵活，"龙尾"呈现耷拉状态。当一阵大风刮过的时候，嘉丰那组的"龙"一改原先的颓废，立马变得活灵活现起来。活动结束后，孩子们的交流显得异常的热烈。诺诺："风一样大的时候，轻的东西比较容易吹起来。"思琪："风小的时候重的东西吹不起来，只有等风大的时候重的东西才会被吹起来。"双双："外面那种大风只能吹起用报纸做的长龙，太重的东西只有台风和龙卷风才能吹起来。"萱萱："这就好像我跟爸爸一起放风筝，小的风筝有一点小的风就能吹起来了，可是大的风筝一点点风是吹不起来的。每次都要等大风来了才能吹起来。"

科学探究建立在幼儿充分观察的基础上。在这个活动中，孩子们运用了比较和分析的探究方法，他们在实验的过程中不断地进行比较：两条不同长度的"龙"在风力小的时候呈现的状态是完全不同的，"短龙"活跃"长龙"颓废；当大风来的时候，原本吹不起来的"长龙"也开始活灵活现起来。有了这些观察和比较后，孩子们又有了自己的思考和分析，并得出了结论：风力相同的时候轻的物体能被吹起，重的物体则难以起飞；而当风力大的时候风能够吹起较重的物体，但也要看物体的具体重量。

幼儿真正的探究始于对答案的追寻。幼儿的研究实际上就是对感兴趣的问题通过直接感知、亲身体验和实际操作寻求答案的过程。作为教师，应该支持孩子们的提问，倾听孩子们的提问，记录和筛选孩子们提出的问题，引导他们用适宜的方法解决问题，寻找答案，这就是典型的探究过程。

风的主题在班里已经持续了两个星期，孩子们对风的讨论也越来越集中于几个问题：怎样才能知道风来了？风有冷和热吗？风有哪几种类型？风能抓住吗？追随着孩子们的问题，教师决定开展一次“捕风行动”。

材料投放方面进行了如下调整：班级里所有孩子认为可以抓取风的材料都可以使用，在“捕风”过程中随时可以进行工具的调整。

活动目标方面进行了如下调整：通过“捕风”行动，了解风是无形的，是由流动的空气组成的；在捕风活动中激发对科学实验的兴趣。

案例

幼儿的捕风行动

活动中我允许孩子们使用班级里任何东西去“捕风”。可可和甜甜选了瓶子，他们认为瓶子口小，不容易让风跑掉；文轩选了报纸，因为报纸比较大，能够包住很多的风；杰杰和几个好朋友选了罐子，罐子口大又牢固，能抓住风又不容易让风跑掉。很多孩子选的是塑料袋，他们觉得袋子拿着方便，口又大，便于操作。可是在奔跑的过程中选了塑料袋的孩子们发现，袋子虽然好，但不方便“捕风”，老是被风吹在一块。于是特大号蛇皮袋成了他们很好的“捕风”工具。

整个“捕风”活动进行了15分钟，活动中孩子们始终在不断调整工具和方法。活动后我们马上展开了交流，有孩子说袋子鼓鼓的是抓住风了，但也有孩子不同意。文轩拿出一个袋子，往里吹了一口气也鼓鼓的了，他说：“这是空气不是风，但也鼓鼓的。”那还有没有好办法判断袋子里有没有风呢？这时双双说了一个很有科学性的解释：“风是流动的空气引起的，我们的皮肤可以感觉出来。有没有抓住风，打开袋子对着脸试一下就知道了。”这个想法马上得到了大家的赞同，于是所有的孩子打开袋子试了试，答案出来了：没有风。

抱着蛇皮袋的扬扬说：“虽然我们不能抓住风，但我们可以制造风。”这下失望的孩子们又兴奋起来了，也许我们下次可以进行一个造风行动。

在活动中，教师注意到幼儿在捕风过程中是不断思考和调整的。从刚开始方位的调整到后来工具的调整，他们通过探索材料和风的关系，试图调动一切思维方式来解决问题和寻求答案。每一次调整都反映了他们对“捕风”这件事的浓厚兴趣，每个孩子都非常兴奋，并乐在其中，同时在活动中孩子们一直有着沟通。正是这种兴趣促使他们在对风的探究中从了解风的方向到探究风的构成特性，不断地深挖，最终开始思考如何制造风。

幼儿的探究能力是其在探究解决问题的过程中，综合运用各种方法的能力的综合表现。幼儿正是运用不同的探究方法，在经历了发现问题、探究问题和解决问题的过程中发展能力的。因此这种探究是需要一个过程的，而不是在一次活动中就能快速发展的。

“捉影捕风”这个活动的生成来自孩子，是孩子喜欢和感兴趣的一个活动。在活动的整个实施过程中，教师改变了以往教师教、幼儿学的特点，始终把主动权交给孩子，鼓励他们去发现、探究和解决问题。当孩子逐步具备了基本的探究未知、寻求答案和获取知识的方法和能力，也就在一定程度上具备了主动学习、自主学习的能力。从活动的过程中我们可以看出，孩子们主动学习的愿望是强烈的，他们每一次都会有许多思考和经验的累积。

作为一名教师，在活动中应该积极鼓励和支持幼儿的探究行为。每一次活动的开展和调整虽看似简单，但却是追随孩子的兴趣和需求的。教师在整个活动中对孩子们生成的点进行了一定的梳理和分析，在活动中有效调整目标、材料和策略，对有价值的点进行了逐步的引导和推进，从而帮助孩子能够更好地体会和发现探究的乐趣。

三、变革课堂引发勃勃生机

1. 教师变起来，教学更生动

（1）观念变化：从孩子出发。近几年有人提出这样的教育观点："教师要把自己当成活动的主人，把幼儿当作自己的朋友。"只有参与到活动中才能发现活动中存在的问题和优缺点，才能及时地找到解决问题的方法。而这样的方式方法是我们原先一直都在做的，但在这样的活动中，教师更多的是处于主导地位，去做什么，去哪里做，需要注意什么，前期准备些什么，等等，这些都是由教师决定，而幼儿则是按照教师的设想参与活动，是个被动者。

"五动教育"则与此观点相反，即让孩子成为活动的主人，教师成为幼儿活动的朋友。教师必须时时刻刻关注孩子们的动向，关注孩子们的热点话题、孩子们的兴趣点，从他们感兴趣的热点出发，与孩子们进行探讨，让活动变得更有趣、更生动，更符合孩子们的想法。来一起看一个这个关于"宇宙"的系列活动。

案例

中秋节引发的思考

中秋节的时候，大班的老师给孩子们讲了关于中秋节的故事，孩子们一起讨论了月亮的变化，从而引申出了对于宇宙中一些星球的知识，老师和孩子们共同查找八大行星后发现，孩子们对于行星似乎还是很了解的，他们对于一些比较常见的行星如木星、水星等，能够根据颜色来进行区分。

孩子们对于宇宙中的一些事物，好像知道得比老师想象中的还要多，因此当这个话匣子打开之后，孩子们的讨论就一直不断，这应该是大部分孩子们都比较感兴趣的一个话题。因此，老师也给他们布置了任务，回家查一下关于八大行星和月亮、太阳间的关系等。

孩子们没等到回家，在中午休息时，就已经迫不及待地去寻找相关书籍了，正巧有孩子带来了关于宇宙的书本。可可一边翻看着书籍一边问："老师，这是不是岩浆？"识字的孩子就告诉他："这是太阳表面，太阳表面像岩浆一样很红很红，很热很热的，会把人都烤熟的。"孩子们就这样你一言我一语的，翻看着书本上的相关知识。

有一本关于宇宙的科学书，是有个孩子中班时带来的，已经有一些破损了。于是浩轩和杰杰就对它进行修补，虽然破损较多，但是在孩子们眼中，可能这本书就是他们找到答案的秘籍，因此，书一定要修好，才能找到老师提出的问题的答案。

从这个活动中，不难看出孩子们从中秋节引发出对于宇宙的探索兴趣，这时，老师就开始慢慢培养这个兴趣点。孩子们感兴趣了，就愿意"动"起来了，不再像以前老师给予孩子们知识点时，需要老师不断地推着孩子们去学。在这样的学习中，孩子们变得很被动，老师也非常累。

兴趣是一种内驱力，它能使幼儿主动探究，并使活动得以深入持续。教师能发现孩子的兴趣点，因势利导，使孩子学得积极，学得主动。3～6 岁幼儿的认知活动处在兴趣主导的阶段，因此，"兴趣引动"符合这一阶段幼儿的心理特点。"兴趣引动"是"五动"中的催化剂，它的主要功能在于调动幼儿参与活动的热情，激发幼儿自主学习的内部需要，使幼儿原本不稳定、不持久的注意力变得稳定而持久。

在这个探索宇宙的活动中，教师恰当地运用"兴趣引动"，以孩子的兴趣为出发点，孩子们的学习变得更主动了。教师让孩子们先自己去收集材料，通过同伴间的知识传达与互补，尝试最初的探索。

以往的活动是教师事先预设，进而组织发起的互动，而在"多向互动"中，更关注的是幼儿的主动参与，激发兴趣点、兴奋点，和其自然生成的一些内容。因此教师的组织要稍稍退后，退后不代表不需要预设。此时的预设还需要更加多角度、多维度、多形式的考虑，因为预设是为了让幼儿有更多的生成可能，为幼儿的生成创造有利的条件。一旦抓住幼儿生成性的内容后，教师组织的互动，会在"动"的质量上有明显不一样的效果。生成与预设相互补充会使生成变得更加有质量，使课堂变得更加精彩。

(2) 家园"联动"，资源共享。苏联教育家苏霍姆林斯基说："教育的效果取决于学校和家庭教育影响的一致性。如果没有这种一致性，那么学校的教学和教育过程就像纸做的房子一样倒塌下来。"因此，家园"联动"已成为学前教育发展的一大趋势，要提高学前教育的质量，幼儿园和家庭二者必须同向、同步，平等合作、资源共享、优势互补形成教育合力，才能有效地促进幼儿的发展。

教师为了进一步推动宇宙这个话题的发展，和家长们进行沟通，让家长了解到孩子们最近的热点话题。第二天就有孩子带来了这方面的资料。

地　球　仪

豆豆带来了地球仪，威威带来了《恒星与行星》，浩轩带来了《宇宙》，阳阳画出了火星图片，嘉丰带来了地球、月球和太阳运转的画作。他们带来的这些资料引起了孩子们很大的兴趣。杰杰说:"太阳系有九大行星。"克寒不同意:"太阳系现在有八大行星,有一个冥王星因为运行轨道的关系被排除在了八大行星之外,算矮行星。"万轩说:"我知道太阳的八个孩子里木星是最大的,土星排第二。"浩轩说:"火星是不是因为有火才会叫火星。"可可说:"因为火星上面有火山。"双双不同意:"火星是因为星球表面的颜色像火。"而地球的出现又让孩子们讨论起表面颜色不同所代表的含义。

大班的孩子最大的一个特点就是探索能力较强。原本只是昨天提起的一个话题,在过了一个晚上之后,孩子们立马变成了一个拥有强大资源信息的团队,孩子们的问题完全由孩子们自己去解答。这种强烈的探索欲望是值得老师进一步鼓励和支持的。此时老师考虑到的就是在个别化学习中加入宇宙的元素,从月球这个话题切入,看孩子的发展情况再进行深入探究。

随着孩子们对太空越来越感兴趣,老师请家长们带着孩子在休息时间去图书馆查阅资料,家长们的资源也进行共享,如克寒的妈妈带来了家中的三球仪,这又让孩子们探索宇宙的兴致更加热烈了。

孩子们带来的资料越来越多,有书、地球仪、三球仪等,孩子们一有空就会去研究这些东西。他们对太空的迷恋影响了他们的父母,于是"亲子火箭制作""亲子宇航服制作""亲子故事会"都逐一被带到了教室。

认识三球仪

三球仪来到班级的第一天,孩子们早早来园,纷纷抢着要看三球仪,看到孩子们的兴趣那么的浓厚,老师也临时改变了一下学习活动,和孩子们一起来讨论这三个星球的问题。克寒说"太阳是自转的",有的孩子就提出什么叫自转?双双说:"我来示范一下。就像我们人一样,一直转一直转。"其他孩子很快就理解了什么叫作自转,就是自己管自己转。孩子们又从三球仪发现,地球除了自转之外是围着太阳公转的,什么叫公转呢?通过老师和双双共同的演示,孩子们了解到公转就是绕着别人转。

孩子们了解了三个星球的关系之后,又引申出了更多的知识,比如昼夜的变化、季节的变化,地球自转一圈就是过了一天、地球绕太阳公转一圈就是一年等等,而且孩子们都很有自己的想法,能够解释这些原因。例如:当月亮在地球和太阳中间的时候,把阳光挡住了,所以地球上是晚上了;当月亮只能挡住一点点太阳时,就到上午时间了;当月亮被地球挡住了,太阳直接晒在地球上,非常非常热,就变成了中午;当月亮马上就要把地球给挡住时,就是下午接近晚上了。这些都是孩子们自己的想法,并且都能说出其中的道理。

而对于能力较强的孩子,他们所了解到的知识面会更广,疑惑也会更多,有的孩子发现地球是五颜六色的,但是其他星球就是一种颜色的。万轩说:"地球上是有水的,但是其他星球好像还不知道有没有水。"克寒补充说道:"有水的地方才有生命。”又有孩子问：“那其他的星球有没有生命呢?”这些问题可能对于大部分的孩子来说是有一定难度的，于是这时，老师开始放慢一些脚步，让孩子们继续去探索，不仅仅是让能力强的孩子们了解得更多，还要让能力较弱的孩子们也能够充分地理解其中的奥妙之处。

当幼儿在某一阶段对于某件事情很感兴趣，并且大部分的孩子都有极大的探索欲望时，可以尝试以孩子的兴趣为出发点，满足孩子的探究欲望，从而也可以达到教学目的，这就运用到了“任务驱动”的方法。现在的教学大多是以老师的设想为主，老师想要孩子对什么感兴趣，就把孩子往这方面去引，但却忽略了孩子是否感兴趣。尝试以某一事件激发孩子自主探索的愿望，在探索的过程中有自我的思考，用自己的方法来解决、解答问题，而不是老师直接给予答案，从而培养孩子的自主学习和自主探究的能力。

陈鹤琴曾说过：“幼稚教育是一种很复杂的事情，不是家庭一方面可以单独胜任的，也不是幼稚园一方面能单独胜任的，必定要两方面共同合作方能得到充分的功效。”为了孩子的发展，当家长看到老师的配合请求时，积极主动地配合幼儿园的工作，与孩子一同研究，这样扩大了幼儿园的教育资源，更丰富了幼儿的教育活动。

(3) 区角“动”起来，经验共增长。区角活动是一种以幼儿为主体，以教师的指导、支持为辅的活动。关注孩子的热点，顺应孩子的发展需求，我们会发现孩子们的探索欲望是主动而迫切的。这时候，教师要做的就是为孩子们创设一个合适的空间，提供支持的材料。

神秘的宇宙

孩子们对月球和太空越来越感兴趣，老师看到了孩子们的热情，于是对班级的区角环境进行了重新调整，将原先建构城市一角的计划调整成月球宇航站的创设。老师及时为孩子们开辟、布置了相应的区角，做了一个航空站。孩子们当时的兴趣完全被宇宙中的事物所吸引，因此，老师在进行原有主题的同时，也开始加入“神秘的宇宙”这个孩子们兴趣非常高的主题活动。

在这块区域中不仅提供了相关书籍供孩子们翻阅，还巧妙地用刮蜡画纸布置四周，让孩子们感受到太空的黝黑，他们还能在纸上进行关于太空的创作，里面的星球画作也都是孩子们自己在个别化活动的时候绘画而成的，他们还开始自行翻看图书搭建火箭。这块区域让孩子们有了一个可以表达表现自己对宇宙理解的空间。

利用个别化学习活动的时间,老师和孩子们一起制作了太阳的八大行星,虽然只布置了一个太空,但孩子们的兴奋劲一下子就上来了。峰峰叫了几个小朋友一起制作火箭并布置在宇航站里,彤彤等几个女孩子帮忙布置天体。

如何帮助孩子们更好地进一步推进现有经验,并带动另一部分既感兴趣又缺乏这方面经验的孩子?老师和孩子们一起创设了"宇宙的秘密"主题区域活动。在这个区域里突破了传统区域的设置,里面有阅读(相关的书籍)、制作(火箭、宇航服、行星、陨石坑等),可以在贴满刮蜡纸的墙上画宇宙里的物体,在地球仪、三球仪上探索月亮变化的秘密,还可以在登陆舱里寻找有趣的星座。里面大部分的布置和制作都是孩子们自己完成的。

当孩子们对一个事物的兴趣增加,而这个事物又是有价值的时候,老师就应该多给孩子创设这样的环境和机会,让孩子们自己动手去布置,自己去体验,并让能力强的孩子带动能力弱的孩子,让儿童教儿童。

根据幼儿身心发展的特点,要有选择地为幼儿提供材料、创设环境,并促进幼儿与外部环境的交互作用,这是促进幼儿主体性发展的有效策略。这样来自幼儿生成的环境支持,不仅能够帮助幼儿不断累积各类经验,还可以在环境中体现、发挥幼儿的主体性。而且教师能够动态地根据幼儿的发展和需求,及时对环境进行调整。

就是这样一个独特的太空区域成了孩子们最喜欢去的地方,无论是一日生活中的碎片化时间,还是个别化学习活动的时间,孩子们都喜欢围坐在里面讲述自己对太空的了解,看看书本上对太空的介绍。这样的自学、分享形式与传统教学相比要求孩子承担更多管理自己学习的机会,效果也出乎意料得好。

教学不能无视学习者已有的知识经验,简单强硬地从外部对学习者实施知识的"填灌",而是应当把学习者原有的知识经验作为新知识的生长点,引导学习者从原有的知识经验中,生长新的知识经验。教学也不是知识的传递,而是知识的处理和转换。教师不是知识权威的象征,也不单是知识的呈现者,而应该重视学生对各种现象的理解,倾听他们当下的看法,思考他们这些想法的由来,并以此为据,引导学生丰富或调整自己的理解。

教学活动是师生生活重要的组成部分,它更是一种对话过程,是一种思想的交往,教学必须遵循学习者的需求展开。通过宇宙的主题,不难看出教师根据孩子们的兴趣,更灵活、机动地调整教学活动的内容,让孩子们能够积极主动地参与各类体验探索活动,能够主动发现问题、解决问题,注意到知识之间的相互联系。孩子们采取一种新的学习风格、新的认识加工策略,形成知识与理解的建构者的心理模式。

(4) 思想"动"起来,教育更创意。教师通过"五动教育"的教学方法,不再将孩子视作一个接受教育、接受知识,以服从、顺应为主的对象,而是与教师平等的,有自己思想、情感、观点和态度的主体。每个孩子都能够通过讨论的机会来表达自己的想法,同时又有义务去倾听他人,交往的各方都是具有独立人格的主体,这使自主学习得到了落实。

宇宙这样的话题，如果在原有的幼儿园课程中，估计老师们并不会作为一个主题来做，教师会觉得这样的主题更贴近小学生，而对于幼儿园的孩子来说可能太难了。但当我们怀着忐忑的心情去推进时，反而出现了各种意想不到的惊喜，我们的孩子远比我们想象中的知识面更广，老师现有的知识已经满足不了他们的需求，他们需要更多更深层次的了解。对于宇宙这个主题，并不要求幼儿像中学生、小学生那样了解得那么全面，我们更注重的是幼儿对科学的一种探究精神。

老师根据孩子们的热点话题创设的宇宙主题，成为一整个学期中孩子们都热情不减的探讨话题。教师的思想“动”起来了，让原本按部就班的教学教育活动，变得更生动了，从更多的领域找到孩子们感兴趣的话题，也让孩子们的探究内容更丰富了，各项活动更有创新意识了。

2. 幼儿动起来，活动有生气

陈鹤琴曾在“活教育”理论中指出：大自然、大社会都是活教材。我们要让儿童在与大自然、大社会的直接接触中，在亲身观察中获取经验和知识。对于幼儿园教师来说，很多时候喜欢把知识灌输给孩子，恰恰忽视了孩子到底要不要，有没有真正地接受。

通过“五动教育”教学法的实践，老师们一改往常的做法，对当下孩子们生成的内容进行预设、推进，让活动来源于孩子，发展于孩子的需求。一个关于“围墙”的主题活动就这样油然而生。

（1）一颗小种子的萌芽，游戏冲突引发关注。

自主游戏开始了，一群孩子沉浸在娃娃家的游戏中。但是，一个孩子从娃娃家的垫子小床上踩了过去，又一个孩子飞奔着穿过娃娃家的房间，撞翻了推车上的娃娃。“妈妈”愤怒地大叫：“请不要随便到我们家里来捣乱！”“爸爸”提议：“我们要搭个围墙把娃娃家围起来，不能让坏蛋再来捣蛋了。”于是，他们有的搬积木，有的搬纸箱，高高低低排成了一条直线，说是围墙。但是，一条低低的围墙没能成功阻拦那些跨越围墙的“不速之客”。

游戏分享时，娃娃家的孩子们把遭遇的麻烦提了出来。没想到，一石激起千层浪，面对娃娃家未能解决的问题，有的孩子提出：围墙围个圈把家包围起来就没有人可以进来了；有的说围墙要比小朋友高才行；还有的说围墙上面装个门，客人可以敲门进来……

“五动教育”的理念一直强调要追随孩子的兴趣和需求。面对孩子萌发出的探究围墙问题的“小嫩芽”，教师决定要给予这颗小种子充分的阳光和空间。于是，教师立马调整了下午的课程预设，带孩子去广场来一次“围墙”的搭建活动，让他们去试一试自己刚才的想法。

(2) 呵护小嫩芽的成长,低结构探索满足需求。

来到广场,孩子们结伴开始了探索。在搭建的过程中,老师边观察边倾听他们的讨论:有的争论着围墙多高才正好;有的在讨论围墙为什么一直会倒掉;还有的在讨论围墙上的门怎么装……

对于孩子的想法,教师先肯定,再鼓励,不急于下结论。对于孩子们的求助,教师也尽可能地引导孩子仔细观察问题到底出在哪里,无论合适与否,都去试一试。

孩子们在一次次的尝试、发现、验证后,他们得出结论:围墙的底部要搭得结实,连接的地方一定要牢固,这样才能搭得高。

作为教师,我们一直提醒着自己要尊重孩子的想法,给予孩子自主探究的空间,因为只有让他们自主探究获得经验,才是一个自我建构的过程。教师只有保护好这个空间,才能实现对"小嫩芽"的用心呵护。

(3) 与围墙亲密接触,带孩子到他感兴趣的东西前。

在建构活动后,发现孩子们还是缺乏对围墙的前期经验,于是在建构活动结束之后,老师带孩子们进行了一次与围墙的亲密接触。

一开始孩子们就直奔围墙的大门而去,在观察中孩子们发现围墙的大门要足够的宽和高,既能让汽车通过,又能不让人爬进来。在观察围墙时,孩子们尝试了与围墙比身高,看看围墙到底有多高;有的孩子决定推一下围墙,这个举动引起了全班孩子的呼应,所有的孩子都参与到了推围墙的活动中。

最后他们得出一个结论,围墙必须要坚固,不容易被推倒,而砖块和水泥的围墙是非常坚固的。有孩子眼尖发现围墙上面安装了电线等安全设施。所有的孩子还参与了看看围墙有多长的活动,他们围着围墙走一步数一步,数到一百以外都数不清的时候,围墙才走完了一小半;在行走的过程中还发现围墙不仅仅只是砖头和水泥砌成的,还有更多奇怪的围墙。这一发现更是引发了孩子们后续的讨论。

初次观察围墙,引起了孩子们极大的兴趣点,他们很愿意去动用各种感官进行观察和实践,为老师后续的推进,起了很好的开头。只有是孩子感兴趣的事物,他们才会更有动力地去观察和研究。

孩子对围墙的话题持续升温,时不时地说起自己看到的围墙。这时,教师考虑到"五动教育"对教育目标的解读:教育不是为了给予儿童知识,而是为了培养儿童获取知识的习惯和能力。于是,顺势一推,建议大家一起来收集关于围墙的秘密。

接下来的几天,教室就围绕"围墙"炸开了锅,孩子们每天都会带来自己调查到的关于围墙的秘密,有的是照片,有的是图文的记录,有的则手舞足蹈地描述……

在孩子们收集资料、交流分享的过程中,教师看到了隐于"围墙"背后的多元化的课程价值。孩子们发现了不同材质的围墙，了解到了围墙的多种功能，更体会到不同花纹和样式的围墙带给人们的不同感受等等。孩子们的发现让教师在选择课程内容时有了更多的灵感。

教师也继续在户外活动中，带领孩子们对围墙进行观察和研究，让孩子们对围墙的结构、材质、构建方式等有更进一步的了解。

(4) 围墙大探秘，在观察中梳理提升。

在与围墙亲密接触时，孩子们发现围墙是各种各样的。这引起了孩子们更大的兴趣，到底围墙还有些什么形状和功能？为此，老师和孩子们带上纸和笔，分成若干组，一起在幼儿园里来了一次围墙大探秘的活动。

整个活动中所有的孩子都能专心于自己的围墙探秘，经过大型玩具时，孩子们都不曾被吸引过去。不管是能力强的孩子还是能力弱的孩子，都能用属于自己的符号来描绘找到的围墙。

回到教室交流时，孩子们一改往日部分孩子发言的现象，所有的孩子都抢着要发言。还没等老师提问，孩子们已经开始提问了：“老师，你知道我们找到了多少不同的围墙吗？”“多少种呀？”老师明知故问。孩子们兴奋地开始给老师介绍他们的发现，在万轩介绍完他的铁栏杆围墙后，马上有孩子提出不同的看法：“你的围墙是铁栏杆做成的，那会有小偷从栏杆的缝隙中钻进来，它还能叫围墙吗？”万轩马上反驳：“我试过了钻不过去的，小孩子都钻不过去的，小偷是大人就更钻不过去了。”“那万一有小猫、小老鼠或者别的动物呢，它们不是能钻进来吗？”甜甜提出问题，万轩一下子犯难了。可可马上说：“那就造像我这样的围墙，它可以防止各种小动物进入。”于是小朋友们的注意力马上转到了可可那里。整个活动中孩子们的问题一个接着一个，而很多问题孩子们又能自行解答。

活动中因为孩子们有了充分的时间去观察和描述，让他们对围墙有了更深层次的认识和思考。他们从对围墙外部的观察到对围墙材料的关注，在交流时更是谈到了围墙的功能。整个活动将孩子们的收获在交流中呈现，让他们在思维的碰撞中真正做到经验的梳理和提升，实现了幼儿与教师、幼儿与幼儿的师生互动和生生互动。

(5) 解决新问题，轮番上阵。

又一次的自主游戏开始了，孩子们都沉浸在造围墙的快乐中。第一组幼儿将牛奶盒一个个挨着粘在一起，围着“医院”绕了一圈，只给进来的地方留了个缺口。但是教师发现，在孩子们的游戏中，他们会做出跨越的动作。

第二组幼儿刚开始用纸砖两层围合来造墙，并留出了通道。虽然看着要比牛奶盒造的围墙气派多了，但依然没有阻止孩子们跨越的动作。在失败了几次后，他们决定建造一个门,将几个牛奶箱竖起来垒高,再在上面横着放一根棍子作为横梁。大门造好后,孩子们开始陆续地从门里进出。可个子稍高的万轩一过来马上出现问题了,他的头碰到横梁,把横梁撞翻了。孩子们继续调整,将牛奶箱增高。万轩的头碰不到横梁了,可风一吹,横梁老是掉。这下孩子们的兴趣被带动起来了,大家都在研究这个难题。整整二十分钟,有四拨孩子都来研究过这个问题。有用双面胶试图粘住棍子的;有在棍子下面绑上箱子加重重量的;也有竖起双层箱子,把棍子放中间的。但每一组都以失败告终。直到游戏结束,孩子们都还在研究这个问题。

游戏中孩子们因为围墙被人跨越而要造门,但门上横梁的问题令孩子们产生了很多的分歧和想法,教师并没有给予答案,而是把这些问题又全部抛还给孩子,鼓励孩子在亲自探索中寻找答案。正如陈鹤琴先生所说,儿童不仅喜欢动手、动脚,而且也喜欢动脑。因此,学校里的各种活动、各种教学都不应该直接去说明种种结果,应当让儿童自己去实验,去思考,去求结果。

(6) 美术教学活动,在冲突中拓展已有经验。

经过这一段时间孩子们对围墙的热情探索,老师也根据孩子们的情况准备了一个美术教学活动"有趣的围墙"。主要的目标是:在了解围墙外形及特征的基础上,大胆想象设计有趣的围墙;感受围墙给人们带来的安全性与趣味性。

在刚开始的交流环节中,孩子们因为对围墙有了前期的接触,有一定的经验,所以能说出很多围墙的作用,但对围墙的外形以及颜色的认识比较局限,很多孩子都认为围墙就是水泥的灰色,围墙是方形的。因此当幼儿看到老师出示的各种不同特点的围墙时,有很大的视觉冲击和思维震撼,所有孩子都发出了感叹:啊、咦、好棒呀。此时,老师进行及时追问:"为什么你会'啊'?你看到了什么让你如此惊讶?"在孩子们回答和交流时,老师继续跟着他们的回答抛问题,让他们在一个个问题的互动中更深入地挖掘和拓展原有的思维。

在接下来的创作环节中,每一个孩子都有着自己的想法,没有一个孩子说自己没什么画的,也没有一个孩子是重复其他孩子作品的。我们可以看到有坦克车拼起来做的铜墙铁壁,也有温馨的爱心花语墙,还有数字彩虹墙,等等。

中班的孩子以直观思维为主,当他们通过接触发现大部分围墙都是灰色、方形的时候,他们就会把灰色、方形、没有图案作为围墙的特有概念。但当孩子们接触了一些趣味性的围墙时,新鲜的感受就会与他原有的经验产生很大的冲突,在这种冲突中他们会改变原有的一些想法,从而让思维得到拓展。

孩子们开始觉得围墙不仅仅只是要牢固、高,更重要的还要让大家有美的欣赏。而在这基础上很多孩子都给了一个很重要的建议:为什么我们幼儿园的围墙不能进行调整，把原来灰色的方形的围墙变成既安全又有美感的围墙呢。但是不是所有的孩子都是这么认为的，他们到底喜欢怎样的围墙。于是我们又展开了一次很有趣的“我喜欢的围墙”大调查。

(7) 我动脑，我做主，大胆提议获得满足。

在着手准备“我喜欢的围墙”大调查前，孩子们开始设计自己喜欢的围墙，并且有了更多的思考。形状、镂空、材质、花纹、安全性能等元素都融入了围墙的设计和建构中，他们的探究也变得更有滋有味。

户外观察活动中，孩子们大胆地提出了一个设想：“幼儿园北面的围墙灰灰的，不漂亮，我们能不能告诉园长妈妈，改造一下我们幼儿园的围墙呢？”行吗？支持他们的想法，万一幼儿园无法满足，岂不是打击了孩子们的积极性？但是老师还是毅然决定支持孩子们的想法，不试试怎么知道行不行？我们不也是经常这样鼓励孩子的吗？不过，谁说都不算，要听听大家的意见。于是我们抛出一个问题：“你希望把围墙改造成什么样？”孩子们提出了图形围墙、鲜花围墙、彩虹围墙等建议。其他班级的小朋友是怎么想的呢？于是，又有了“围墙采访记”，孩子们自己商量采访注意事项，准备采访工具，制作调查记录表……经过海选，鲜花围墙得到了最高支持票。

满怀着希望，孩子们自告奋勇地来到园长室，提出了建议，更表达了“民意”。我们的园长妈妈耐心地倾听了孩子们的想法，并为我们孩子的执着探究点了一个大大的赞！更令大家激动的是，她用行动向我们诠释了什么是“五动”的理念，什么是真正的“尊重孩子”。双休日一过，幼儿园的围墙上挂满了五颜六色的鲜花，孩子们兴奋不已……那一刻的灿烂留在了每一个人的心里。

“围墙”这个系列的活动一共进行了大约一个学期的时间，初看这个活动似乎很简单，因为围墙是我们日常生活中非常常见的建筑物。但如何让孩子们通过观察，进行理解和内化，并开始创作和搭建，这是一个非常长的过程，因为在这个过程中，教师不能急于把答案给予幼儿，要让孩子们通过自己的发现，提出问题、解决问题、再发现、再提问，不断循环。追随孩子们的兴趣，拓展孩子们的思维，渐渐地，孩子们关于围墙的搭建越来越成型了。

关于“围墙”的整个活动，生成是来自孩子的兴趣，是孩子喜欢和感兴趣的一个活动，既有观察又有实践，正所谓“好玩是孩子的天性，也是孩子最感兴趣的事情”。整个活动中孩子们都是主导者，孩子们自己去发现、探究和解决问题。孩子们已经开始具备自主学习的能力，不再依赖于老师给予答案，而是碰到困难之后先自己想办法进行解决，自己解决不了的，和同伴进行商量，如果同伴都解决不了，才会想到请求老师的帮助。孩子们通过不断地发现、解决问题，思维也得到了发展。

对于幼儿园老师来说，很多时候我们会习惯于把自己预设好的知识给予孩子，但并没有去深入了解这些是否是孩子们所喜欢和感兴趣的，虽然学了但是没有真正地理解。

因此,围墙的主题,它来源于孩子的游戏,发展于孩子的需求,让孩子们在兴趣的驱动下不断地成长起来。

3. 方式有改变,课堂显活力

心理学家和教育学家认为,一个人如果对某一事物产生了浓厚的兴趣,便会自觉自愿地去钻研学习,并能激发出惊人的毅力和勤奋,使其以专注的精力、忘我的精神从事这一活动。因此,善于引导发现幼儿的兴趣是学习的动力,是促进幼儿发展的前提。

(1) 从儿童的视角出发。

在阅读时间,我给孩子们讲了一本关于蔬菜的绘本《一园青菜成了精》。听了这个故事之后,孩子们对于蔬菜之间可以打仗非常感兴趣,例如:葫芦里面有籽,可以发射大炮,把绿茄子打成了紫茄子,把青椒打成了红椒等等。

孩子们因为喜欢《一园青菜成了精》,在画画时经常会给蔬菜画出眼睛、手脚,甚至还有一些动作。借着去童画屋的机会,让他们利用童画屋中的各种材料制作成精的蔬菜。

浵浵、涵涵、兮兮几个女孩子选定了超轻黏土区域,她们开始用超轻黏土进行蔬菜的制作。涵涵做的茄子,用了紫色的黏土捏了身体,再用黑色的黏土做了眼睛和嘴巴,最后给茄子穿了一件白色的小衬衣,做出来的造型非常可爱。

兮兮也用黏土做了茄子,但是她给茄子装上了扭扭棒制成的手脚。

瀚瀚、轩轩、宁宁几个男孩子选择绘画成精的蔬菜,用了颜料、蜡笔、水粉等材料。

可馨用托盘做了一个底色,再用彩纸剪出胡萝卜的样子,用扭扭棒制作成手脚,做了一个托盘胡萝卜。

火火先是在纸上画了一个萝卜,然后用扭扭棒给萝卜加了两条长长的腿……

孩子们的作品有单独完成的,也有小组进行合作完成的,每个人都有自己的任务,而且在制作的过程中非常认真,除了小组之间的交流声,几乎听不到多余的声音。

《指南》中指出,幼儿学习的核心是激发兴趣,体验探究的过程,发展初步的探究能力和解决问题的能力。刚开始的时候孩子们只是觉得成精的蔬菜很有意思,很好玩。可是当孩子们提出要制作成精的蔬菜时,他们发现原来蔬菜有很多品种,有各种功效,这也让孩子们对蔬菜产生了浓厚的兴趣,他们在探究时是带着思考在行动的。

孩子们能够通过一些简单的探索,了解蔬菜的外形特点、颜色特征。同时也开始考虑更深层次的蔬菜的功效、种类等。在整个活动中,幼儿始终在探索中获取经验,不断调整探索的方向。

随着他们经验的不断积累和需求的不断增加,每一个参与的孩子都在积极探索各自思考的问题。孩子们的这种专注与执着正是来自他们对事物的探究兴趣,孩子的兴趣一旦被激发,就会产生无穷的创造力和思考力。面对这样的孩子,陈鹤琴曾说过:直接经验、自己思考，是学习中唯一的门径。

(2) 把课堂搬至室外。

孩子们利用双休日的时间，在家里对自己的家人进行调查，孩子们不仅调查了家人喜欢吃的蔬菜品种，还把喜欢的原因也记录了下来。

调查一：家人最喜欢的蔬菜

在第二天的交流分享时，孩子们都很积极地想要来和大家说一说。

晗晗说：“我调查的是爷爷奶奶。爷爷最喜欢吃萝卜，萝卜脆脆的，很好吃。奶奶喜欢吃番茄，她牙齿不好，番茄软软的，比较好嚼。”

瀚瀚说：“我调查的是妈妈。妈妈最喜欢吃的是番茄、蘑菇，番茄酸酸甜甜的，很好吃，蘑菇也很好吃。”

浵浵说：“我爸爸妈妈喜欢吃青菜，吃青菜对身体好。”

可馨说：“我妈妈也喜欢吃青菜，妈妈说她要减肥，要多吃青菜。”

这个时候，愿愿来介绍他的调查表，但是马上受到了孩子们的质疑。

瀚瀚说：“不对，老师，愿愿他记录的不对。”

我询问：“哪里不对了？”

瀚瀚和另外几个女孩子一同说道：“他的调查表上画了鱼，鱼不是蔬菜。”

听到他们这么一说，其他孩子也纷纷附和起来：“对，鱼不是蔬菜，他调查得不对。”

这个时候涵涵说道：“但是他画的蘑菇是对的呀，蘑菇是蔬菜。”

瀚瀚说：“那就把鱼划掉，这样就对了。”

于是，愿愿也认识到自己的调查表有一点小问题，我们调查的是家里人最喜欢吃的蔬菜，但是他调查的是家里人喜欢吃什么，经孩子们指出，愿愿也欣然接受了。

于是在之后的介绍中，孩子们会特别仔细地先看一看，这个小朋友记录的是不是蔬菜，如果不是，就会立刻找出。

调查二：去火、消热的蔬菜

通过这一次的调查表，孩子们已经对家里人喜欢吃的食物有所了解了。恰逢秋季，天气比较干燥，爸爸妈妈喜欢吃的蔬菜有些有去火的功效，而班中很多孩子也有热疮和溃疡的苦恼。

于是，另一个小调查也产生了——哪些蔬菜是可以治疗我们的热疮和溃疡？

调查后，孩子们发现芹菜、苦瓜、黄瓜、白萝卜等都是凉性的蔬菜，多吃凉性的蔬菜有助于降火。另外还有孩子同时查到多吃水果对溃疡有好处，且水果含有维生素 C，对我们的身体也是好的。

一次小小的调查活动，就让孩子们掌握了在课堂中坐着所不能体会到的知识。让孩子自己调查、搜索资料要比他坐在课堂中学到的更多、更深刻。

有了观察和比较后，孩子们又进行了自己的思考和分析，从而了解到蔬菜的味道和它们的功效。幼儿的探究始于对问题答案的追求,幼儿的研究实际上就是对感兴趣的问题直接感知、亲身体验和实际操作并寻求答案的过程。作为老师,要支持孩子们的提问,倾听孩子们的提问,记录和筛选孩子们提出的问题。引导孩子用适宜的方法解决问题,寻找答案。

(3) 让理论与实践相结合。

通过之前的调查发现,孩子们对于某些蔬菜的了解只是局限于从爸爸妈妈口中和网络资料中得知的知识,但是真实的接触却非常少。听取了孩子们的提议后,我们和孩子们一起讨论,制订了亲子活动,让孩子们利用双休日的时间,每人带10元钱去菜场买自己需要的蔬菜,这里的需要可以是之前调查过的爸爸妈妈、爷爷奶奶爱吃的蔬菜,也可以是治疗溃疡和热疮的蔬菜,或者是孩子自己喜欢吃的蔬菜等。

家长们看到我们的方案后,也非常支持,周末的时候带着孩子去了菜场。

星期一,孩子们把自己买菜的调查表带到幼儿园和大家分享。

轩轩说:“我一共用了9块。我买了2个大番茄,买了几个蘑菇,还买了一些小番茄。”

瀚瀚说:“我买的都是妈妈喜欢吃的蔬菜。”

我问:“在买菜的过程中有遇到什么困难的事情吗?”

瀚瀚说:“我第一次买菜,有点紧张,不敢和卖菜的爷爷说话,后来就好了。”

这个时候其他孩子也纷纷附和说:“一开始,我也有点紧张。”“我也是。”“我也是。”

我对孩子们说:“你们都是第一次买菜,觉得紧张是很正常的,因为你们没有做过这件事,不知道能不能做好。”

瀚瀚说:“后来我觉得买菜很好玩,我还想再去买10次!”

火火说:“我刚开始的时候,也不知道怎么买菜,问妈妈,妈妈让我自己去买,后来妈妈陪着我,我们一起去买的。但是菜是我自己拿的。我买了两根胡萝卜2.4元,买了豆角7.6元,一共花了10元。”

火火说:“我发现菜场的摆放是有规律的,相同的蔬菜都是放在一起的,番茄有番茄的篮子,豆角有豆角的篮子,胡萝卜有胡萝卜的篮子,辣椒有辣椒的篮子。”

当杭杭来介绍的时候说:“我们家边上没有菜场,妈妈带我到超市里去买的蔬菜。我买了塔菜、黄瓜和萝卜,一共用了9元。”

后来涵涵来介绍时,我提出了一个疑问:“有一个长长的、咖啡色的,上面还有一点一点的东西是什么蔬菜呢?”有的孩子一下猜出来了,这个是山药。但是桐桐发出疑问:“可是我们吃的山药是白色的呀!为什么这个是咖啡色的呢?”

轩轩说:“那个白色的是剥了皮的山药,咖啡色的是它的皮。”

搞懂了这个问题,孩子们继续听涵涵介绍。她把10元全部用完了,买了萝卜、香菜、小番茄、山药、青菜。

孩子们看到涵涵用10块钱竟然买了5种蔬菜，都纷纷发出赞叹声：“买了好多呀。”

可馨来介绍时说：“我在买菜时看到了一种紫色的卷心菜，我不认识，我就问妈妈，后来妈妈告诉我那个叫紫甘蓝，是用来做色拉吃的。”

涵涵说：“我在吃西餐的地方看到过紫甘蓝，就是做色拉的，很好吃的。”

这次的活动是在孩子们的期盼中产生的，老师并没有直接告诉他们答案，而是让孩子自己去探索。当孩子们刚开始觉得买菜是很简单的事情时，也不要给孩子一个肯定或者否定的答案，很多时候，孩子们之间的认知水平是不一样的，对有的孩子来说简单的事，对其他孩子来说有可能是需要非常大的勇气，也许他一时胆怯，只要老师的一个引导或者一个特定情境就会激发孩子的勇气，让孩子能够向前一步。

人要获得知识，无外乎有两种途径，一是学习理论知识，二是实践，二者缺一不可。学习知识固然重要，但忽略了实践，知识便缺少了事实的论证。实践是通过亲身体验得出的结论，多实践便多经验，多经验便多知识。实践往往能带给人更深刻的体验，通过实践证明自己，就会享受“躬行”之乐，收获成功之悦。

(4) 充分发挥幼儿的主体性。

陈鹤琴曾提出：儿童的知识和能力是由经验而来的。他所接触的环境越广泛，获得的经验越丰富，那么他所得到的知识也就越多，他的能力也就越强。儿童的经验包括直接经验和间接经验，间接经验虽然重要，但直接经验更不可缺少，因为只有通过亲自观察和亲身实践，才能加深对间接经验的认识和理解。

为了让孩子获得丰富的直接经验，我们尽可能创造条件，让孩子们运用自己的感官和双手，去感受和体验。我们的准则是：孩子能自己做的就让孩子自己做，孩子能自己想的就让孩子自己想。

案例

小菜园的青菜已经成熟，可以收割了。因此，利用生活空间的时间，我请孩子们自行分组来进行蔬菜面疙瘩的制作。一开始孩子们都想去摘青菜，但是场地有限，所以孩子们就开始商量，分成了收割组、清洗组、加工组。收割组负责采摘青菜，清洗组负责清洗青菜，加工组负责把洗好的青菜弄成小块，如果哪一组完成的时间快，还可以去帮忙调制面疙瘩，每个孩子都有自己的活要干。

当前期准备全部完成后，最后的烧制，我利用多媒体的投屏形式，让孩子们现场观看，孩子们对于自己亲手参与的蔬菜面疙瘩充满了期待。在品尝的时候，大家都争先恐后地想要尝一尝味道。在品尝的时候，孩子们发出感叹：“真好吃！”“比食堂叔叔阿姨烧的还要好吃！”

《纲要》指出：“教师要善于发现幼儿感兴趣的事物、游戏和偶发事件中所蕴含的教育价值，把握时机，积极引导。"这就要求教师要主动观察，了解幼儿的学习兴趣和需要，在幼儿的活动中找到教育的突破口，发现教育点，这样做既达到了教育的目的，又便于幼儿接受，同时对教师的随机教育能力也有所提高。正确认识、发挥了幼儿的主体性，才能让每个幼儿都以他自己的方式去理解和接受。

(5) 改变方式让课堂更生动。

在活动进程中，教师并没有一开始就预设好关于蔬菜的集体教学活动，然后草草了事，让孩子们只是表面了解蔬菜的一些特性，而是采取了"先体验、再理论"的方式，让孩子们先去自我探索，发现蔬菜的秘密，讨论这些蔬菜和之前接触到的蔬菜有什么不同之处。孩子们在自主探索中，发现了很多秘密，这些秘密就变成了他们自己想学的、内化的知识，而不再是老师要孩子学会的知识了。

在孩子们一系列的体验活动之后，再加上理论——集体教学活动。教师以学习活动的方式，让幼儿对蔬菜有更进一步的了解；以语言课的形式，让幼儿了解蔬菜；以美术课的形式，让幼儿绘画蔬菜；以亲子活动的形式，让幼儿去体验买蔬菜。让孩子们在探索的基础上，学到更多关于"蔬菜"的常识，让孩子们了解自己理解中的蔬菜和现实生活中的蔬菜是否还有区别。就像玉米，还分为糯玉米、水果玉米、黄玉米、白玉米、黑糯米玉米等等。这些都是孩子们平时接触较少的，我们可以以此来拓展孩子们的知识面。

关于"蔬菜"这个活动一共开展了大半个月的时间，初看这个活动似乎很平常，但如何让孩子们理解、明白蔬菜的特性是比较难把控的。但在追随孩子们的经验，逐步挖掘孩子们探索兴趣的过程中，不难发现整个活动并没有我们想象中的那么难，每次活动都顺利开展，并起到了有效的推进，就如同水到渠成，不需要教师讲解和灌输太多的知识，孩子们在探索和交流中能够逐步地发现问题、探究问题和解决问题，从而很好地习得知识。而在这过程中教师如何在活动中有效调整目标、材料和策略，也是活动有效开展的助推剂。

整个活动的生成来自孩子，是孩子喜欢和感兴趣的一个活动。在活动的整个实施过程中，教师始终把主动权交给孩子，鼓励孩子去发现、探究和解决问题。当孩子逐步具备了基本的探究未知、寻求答案和获取知识的方法和能力，也就在一定程度上具备了主动学习、自主学习的能力。从活动的过程中我们可以看出，孩子们主动学习的愿望是强烈的，而他们每一次都会有许多思考和经验的累积。

作为一名教师，在活动中应该积极鼓励和支持幼儿的探究行为。每一次活动的开展和调整虽看似简单，但却是追随孩子的兴趣和需求的。教师在整个活动中对孩子们生成的点进行了一定的梳理和分析，逐步地引导和推进有价值的点，从而帮助孩子能够更好地发现和体会探究的乐趣。

"五动"把教育的池水搅活了，让原本按部就班的教育进程变得更有创意，更灵动；让原本墨守成规的老师不断更新自己的思想，从主导者变成组织者，不断提升自我，与孩子们一同成长；让原本以"被动学习者"身份学习的孩子翻身做主，更多地以"要学习者"的身份，主动地去发现问题、思考问题、解决问题。

第四章
幼儿园教育在“五动”中“活”起来了

三年中，我们惊喜地发现，瑞吉欧教育理念下的“五动教育”，让我们整个幼儿园都在改变，我们的教师在变，我们的孩子在变，我们的课堂也在变。在改变的行动中，我们的教师和孩子“活”起来了，“动”起来了！“活”“动”起来的教育活动，变得灵动，变得活跃，生机勃勃，精彩纷呈。

当初进行“五动教育”的实践尝试，目的是追求幼儿园教育活动的改变，让它“活”起来，让孩子们喜欢，进而让幼儿园的教育“活”起来。现在发现，改变的不仅仅是教育活动本身，更大的改变在于人！

在“五动教育”的实践中，首先改变的是教师，他们在瑞吉欧的教育理念指引下，从观念到行动逐步走进孩子的心灵，实践基于幼儿现实生活的“活”教育。在这过程中教师不断改变着自己的教育认知和儿童观，改变自己的教学行为与方式，实现了专业的成长与蜕变。

一、教师因“变”而专业长进

任何教育都是由教师执行的，教师所秉持的教育观念、选择的教育行动方式都会直接影响到教育的方方面面。所以，教育怎么样，关键是看教师怎么样。教育要变得灵动、有生气、有活力，首先是教师要变，要“动”起来，从观念到行动发生转变，是教育“活”起来的关键。

以前我们的教师都有自己的实践方法，各自探索，形成了各自的经验，但没有一根主线和一种结构将其组织起来，方法是零散的。在建构了具有理论指导和系统架构的“五动教育”模式后，我们把这些零散的经验纳入一个操作系统中，使之被组织起来，并有了一个整体性的结构，教师的个体方法被组织化、系统化、结构化，赋予了一致的教育理念。教育方法有了灵魂，教师能够将一般方法上升到系统经验，从而使教师由理念到策略发生深刻的变化。

1. 角色转换，实现了教学关系重构

（1）由教导者转变为引导者。“五动”策略的运用，让教师从原先事事考虑在前，事事牵着孩子走，转变成尊重孩子的主体性，鼓励孩子自己做决定。教师的主体地位明显

退后，给幼儿足够的自由选择和思考的空间。

(2) 由传授者转变为启发者。孩子的经验是由环境得来的，接触的环境愈广，所得的知识就愈多。所以教师转变了以往对幼儿不断进行知识传授的方式，更多地使幼儿与环境有充分的接触，在接触过程中去启发幼儿，帮助幼儿进一步提高观察能力、探索能力和思考能力。

(3) 由调控者转变为欣赏者、支持者和合作者。教师在教学中充分肯定了幼儿在活动和学习过程中的主体地位，重视幼儿通过自主的活动去探索秘密，用欣赏的眼光去看待幼儿、支持幼儿，成为幼儿的合作者。

2. 方式转变，焕发了教学活力

教师在实施“五动教育”的过程中，从具体的教学方法到活动的组织形式都变得丰富多样，从内容的生成、选择到课程内容的整体统筹都变得鲜活灵动，更贴近幼儿，更体现以幼儿为本。在面对教学中各种突发状况或问题时，教师能够灵活地运用这些方法进行更全面的思考和应对，也能在活动开展前、开展中和开展后都有一个系统的规划和设想。

3. 清晰教学主张，学会深度思考

在学习瑞吉欧、实践“五动教育”的过程中，各层次的教师都获得了专业成长，最重要的变化是学会了教育思考，逐步厘清了自己对学前教育的理解，有了自己的教学主张，并以瑞吉欧的教育理念和“五动教育”的核心观念和方法论指导实践，开展研究与反思，使教学的专业化得到了显著提升。不少青年教师在“五动教育”的实践行动探索中，在瑞吉欧教育理念的引领下，在专业发展的道路上加速行进，成长起来。来看这则教师成长案例。

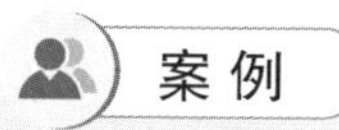

孩子的世界没有套路

2014 年 9 月我走出校门，踏上工作岗位。开学前，我被告知将担任幼儿园龙头课题实验班的班主任。为什么？我是个非专业的新教师哎！实验班，不应该是很有经验的老师来承担的吗？还是领导认为我有什么过人之处？一丝窃喜掠过的同时，内心随即升腾起一股初生牛犊的力量：我一定能行！园长说过，只要爱孩子，没有做不好的老师！冷静下来后，我的脑子里冒出了 N 个问号：实验班到底要做什么？怎么做？跟平行班有什么不同？……甩甩脑袋，我想：无须自寻烦恼，后续的培训一定能帮我答疑解惑！

果然，课题组培训如期而至。什么是“五动”？为什么要研究“五动”？怎么样实施“五动”理念下的课程？专家的引领、课题组成员的互动、思维的碰撞，带给我一波又一波的冲击：这不就是我理想中的幼儿园活动吗？自主、快乐、成长……“五动教育”带着我飞吧！

我的教师生涯就这样充满激情地开启了。小班的娃娃们初入幼儿园，千奇百怪的行为层出不穷：一个不留神，夺门而出找妈妈去了；饿得咕咕叫，却怎么也不肯张嘴吃饭；每次集中坐好，总是此起彼伏，混乱拖沓……我着急抓狂！配班的生活老师安慰我说：张老师，别急，我看其他老师带小班，刚开始也是这样的，孩子也是有套路的，慢慢会顺的。哦？是吗？孩子的套路应该就是孩子的年龄特点吧。有客观的规律可以参照，见招拆招，那不就成了"我的套路"了吗？面对好多孩子不爱吃蔬菜，我就反复告诉孩子"多吃蔬菜营养好"，并以"挑食、偏食危害大"为话题，加强家园沟通与合作。一段时间后，在一部分孩子身上也的确看到了一些变化。

就在我沾沾自喜的时候，一次"五动教育"课题组的研讨，引起了我对自己教育行为的反思：这种对待每个孩子都是一个"套路"的方法和我们的"五动教育"理念似乎背道而驰了。"五动教育"所提倡的是追随孩子的经验，创设满足孩子发展需求的课程。而我的"套路"——由老师包揽一切选择活动内容的做法，缺少了对个体幼儿的行为解读。"为什么会这样"成了这一阶段中我思考得最多的问题。我惊讶地发现，孩子们不吃蔬菜的背后，居然存在着各种各样的原因：蛀牙了嚼不动，家里从来没吃过不敢吃，有过卡喉咙呕吐的不愉快经历，加工方式不同吃不惯，身体不舒服没胃口……我努力地破译每个孩子的密码，寻找那一把把适宜的钥匙。

有了这样的意识，我的目光也更多地关注到孩子世界里的"哇时刻"。一次户外观察中，孩子们发现了墙角处有几只小蜗牛，就"小蜗牛、小蜗牛"不停地叫着，连续几天每到户外观察时间，孩子们就想着去看看小蜗牛。我们一起小心翼翼地把小蜗牛带回了教室。于是，一有空，他们就围着小蜗牛："看！它在动！咦？它怎么躲起来了？它冷了吧？"孩子们的语言、想象力都在此刻爆发。而这个阶段，正是我们"小兔乖乖"主题进行时。"观察特征""喜欢""关爱"都是这个主题的关键词。这时，"五动教育"之一的"内容灵动"在我脑海中闪现。既然，"哇时刻"已经显现，何不将此替代教材中的"小兔子"，让课程内容更好地追随孩子的兴趣呢？于是我及时调整了第二天的活动，再次给孩子们创造了一次和小蜗牛亲密接触的机会。一块黑纸板，两只小蜗牛，一群围着蜗牛的孩子们。整个活动给了孩子充分观察、发现和表达的机会。这一天，教室里嗨翻了，一群哭宝宝都变成了好奇宝宝："张老师，它身上有小点点！""张老师，它小便了，看，好长好长呢！"让我惊喜连连。

一次简单的突破，打开了我的迷惘之窗。那一晚，我忍不住提笔，记下了同样属于我的第一个"哇时刻"。打那以后，日记里记录下了我和孩子成长路上的一个个足迹。有个别幼儿的细小变化带给我的成就感，有因孩子们奇思妙想得以实现的满足与快乐，也有偶尔没能满足孩子需求而带来的懊恼和反思……

今年是我陪伴孩子一同成长的第四年。回忆过往，我深切地感受到：孩子的世界充满未知，孩子的世界没有套路！"五动教育"给了我理念上的支撑和行动上的指引，让我在且行且思的过程中不忘初心，努力实现我的教育梦！

二、课堂因"变"促进幼儿快乐成长

"五动教育"中,最受益、最快乐的当然是幼儿。所有的学习活动都从他们的经验和兴趣出发,学习内容不再是教师硬塞给他们的,而是由他们在生活中、游戏活动中生发出来,探索的是他们想要了解的问题,所用的教学方式、策略最大限度地满足了他们的天性,许多活动主题是他们自己想出来的,因而他们喜欢学习,喜欢探究,自信乐观,真正变成了学习的主人。

研究后期,我们采用调查问卷、访谈和个案资料分析的方法,研究了如何有效地让幼儿综合能力有所提升。

从研究中发现,幼儿在自我情绪管理、生活自理能力、动手动脑、自尊自信、关爱他人、表达自我等方面有显著的积极变化。具体内容主要表现在以下几方面。

1. 幼儿参与活动的兴趣和能力有效提升

"五动教育"实施以来,通过"兴趣引动""任务驱动""多向互动"等多方面的引导,并通过"内容灵动"的调整,主题领域的贯穿和辐射,幼儿从原先被动的"要我学"转变为"我要学",并能积极主动地参与到活动中。例如在我们的调查问卷中有一条:对于自己感兴趣的东西很喜欢去探究,并能够自己寻找方法,很少需要成人的帮助。这个数据我们达到了67%。而且在主动的过程中还包括了主动观察、主动提问、主动思考、主动交流等。在调查问卷中有一条"喜欢自己动脑筋,不断尝试,并乐在其中"达到了71%。幼儿面对一个活动时不再是被动的接受者,他们变成了活动的主导者,从而也让活动变得更多元化,幼儿的收获也远比被动参与要来得更多。

案例

蜗牛爱吃的叶子

蜗牛在我们班里已经生活了好几天了,孩子们在观察蜗牛外形的过程中,开始关注蜗牛吃的叶子。哲南和石头等孩子认为蜗牛喜欢吃绿色的叶子,韬韬几个不同意,他们觉得蜗牛只要是叶子都会吃,不管是刚采摘的绿色叶子,还是已经枯掉的叶子。孩子们争论了半天没有结果,决定把不同的叶子都喂给蜗牛吃一下,看蜗牛到底喜欢吃什么样的叶子。

刚开始,蜗牛一步步都往绿色叶子上爬,孩子们认为蜗牛是吃绿色叶子的。可是蜗牛并没有吃这些叶子,观察了一阵都没什么反应。

第二天早上,孩子们一到教室就跑到蜗牛家。韬韬看了会儿说:蜗牛什么叶子都没吃掉,昨天放的叶子都在呢。涵涵看了下说:真的没吃掉,我昨天放的大叶子还在大蜗牛的身体下面呢。龙龙拿放大镜对着大叶子看了又看,指着大叶子上的洞洞说:蜗牛吃过叶子了,上面有许多洞洞。再问涵涵:你昨天采的叶子上有洞洞吗?涵涵摇了摇头说:没有,昨天采的叶子是好的,没有洞洞。龙龙的发现立马引起了其他小朋友的关注,他们纷纷去观察自己昨天采摘的那片叶子,发现绿色的叶子上都有洞洞,但枯掉的叶子上一点洞洞都没有。

第三天早上，孩子们又去观察蜗牛，这回他们发现蜗牛箱里绿色的新鲜叶子变少了，剩下的几片叶子也都是不完整的，但枯掉的叶子依然好好的都待在箱子里。孩子们这回非常确定蜗牛喜欢吃新鲜的叶子，不喜欢枯掉的叶子。

2. 幼儿自主建构和解决问题的能力显著提高

在幼儿日常生活及学习活动中，由于不少家长和教师的教育行为中体现出灌输式的教育观，因此幼儿的思维容易受到压抑，从而影响他们主动发现问题和解决问题的能力。在"五动"实施过程中，我们更多的是引导幼儿去重视身边产生的问题，通过记录、开会、小组讨论等方式将自己的问题分享出来，从而运用幼儿集体的智慧来尝试解决问题。幼儿也在解决问题的过程中逐步掌握多种不同的解决方法，为后续自己解决问题打下了基础。通过调查问卷我们也能看到幼儿在"乐于思考、自己动脑动手寻找问题的答案，并乐在其中"的分数达到了69%。

抓 蜗 牛

韬韬发现外墙上爬了一只蜗牛，孩子们都被吸引了过去。那只蜗牛特别大，他们很想把它抓回到教室里，可怎么抓爬在高处的蜗牛却成了一个大难题。

石头是第一个想出办法来的，他去摘了一片叶子，因为蜗牛喜欢吃新鲜的叶子，所以它看到了会下来吃叶子的。但逗了半天蜗牛也不下来。

梓澄最喜欢看绘本《吧嗒吧嗒蜗牛》。他说蜗牛是有眼睛的，所以他肯定也喜欢看这本书。他请我抱着他给蜗牛看，可惜蜗牛也没下来。

涵涵拿来了他每天要给小种子浇水的水壶，他说蜗牛最喜欢喝水，所以它看见水就会下来了。可是蜗牛也没下来。

韬韬去搬了把大椅子来。他站上去高度不够，又请我站上去，还是没够着蜗牛。他的这个办法启发了其他的孩子，抓不到的主要问题在于高度。于是，他们合力去搬了一张桌子过来，站上去试试，好像不行，上面加把大椅子，还不行。在我保护下又加了把小椅子，可楠楠还是没够到。他们发现旁边的我，请我站上去，他们来保护。这下终于成功抓到蜗牛。

讨论的时候，孩子们发现要取到高处的东西，关键在于缩短距离。

3. 幼儿合作和自主协商能力得到提升

在研究过程中我们会发现幼儿最明显的变化之一就是合作能力的提升。在班本化活动中，幼儿遇到需要进一步深入解决的问题时，会进行组团式探索，并能进行合理分工。在游戏活动中幼儿的分工就更为明显，有依据职责的分工，也有根据游戏内容或人物角色的分工等。在分工合作的过程中即使遇到问题或者矛盾，幼儿也不会依赖教师解决，反而会通过组内协商来解决问题。这一点也充分证明了幼儿通过两至三年"五动教育"的实施，在团队合作、分工等方面的能力有了很大的提高。通过家长问卷可以看出幼儿在"喜欢与人合作，与人沟通"方面达到了56%的比例。

案例

小卖店的设计

孩子们今天的游戏开始了，他们首先各自组团建构"房子"。文瑾、静怡、姗姗、萱萱准备建构一个快餐店。当他们将地方围好以后，孩子们又聊起来。

文谨说："我们的快餐店应该要有桌子和椅子，方便顾客来吃东西。"

静怡紧跟着说："那还需要一个柜台，不然就没地方卖东西了。"

于是四个人在原本空空的"房子"里搭了一个柜台，摆放了桌子和椅子。

可可、诺诺看见了，他们决定也要建构一间可以外卖饮料和快餐的外卖厅。两个人很快就把外卖厅建构在了快餐店的旁边。他们还特地在外面摆放了可供客人坐着休息吃东西的弧形桌，提供了很多凳子。歆然看见他们的生意很好，就跑去跟他们商量。

"我看见人家肯德基店里专门有放搞卫生工具的地方，还有专门洗盘子的地方，要不要我们再来搭一个放这些东西的地方？"

歆然的建议得到了其他小朋友的认可，于是他们又靠左边建构了一间操作间，用来摆放各类清洁工具和洗餐具的地方。而快餐店也从原先的一间增设出了三个多功能套间。他们的游戏开展得非常顺利。

在交流小结的时候，孩子们纷纷表示最喜欢去新开的快餐店，因为那里有吃的有坐的，还可以外卖，就好像去了真的快餐店一样。

4. 幼儿知识结构由单一化趋向整体化

以前幼儿对知识的建构是零散的，并没有太多的整体联系。现在通过"五动教育"的实施，幼儿能够将各种零散的知识进行一个整体的联结。能尝试在解决问题中运用多方面知识，从而提高对知识经验进行梳理和归纳的能力。在家长问卷中可以看到"在解决问题中尝试思考运用多种经验解决问题"的幼儿达到了56%。

案例

蚕宝宝的吐丝之谜

经过一段时间后，蚕宝宝开始吐丝了，孩子们一下子炸开了锅，以涵涵为首的第一组(14人)认为，蚕宝宝的丝是从嘴巴里吐出来的；以宁宁为首的第二组(6人)认为，蚕宝宝的丝是从屁股里面出来的；以杭杭为首的第三组(2人)认为，蚕宝宝的丝是从它身上的斑点吐出来的。因为已经有一定的调查经验，因此，孩子们提出：“我们回去查一查。”于是，我请他们各自回家去查资料来验证自己的想法是否正确。

第二天，针对蚕宝宝吐丝之谜的问题，我们又开了个讨论会。孩子们一开始就把杭杭的第三组给PK掉了，蚕宝宝的丝不是从身上的斑点里吐出来的。有的孩子说：“它身上的斑点就是一种装饰，没有其他的作用。”有的人说：“我查过，蚕宝宝身上的黑点是气门，是调节温度的，这样就不会热死、不会冻死了。”接着，从屁股里吐丝的说法，也被PK掉了。但有的孩子还是不服气，觉得丝并不是从嘴巴里吐出来的。

于是，我们分成了五个观察小组，把蚕宝宝们也分成了五组，每组的孩子利用一日活动中的各个过渡时间，去观察蚕宝宝的状态：蚕宝宝是否吐丝了，从哪里吐丝的。当瀚瀚发现吐丝的蚕宝宝时，大声地叫来伙伴们一起围观，孩子们的猜测也得到了再次验证，真如大部分孩子所坚持的那样，蚕宝宝的丝是从嘴巴里吐出来的。

5. 幼儿认知时学会了相互联系

虽然幼儿园教育内容有五大领域和四大板块的划分，但这种划分是相对的，幼儿实际的学习是综合的、整体的。在教育活动开展过程中应依据幼儿的学习特点进行整合处理，以使幼儿通过真实而有意义的活动生动、活泼、主动地学习，利用认知经验的相互联系，获得完整的经验，促进身心全面和谐的发展。

舞　龙

快过新年了，孩子们从各种媒介吸收着大量有关民俗的新鲜事，舞龙这个词也一下子涌入了孩子们的视野。他们对色彩艳丽的龙身、热闹喜庆的场景和上下翻飞的玩法都非常感兴趣。自从孩子们对舞龙产生了兴趣后，就一直在着手收集制作、装饰龙身的材料，准备一场属于他们自己的舞龙游戏。

镜头一：制作龙身的小风波

决定要做龙了，孩子们一下子兴奋起来。对于龙的大致样子，孩子们商量后开始收集材料。他们从家里带来了长方形、圆柱形，粗粗细细、大大小小的各种瓶瓶罐罐，准备装饰起来。这时，孩子们之间又出现了分歧。

涵涵说：“我见过，龙是金色的。”

凯凯说：“不对，龙是红色的！”

小菀说：“龙是五颜六色的。”

……

孩子们争执不休，决定来找老师评评理。涵涵简述了大家的分歧，问我：“老师,你帮我们上网查查龙到底是什么颜色的。""没问题!"我很高兴地打开电脑,关于龙的图片跃然眼前:金色、红色、橙色、蓝色、绿色,还有彩色的。孩子们被满眼各种颜色、各种形态的龙吸引,不再争吵,而是一起研究起来。

解 读

对于新事物,孩子们因为经验的不同有了不同的想法,这是他们探索、获取新知识的必经之路。有了这个过程,才能促使孩子们对新事物有更清晰、更全面的认识。孩子们因为争执不下的问题来主动寻求教师的帮助。会求助身边的人,会利用各种工具解决问题,是一种重要的能力,孩子们已经做到了。这为接下去进一步查找资料、解决问题做好了准备。

经过一个阶段的努力,孩子们把收集来的包装盒、包装罐等材料,用绘画的、涂色的、粘贴的方式装饰起来,一个个富有鲜明个人特色的龙身粗具规模。也许稚嫩,也许不完美,却生机勃勃。

镜头二:手柄怎么安装?

孩子们继续加工龙,到了为龙身装手柄的阶段了。用来制作手柄的材料是孩子们从家里收集来的保鲜膜纸芯,他们觉得纸芯的形状和长短正合适。昕瑶、倩倩、璇璇、娜娜等几个孩子来到美工区,每人拿了一个纸芯,尝试与龙身相连接。

娜娜到材料区拿了一卷双面胶,把双面胶在龙身的表面粘了几条,然后把纸芯垂直于龙身进行粘贴。反复试了几次,都粘不牢。

方法一:把双面胶贴在龙身上,用纸芯的横截面与龙身粘贴,由于接触面积过小,粘不牢。

璇璇看到这个情况,马上尝试了新方法。她用双面胶在纸芯底部粘贴成相互交叉的十字,然后与龙身粘贴,第一次失败了。璇璇自言自语地说:"那就再多粘一点。"于是,她粘了更多条的双面胶,形成了一个双面胶的网面,再去尝试时,虽然有些松动,但还是成功了。璇璇高兴地向同伴们报告好消息。

方法二:把双面胶贴在纸芯的横截面上,形成一个有黏性的平面,再与龙身粘贴,通过增加双面胶的用量来增加黏性的面积,最终粘住了。不考虑牢固程度,算是成功了。

与此同时,昕瑶和倩倩也在想办法。昕瑶先是用透明胶带绕着纸芯贴了一圈,发现这样没有用。倩倩告诉她:"应该先贴在纸芯上再贴在牛奶盒上,把它们连起来。"并且找来透明胶尝试起来。倩倩对她说:"你扶好纸芯和龙,我来粘。"两个人的配合经过了几次失败,终于成功了。

方法三:使用类似捆扎的方法,利用透明胶带的黏性把手柄与龙身连起来,成功。

解 读

以上三种连接方法都是孩子们自发地利用自己的前期经验所展开的尝试。这种经验有的来自他们自身，有的来自对别人的观察。在这个过程中，孩子们有的独立思考和尝试，有的两两配合。

在舞龙的准备过程中，孩子们遇到了困难，能积极地动脑思考，不断地用不同的材料和方法进行尝试，虽然有的并不成功，却非常值得肯定。这个过程中既有对科学方法的探索，也有不怕失败的品质的锻炼；既有艺术方面的创造，也有社会交往能力的发展。当孩子们高举着自己亲手制作的龙，和着音乐上下翻飞时，更能体会其中的乐趣。

三、幼儿园教育因“变”而品质提升

1. 通过理念引领，形成教学活动的系统方法

“五动教育”的策略和操作方法，在整个教学活动中并不是割裂的，而是一个整体，是相辅相成的关系。例如：在“任务驱动”和“兴趣引动”之间，“兴趣引动”是导火线。但光有兴趣没有任务对幼儿来说这种兴趣只是短暂的，不足以将这种兴趣延续到教学活动结束，因此在活动中就要有一个事件的驱动，而事件驱动的前提又需要兴趣为基础。“多向互动”和“任务驱动”之间也是一个很好的结合，“多向互动”在帮助孩子建构意义的时候，对孩子来说起到了非常重要的作用。因为幼儿各方面能力相对比较弱，独立建构比较难，因此需要相互帮助。而“任务驱动”的介入又能很好地完成这种建构。“内容灵动”和“领域联动”之间也是相互依赖的关系。一个教学内容要体现灵活性，并帮助孩子达到预先的效果，还需要领域之间相互的帮助。例如一个阅读活动并不仅仅只是语言活动，同时也涉及了游戏、表演等等。因此在瑞吉欧教育理念的指引下，“五动教育”在提高教学有效性方面提供了保障作用。

2. 通过课程实施，实现幼儿为本的有机统整

园本课程的内容，借助“五动教育”的实施，和基础课程的内容发生了联结。如“小脚丫课程”和生活、运动板块自然结合，形成领域联动。任务驱动、多元互动等方法下，特色课程的内容与基础课程中相关的内容均成为幼儿活动的材料、载体，打通了两者之间的联系。特色课程不再孤立，也就是说，特色课程、基础课程的所有内容通过“五动教育”的方法进行了重组，融为一体。

3. 通过“三课”一体的教研活动，实现教师为本的发展

“三课”(课程、课堂和课题)一体化是创建特色学校的重要抓手，是学校教育科研的重要保证，也是促进教师专业化成长的重要途径。“三课”一体化主要是以课堂为突破口，以课题为引领，由课程的系统建构而成的一个全新的教育概念。其核心价值在于以“课程”提升教师的专业发展，培养教师的“核心素养”，提高学校核心竞争力。

4. 通过幼儿发展为主导的评价，创新教学管理模式

教学管理开始关注幼儿个体本身，目的是教育者不断改进实践，追寻幼儿发展的轨迹，通过不间断的评价过程，追求不同幼儿的多元成长。教师、家长、幼儿等多方评价主体的参与，使他们在评价中共同进步、共同成长。

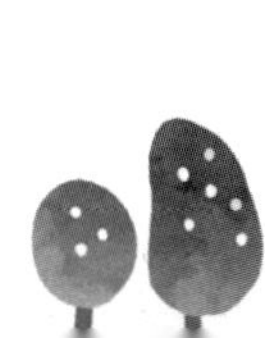

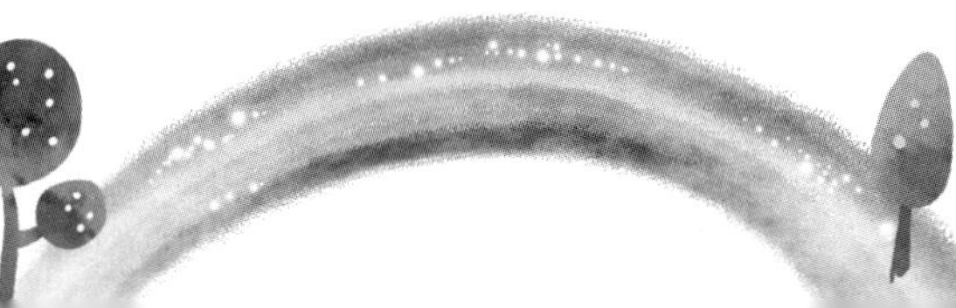

“五动教育”实践篇

“五动教育”的实践在瑞吉欧教育理念的浸润下，汲取了陶行知和陈鹤琴教育思想的营养，在本土环境中逐渐成长，开出了一朵朵鲜艳的小花，结出了一串串喜人的果实。那一个个发生在我们日常活动中的故事，让我们惊喜，让我们回味。它们是孩子前行的脚印、成长的记录，每一个故事的来历不尽相同，情节各异，但每一个故事都体现了我们对教育的期待。同时，这些故事也是教师重构教育认知和专业成长中探索的足迹，每一个故事都渗透着教师对教育的理解和追求，是教育智慧的点点滴滴。透过这一个个学与教的故事，我们可以看到师幼一起成长的印记，品尝到成功的喜悦。

下面这五组故事，分别从学习内容的生成、学习如何在发现中深化、如何让兴趣与任务伴随学习、维持幼儿的学习动力以及如何使教学跟着幼儿的学习需求变化五个方面，向大家呈现了一个个鲜活的活动，它们将实实在在地告诉你，瑞吉欧理念下的“五动教育”是怎样的与众不同。

每一个学习故事均来自幼儿亲历的学习活动，有许多还是生成的活动，包括了故事背景、故事发展和故事解读。故事背景交代了故事发生的原因或情境；故事发展中分阶段描述故事的演进和结果，反映教师对活动的推进与调节；故事解读融于故事的各阶段，主要描述教师对活动的分析与思考。

第五章
不断生发的学习

"五动教育"中，按照瑞吉欧的教育理念以及陶行知生活教育的思想，幼儿的学习应当是由他们的生活经验生发出来的，这种来自幼儿生活经验的学习内容，是幼儿真实喜欢、直接体验的，它们既是幼儿思维的兴奋点，也是幼儿认知发展的催化剂。

故事1　我们的围墙诞生记　　年龄段：中班

"围墙"这个主题活动是在一次游戏中应运而生的。一次户外自主游戏中，因为各种"车"总是从"医院""娃娃家"里穿过，导致幼儿想要建造围墙，但围墙并不是那么容易就能建造起来的。他们寻找了不同的材料，参观了幼儿园大门口的一堵灰色围墙后，建造开始了。

幼儿的建造并不顺利，他们的围墙总是会被风吹倒，甚至不小心一碰就会翻倒。可正是这样的困难，引发了幼儿想要将它设计好的决心。直到游戏结束，幼儿都还在研究围墙的问题。看似简单的一个游戏内容，却在孩子们兴趣的推动下，延伸出了一系列的活动，而美术创意是这其中最不可忽视的重要一环。

第一阶段：游戏"造围墙"

造围墙活动开始了。第一组幼儿将牛奶盒一个个挨着粘在一起，围着"医院"绕了一圈，只给进来的地方留了个缺口。幼儿发现，因为围墙太低，其他小朋友会跨越围墙。第二组幼儿用纸砖和牛奶箱进行两层围合造墙，并留出了通道，但依然没有阻止孩子们跨越它。沟通后发现原来是因为只有出来的门没有进去的门，所以他们决定建造一个门（图5-1）。

孩子们将几个牛奶箱竖起来垒高，再在上面横着放一根棍子作为横梁。大门造好后，幼儿都开始陆续地从门里进出。可万轩一过来马上出现问题了，他的头碰到横梁，把横梁撞翻了。孩子们继续调整，将牛奶箱增高。万轩的头碰不到了，可风一吹，横梁老是掉。这下幼儿的兴趣被激发起来了，大家都在研究这个难题。整整二十分钟，有四拨人都来研究过这个问题。有用双面胶试图粘住棍子的；有在棍子下面绑上箱子增加重量的；也有树立双层箱子，把棍子放中间的。但每一组都以失败告终。直到游戏结束，孩子们都还在研究这个问题。

图 5-1　孩子们用纸箱搭建围墙和大门

解 读

孩子能想的让孩子自己想

游戏中幼儿因为围墙被人跨越而引发出要造门，但对门上横梁的问题产生了很多的分歧。老师并没有给予统一的答案，而是把这些问题又全部抛还给幼儿，鼓励幼儿在亲自探索中寻找答案。正如陈鹤琴所说，儿童不仅喜欢动手、动脚，而且也喜欢动思想。因此，学校里的各种活动、各种教学，都不应该直接说明种种结果，应当让儿童自己去实验，去思考，去求结果。直接经验、自己思想，是学习中唯一的门径。

第二阶段：学习活动“造围墙”

这个活动引导幼儿围绕搭围墙活动，尝试运用多种材料进行围合拼搭、拼摆和延长等，并鼓励幼儿尝试与同伴分工合作，体验共同游戏的乐趣(图 5-2)。

活动开始幼儿根据自己的喜好自然分成三组，每组还选了一个组长。但在真正的

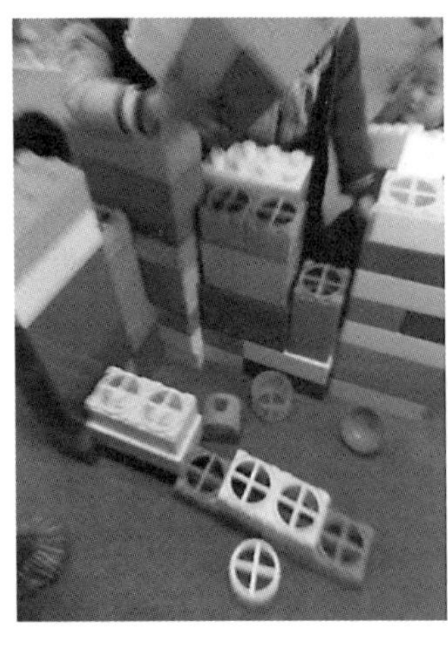
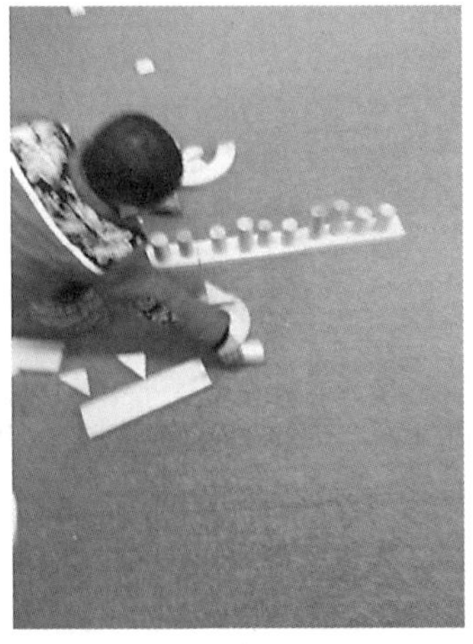

图 5-2　用多种材料进行围合拼搭、拼摆和延长

活动中发现并不止三组围墙，而是出现了八组围墙，而且幼儿搭的围墙大部分都是比较狭小的。有些能力强的幼儿一直在向能力较弱的幼儿强调要搭围墙，不是城堡，但能力弱的幼儿好像比较坚持自己的想法。建构围墙时男孩子会更注重安全和牢固，女孩子注重美观漂亮。

解读

教学活动要建立在幼儿生活经验及能力之上

(1) 中班幼儿出现多人合作还是有一定难度的，所以在本次活动中根据材料自然分成3组，每组差不多有9个人，这对幼儿来说挑战太大。

(2) 幼儿更多地停留在建构围墙的基本外形方面，虽然有前期照片分享和谈话作为铺垫，但到了真正的实践操作中还是会出现这类问题。从这次活动中可以看出幼儿的前期经验是不足的，对围墙的结构等并不清楚，因此教师决定带领他们来一个围墙大调查。

第三阶段：围墙调查

• 实地写生调研

幼儿带上了纸和笔，分成若干组，对幼儿园里所有的围墙来一个大探秘。活动中他们发现围墙是各种各样的，有的是砖头水泥的，有的是木头的；围墙的大门要足够宽和高，既能让汽车通过，还能阻止人爬进来；围墙是很牢固的，因为所有的幼儿合在一起都推不动它们；围墙上面安装了电线等安全设施；围墙非常长，幼儿围着围墙边走边数，数到一百以外都数不清的时候围墙才走完了一小半。这些发现更是引发了幼儿后续的争论。

解读

把幼儿带到他感兴趣的东西面前

卢梭曾说过：当幼儿要东西时，不是你把东西拿到他面前，而是你要把他带到东西面前。在前一次建构中幼儿产生了很多疑问，很重要的一点就是他们对围墙并不是很了解。因此这次活动教师把幼儿带到了他们所感兴趣的物体面前。让他们充分动用一切感官去观察、触摸、比较。在接触中幼儿发现了很多在图片上没有解决的问题，在现场写生交流的过程中，他们的思维也在不断地拓展。

• 网上调查

与园内和园外的围墙接触了几次后，幼儿开始有了一个固定的思维，认为围墙基本上都是灰色的。为了打破幼儿的这种固有思维，我们联系了家长，带着幼儿一起通过网络和书本去寻找各种不同的围墙。

经过一周的搜索，幼儿找到了各种色彩不同、形状不同的围墙。各种大胆的撞色，各种有趣的图案让幼儿对围墙有了新的想法，也激发了他们想要为幼儿园的灰色围墙来个大改造。

解 读

在冲突中拓展已有的经验

当幼儿在搜集资料，接触到各种不同的围墙时，新鲜的感受与他们原有的经验有了一个很大的冲突。在这种冲突中他们改变了原有的想法，让思维有了更广阔的拓展。

- **围墙调查**

是不是幼儿园里所有的幼儿都认为彩色的围墙比较漂亮呢？他们到底喜欢怎样的围墙？于是我班幼儿决定来一次“我喜欢的围墙”大调查（图5-3）。

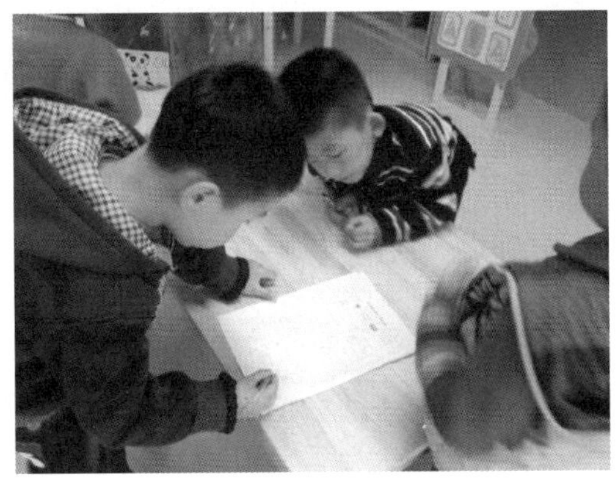

图5-3 孩子们去其他班级开展“我喜欢的围墙”大调查

幼儿一起商量了几种记录方法，最终决定让其他班的幼儿做一个选择题，这样既简单又给其他幼儿有一定的选择方向。而对于不同性别的调查对象，孩子们用蓝色和粉色来区分（表5-1）。

表5-1 我喜欢的围墙调查表

序号	性别	（花朵围墙）	（图形围墙）	（彩色围墙）	123 （数字围墙）
1					
2					
3					

对全园的调查活动虽然在提问上有些断断续续，但因为前期准备充分，又是幼儿自己商讨出来的表格，知道怎么使用，所以整个活动完全是孩子们自己完成的，没有请老师帮任何的忙。老师完全成了一个观察者。

解 读

源于幼儿自发的兴趣

我们经常会觉得中班幼儿做社会调查是一件比较困难的事情，更何况是自己设计表格。但在本次活动中我们可以看到，正是因为这次活动源于幼儿自发的兴趣，所以他们做得非常快乐，每个幼儿都参与了表格的设计和问题的设想。因为始于幼儿，进行于幼儿中，这次的调查活动顺利而愉悦。

第四阶段：围墙创意改造

• 平面创意设计

统计结果出来了，调查的143个幼儿里，有98个喜欢图案围墙，为此我班幼儿决定进行图案围墙的设计。在设计围墙之前，幼儿再次进行了围墙图案的搜集，帮助他们进一步拓展了已有的经验，也为能力弱的幼儿提供了一个可以借鉴的平台。幼儿在欣赏和讨论中对围墙的图案又有了新的思考：利用颜色深浅的不同可以产生凹凸感、重叠会产生另一个图形、不同形状相互组合也能设计出有趣的围墙等(图5-4)。在整个活动中，他们竟然没有创作出一张与别人相同的作品，每个幼儿都有着自己独特的视角。

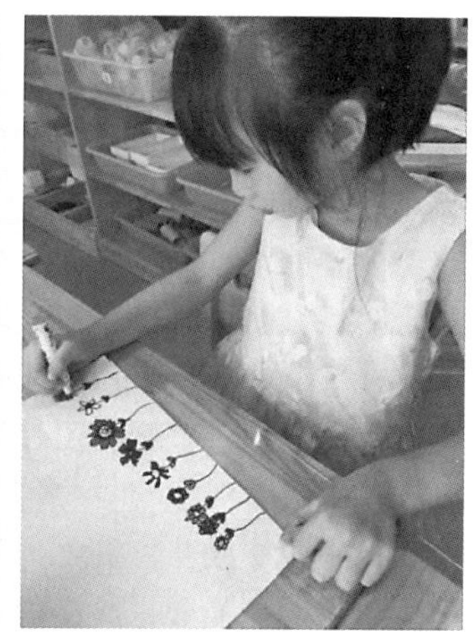

图5-4　孩子们结合调查设计围墙

解 读

创新来自原有体验

幼儿活动中的创新一方面来自内在的一种驱动力，他们非常想为幼儿园设计出一面漂亮的围墙。另一方面，前一段时间幼儿对围墙的认识已经奠定了一个很好的经验基础，因此在创作中幼儿能够大胆地将自己想象的元素加入作品中。也因为每个幼儿对围墙都非常熟悉，这种想象元素又都是建立在个人原有经验基础上，所以没有一面围墙是重复的。

• **立体墙面设计**

幼儿在对平面围墙设计稿进行评比后，一致选定了一幅花朵图案的围墙，因为他们觉得花朵是最漂亮的图案，画在幼儿园墙上一定很漂亮。还有很多幼儿提出了不同的建议：花朵要是大小不同、颜色不同会更漂亮；花朵也可以有各种形状的；花朵应该有的地方多一点，有的地方少一点；花朵也可以重叠起来画。采纳了不同的意见，幼儿开始实施立体墙面设计了（图 5－5）。虽然中班幼儿的墙面绘画还稍显稚嫩，但每一朵花、每一种色彩的选择都出自他们的想法。当作品完成的时候，所有的幼儿都觉得那是他们看到过的最漂亮的围墙。

图 5－5　孩子们在围墙上进行绘画

解　读

让幼儿成为自己创意的主人

立体围墙从想法到真正实施设计都来自幼儿，因此幼儿的创作是积极的，是快乐的，面对结果更是非常有成就感。要把更多的空间还给幼儿，激发幼儿的美术创意能力。陈鹤琴的“活教育”理论指出：凡是儿童自己能够做的，应该让他自己去做；凡是儿童能够想的，应该让他自己想。儿童自己去探索、去发现，自己所求来的知识才是真知识，他自己发现的世界才是真世界。

在“围墙”这个主题活动中存在着许多创意画，但这些创意画老师并没有示范过，也没有为幼儿提供范例和图片。对围墙结构的认识、围墙信息的搜集、各种存在于社会上的有趣围墙，都是幼儿在亲自触摸、观察和信息搜索中一步步积累起来的经验，这些输入的经验也为幼儿接下来的美术创意画打下了基础。输入多了，输出的作品自然就有了许多量和质的变化。最重要的是，这些都是基于幼儿的兴趣，是他们自己想要表达的东西，而不是老师手把手教出来的。

从围墙创意活动中我们发现：老师在对幼儿进行开放式美术创意设计的实践过程中，应该坚持以幼儿为主体，信任幼儿，给予幼儿更多的思考空间，鼓励幼儿积极、主动、富有创造性地创作，并为这样的实践活动提供材料和各种资源上的支持。围墙主题中开展的每一个活动都来自幼儿的兴趣和最近发展区，每一个点的产生都会带动一个面的构建，每一种教学方式的采用都经历了多次的思考，都尽可能地将创意的空间还给幼儿。

而在这样的教学模式下，我们的幼儿是最大的受益者。他们的观察更敏锐，他们的思维更活跃，他们的创意更新颖，呈现出百花齐放的状态，原先创意的单一性和成人味已不复存在。

来源于幼儿的围墙活动创意设计让我们更深刻地感悟到教师教育行为转变的重要

性，应该做一个生长型教师，有着终身学习的意识、自觉的学习习惯、自主的学习方式，不断地更新自己的观念，敢于对自己以往的教学行为做出批判和转变。从原先的关注教师如何教转变为关注幼儿如何学，让我们的幼儿能够在美术创意的天地里学得更自主、更快乐、更有效。

（洪　雅）

故事 2　好神奇的小石头　年龄段：中班

绘本《好神奇的小石头》是一本通过视觉（绘画）和听觉（文字朗读）的融合激活读者想象力的挖洞书。洞只有一个，就是小石头的形状，随着小石头的“一转身”，这个形状神奇的洞变成了新事物：小老鼠、小刺猬、小企鹅等等。整本绘本没有多余的设计，通过挖洞营造出了绘本翻页所带来的戏剧性效果，每一页空白处又为孩子们留出了一片自由想象的天地。从最初的集体阅读至师生、生生互动，延伸至个别化活动，《好神奇的小石头》在我们班内形成了多维度的立体阅读方式，叩开了孩子想象的大门。

第一阶段：故事分享

午后，太阳暖暖的，我和孩子们搬了椅子坐在太阳下一起分享故事《好神奇的小石头》。介绍完书名，我请孩子们猜猜这本书为什么叫好神奇的小石头？楠楠说这些小石头一定是被各种各样的颜料染过色，因此叫好神奇的小石头。梦伊说小石头一定是被施过魔法，所以叫好神奇的小石头。逸凡不同意她们的意见，说可能小石头遇到了很多神奇的事，所以才说是神奇的小石头……就这样带着好奇，我和孩子们一起阅读了这本书。当我念着故事里的那几句“哗啦啦，哗啦啦，鲸鱼表演开始啦。飘啊飘，热气球，带着朋友去遨游”时，孩子们忍不住笑了起来。裕东嚷着：“朱老师，我也会说这个话的。”我注意到有三四个孩子在重复地说着故事里的语言。

讲完故事，孩子们意犹未尽，央求我再讲一遍，我答应他们起床后再给他们讲。午睡起床，就在我给妹妹们梳辫子的时候，游游跑过来问我什么时候再讲小石头的故事，我告诉他等两分钟。这天，孩子们的如厕速度都非常迅速，我们利用了午睡起床和下午点心这段自由活动时间再次阅读了该绘本。

 **解　读**

培养幼儿的阅读兴趣和良好的阅读习惯

《指南》指出语言是交流和思维的工具。作为成人应为幼儿提供丰富、适宜的低幼读物，经常和幼儿一起看图书、讲故事，丰富其语言表达能力，培养阅读兴趣和良好的阅读习惯，进一步拓展学习经验。4—5 岁幼儿喜欢反复听、看自己喜欢的图书，作为成人应经常“见缝插针”利用各个时间段，在如午睡前、餐前、各个活动衔接段可控时间里，根据幼儿的语言发展需求随机和幼儿一起看图书、讲故事。对于大部分学前儿童而言,集体教学活动以外的时间里存在着更多有价值的发展语言的机会。这些时段的教育看似宽松、自由、随机、零碎,对幼儿的发展却起着春雨般的作用。

集体阅读后,我将该绘本投放到了图书角,鼓励幼儿尝试自主阅读,和好朋友讨论自己在阅读中的发现、体会和想法。在活动目标方面,我做了如下调整:能以自己的经验为基础理解小石头形状变变变的神奇,用自己喜欢的方式表达自己对图书和故事的理解。

第二阶段:帮小石头变变变

这天自由活动时间,我关注到御州在图书角看完图书《好神奇的小石头》后,对坐在旁边的允谦提议:“我们也来帮小石头变变变吧。”两个孩子说干就干,马上跑到了自选材料区选择了彩色纸做小石头,帮小石头变变变。其他孩子关注到御州和允谦的行为后,也纷纷加入其中开始做小石头。我关注到由于御州和允谦直接拿了彩色纸做小石头,大部分孩子的活动材料都选取了各色的彩色纸,只有小奕奕想到了运用纸盘涂色的方法制作小石头。

 **解 读**

让孩子像爱游戏一样爱上阅读,像爱玩具一样爱上图画书

华东师范大学林茅教授提出:让孩子像爱游戏一样爱上阅读,像爱玩具一样爱上图画书。然而图画书与玩具不一样,玩具直观而立体,马上就能吸引幼儿,引发“玩”的兴趣。图画书则是平面而静止,没有成人的讲述与引导,幼儿一般难以发现它们的“趣”,更不可能产生主动参与的兴趣。由于我们班孩子在前期已经尝试“玩”过绘本,因此孩子们重复阅读绘本《好神奇的小石头》后直接想到了帮小石头变变变的游戏。在“帮小石头变变变”的游戏中我也关注到孩子们运用的材料比较单一,大部分的孩子由于同伴的影响都直接选取了各色的纸做小石头,只有一名幼儿想到用纸盘代替制作小石头。在孩子们交流分享自己的作品环节,孩子们的想象力被打开:有的孩子把小石头变成了一艘军舰,有的孩子把小石头变成了一艘潜水艇,还有的孩子把小石头变成了一个带龙头的水池。

活动后,我针对孩子们运用的各种材料和他们进行了交流互动,我提出:“除了彩色纸和纸盘,还有哪些材料也能替代制作小石头?”御州第一个想到了前期收集的树叶,楠楠说还可以用橘子皮,谦谦说可以用纸杯的杯底。在同伴的启发下,孩子们想到了橡皮泥、珍珠泥、纽扣等。我鼓励孩子们去创意工坊或者家里自主寻找不同的游戏材料替代制作小石头,尝试新的创作。

此外,在活动目标方面,我做了如下调整:在自主选择各类材料对小石头进行各种创作的过程中,体验想象带来的乐趣。

第三阶段:对小石头进行更多的诠释

接下来的几天,孩子们又开始帮小石头变变变,以下是孩子们的作品(见表5-2)。

表 5-2 孩子们的小石头作品

幼儿	作　品	材料、做法	对自己作品的诠释
楠楠		• 小石头：橘子皮 • 变成蛋糕：运用珍珠泥	小石头变成小蛋糕了！哇，蛋糕好香好香。这时小蜻蜓飞过来，将蛋糕叼到了仓库里。蜜蜂也飞过来了，可是蜜蜂蜇了小蜻蜓一下，小蜻蜓问小蜜蜂："你为什么蜇我啊？"小蜜蜂说："谁让你把小蛋糕叼到仓库里的？"两个好朋友吵了起来
伊伊		• 小石头：珍珠泥（粉色） • 变成苹果：运用珍珠泥（咖啡、绿色）	小苹果，甜又甜，啊呜一口吃掉了
子诺	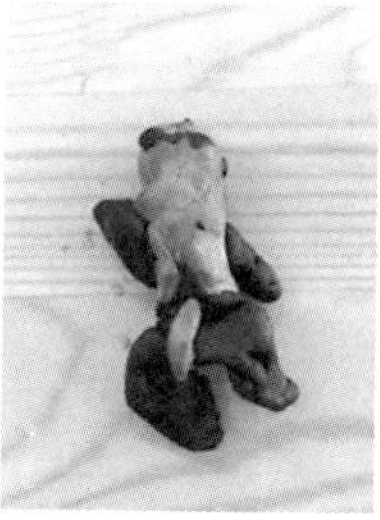	• 小石头：橡皮泥（绿色） • 变成小乌龟：运用橡皮泥（黑色）	小石头变成了小乌龟。可是，小乌龟的壳掉了
逸嘉		• 小石头：红色彩纸 • 变成小拼图：运用剪刀边缘部分剪成齿状并用勾线笔进行添画	小石头变成了小拼图
安齐		• 小石头：纸盘 • 直接在纸盘上用勾线笔进行了添画小人	小石头变成了一位小人

续 表

幼儿	作 品	材料、做法	对自己作品的诠释
家陆	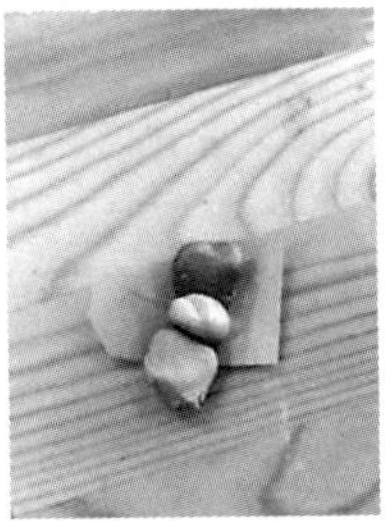	• 小石头：橡皮泥(红色) • 变成红绿灯：运用橡皮泥(橙色+绿色)	小石头变成了红绿灯
涵涵		• 小石头：橡皮泥(蓝色) • 变成蜘蛛：运用橡皮泥(蓝色)加上纸盘	小石头变成了一只小蜘蛛。小蜘蛛爬呀爬，爬呀爬，遇到了一位小朋友
小王子		• 小石头：橡皮泥(粉色) • 变成蛋糕：运用橡皮泥(黑色、橙色、蓝色、绿色)	我的小石头变成了一块大蛋糕
姝淇		• 小石头：石头 • 变成瓢虫：运用橡皮泥(橙色、黄色、绿色)	小石头变成了一只小瓢虫
游游		• 小石头：橡皮泥 • 变成蜗牛：运用橡皮泥	我的小石头变成了一只小蜗牛，小蜗牛每天都去上幼儿园，还去野战营里玩捉迷藏

续 表

幼儿	作 品	材料、做法	对自己作品的诠释
可可		• 小石头：橡皮泥 • 变成蜗牛：运用了橡皮泥加彩纸	我的小石头变成了一只小蜗牛，每天都躲在池塘里
子博		• 小石头：珍珠泥 • 变成大炮：运用了珍珠泥	我的小石头变成了一个大炮
裕东		• 小石头：石头 • 变成军舰：运用了纸盘加吸管	我的小石头变成了一艘军舰。这是我的大炮，如果敌人来了，我就要用大炮攻击敌人
谦谦		• 小石头：橘子皮 • 变成烤串：运用了纸杯和吸管	小石头变成了烤串。烤串、烤串，快来买啊
逸凡		• 小石头：石头 • 变成皮球：运用了珍珠泥和橡皮泥	我的小石头变成了一只小皮球。小皮球骨碌骨碌滚到了草地旁。每天有很多人经过小皮球的身旁，可是没有人注意小皮球，小皮球很伤心

续　表

幼儿	作　品	材料、做法	对自己作品的诠释
涵予		• 小石头：橡皮泥 • 变成汤圆	小石头变成了汤圆
芷琪		• 小石头：橡皮泥 • 变成皮球	小石头变成了皮球
美泠		• 小石头：橡皮泥 • 变成丸子	小石头变成了丸子

解 读

鼓励幼儿用不同的方式表达自己对图书和故事的理解

《指南》指出要在阅读中发展幼儿的想象和创造能力，鼓励幼儿用不同的方式表达自己对图书和故事的理解，鼓励和支持幼儿自编故事。在今天自主运用各种材料制作小石头的过程中，孩子们的想象能力、语言表达能力不断被提升：能力强的孩子已经能编出一个小故事介绍自己的作品了，有的孩子还能运用绘本中朗朗上口的语言进行表达。能力弱的孩子在制作小石头的过程中虽然运用了同种材料，形状也局限在了圆形，但是诠释自己的作品时还是出现了想象的不同。我觉得对于这类幼儿，教师也要给予关注和肯定，鼓励他们用自己喜欢的方式继续大胆创作。

“帮小石头变变变”活动在班里已经持续了一个星期了。昨天小奕奕一早来园就兴奋地告诉我们回家的路上她找到了两块小石头。恒恒听到了马上说在她家小区里的小池子旁也有小石头的。允谦从小书包里摸出了一块大大的石头引起了七八个孩子的关注，大家围住允谦都想摸摸他的石头。今天一早来园，很多孩子都带来了小石头，孩子们围住这些小石头讨论开了:"小石头是长在泥土底下的吗?""小石头是从哪里来的?"根据孩子们的兴趣点,我对活动做了如下调整:组织开展探索活动,进一步激发幼儿对石头进行探索的兴趣。在活动目标方面,我做了如下调整:通过"玩石头"活动,简单了解石头的自然属性,体验小石头的多种玩法。

第四阶段:小石头藏起来

当我将袋子里装着的各种豆类混杂着小石头请孩子们猜猜小袋子里装的到底是什么时,孩子们用"可能"两个字告诉了我很多答案:

1. 小袋子里可能装着小石头和小花生。
2. 小袋子里可能装着树上掉下来的,吃在嘴巴里苦苦的(银杏)和小石头。
3. 小袋子里可能装着小红豆和小绿豆,但是没有小石头。

在孩子们的猜测中我将袋子一个个打开让孩子们验证自己的猜测,梓轩拍着手说:"我猜的是对的,是对的。"裕东取出小袋子里的小石头说:"有的小石头上面有一条条像线一样的纹路,可我带来的小石头上面是有点点的。"诺诺高举着手补充:"小石头的大小、形状都不一样。"可可手里握着小石头问:"朱老师,小石头会长大吗?"诺诺回答:"小石头是不会长大的。"我问:"小草、小树都会长大,为什么小石头不会长大呢?"诺诺再次表达了自己的看法:"小草、小树都是从小种子长大的,可是小石头小时候不是小种子,所以它不会长大。"逸凡着急地表达自己的意见:"小树小花都是有生命的,小石头是没有生命的,它就像教室里的电灯一样,没有生命。"我回应孩子们:"小石头之间形状、颜色、大小、花纹都可能不一样。小石头是否像逸凡说的那样是没有生命的,我们可以做实验观察一段时间再来看。在等待答案的时间里我们可以先想想小石头能和我们一起做什么游戏?"逸凡说:"我要给小石头涂上颜料,给他变成五彩缤纷的彩虹。"梓轩说:"我也要玩小石头敲敲敲的游戏。"姝淇说:"我要把小石头变变变,变成一位白雪公主。"六六说:"我要把小石头变成一座城堡。"安齐说:"我要跟小石头玩拍拍拍的游戏。"他的建议立即引来了御州的否定:"小石头没有弹性,不能像小皮球一样拍拍拍。"涵予说:"我觉得可以的。"我回应:"那我们就来试验一下,看看小石头到底能不能弹起来。"说罢,我就把小石头扔下。孩子们看见落下去的小石头后马上说:"我就知道小石头不会弹起来的。"我回应:"有想法就说明他在动脑筋,行不行有时候我们可以做个小实验,马上就能知道答案。"允谦举起手说:"朱老师,我们一起玩小石头,一个人把小石头藏起来,另外一个小朋友去找藏起来的小石头。"孩子们听到允谦的建议,一下子都来了兴致,都嚷着"我要玩,我要玩"。御州走上来就对我说:"朱老师,你来藏,我们来找,好不好?"我答应了御州,开始藏小石头。开始的时候我把小石头藏在了裤子里,小石头一直掉进裤脚里。孩子们眼见我把小石头藏在了背后,可是搜遍我的全身都没有找到。梦伊睁大着眼睛在我的大衣里找来找去,对我说:"你肯定会变魔术的。"在我偷偷地将小石头从裤脚里拿出后,孩子们觉得神奇极了,都嚷着要玩这个游戏。

自由活动时间,我看见孩子们三三两两的都在玩小石头藏起来的游戏。六六也想把小石头藏在裤子里，可是他一放进裤腿那里，小石头就掉了出来。几个小伙伴围着六六笑得前仰后合的。大彭走过去很严肃地告诉六六：“小石头太重所以掉出来了。”

支持幼儿探索并感知

《指南》科学领域提出，作为成人要善于发现和保护幼儿的好奇心，充分利用自然和实际生活，引导幼儿通过观察、比较、操作和实验等方法，帮助幼儿不断积累经验，并运用新的学习活动，形成受益终身的学习态度和能力。在孩子们今天的互动中，可可的提问引起了同伴的关注和好奇，孩子们在互动中萌发了探究的兴趣。本案例中孩子们对石头产生了那么多的好奇：小石头会长大吗？小石头是长在泥土底下的吗？小石头是从哪里来的？作为成人，应支持幼儿探索并感知常见物质、材料的特性和物体的结构特点。

活动中孩子们运用了多种感官，通过看、摸、掂感知到了石头的外形特征，在六六多次将小石头藏进裤腿后小石头却直接掉落出来的过程中，孩子们发现了问题，引发了思考，得到了“石头太重，所以一塞进裤腿就会掉下去”的经验。

幼儿的探究能力是运用不同的探究方法，在发现问题、探究问题和解决问题的过程中发展起来的。这种探究是需要一个过程的，而不是在一次活动中就能很好发展的。根据幼儿的需求，我们设计了一个“好神奇的小石头”展示台，将幼儿发现的不同石头的特征以及他们进行的实验“小石头会长大吗”展示出来，鼓励幼儿大胆实践、细心观察，并尝试对自己的发现进行简单的验证。

“好神奇的小石头”这个活动我们一共开展了三个星期的时间。很多时候，作为教师的我们看到一本优秀的绘本时常常会快速捕捉绘本中的价值点以开展一次优秀的集体教学活动，我们会性急地截取一些在我们眼里有价值的画面，快速推敲活动目标，以教师的视角向幼儿传递着绘本作品，孩子自我的思考和个性却被生生排斥在教学活动之外。放下更多老师眼里的教学视野，孩子们在阅读《好神奇的小石头》过程中发展了想象、创造和探索能力，他们用不同的方式表达了自己对绘本的理解。作为教师我们应退后再退后一点，推一把再推一把，让孩子走在前头，在互动与引领中，让孩子们自己渐渐去感悟绘本……在完整、重复阅读的过程中孩子们自己的感悟能力、表现表达、探究能力不断地提升着，孩子们的想象力和创造、探索能力远远超出了教师的预期。

立体阅读《好神奇的小石头》活动是孩子喜欢和感兴趣的一个活动。在活动的整个实施过程中，老师始终把主动权交给孩子，鼓励孩子自主阅读，在与他人讨论自己在阅读中的发现、体会和想法的过程中用自己喜欢的方式表达自己对图书的理解。从活动的过程中我们可以看出，孩子们主动学习的愿望是强烈的，而他们每一次都会有许多思考和经验的累积。

作为教师，在活动中积极鼓励和支持幼儿以自己的经验为基础理解图书的内容，关注幼儿学习与发展的整体性，尊重幼儿发展的个体差异，理解幼儿的学习方式和特点，重视幼儿的学习品质，我想这些基本原则都是"尊重儿童个体价值"的表现。如若在此类活动中，教师秉持这些原则，幼儿一定会自然而然地对文学作品产生更多的兴趣。

（朱静贤）

故事3　追光逐影　　年龄段：小班

图书角放了这样一本书《走开！大黑兔》，它成了最受孩子欢迎的图书。每到自由活动的时候，孩子们总喜欢围在一起看《走开！大黑兔》，有时还会蹦出一些新奇的想法与同伴分享。借由自主阅读的时间，我和孩子们一起分享了这本图书。孩子们的好奇心被这本书中大黑兔不同的、奇怪的动态形象吸引了。

第一阶段：这是影子

已经不是第一次分享绘本《走开！大黑兔!》了。还记得第一次分享时，孩子们看到大黑兔时露出紧张的表情，待到结局时他们又笑开了花。一次两次的分享中孩子们会说："这是大黑兔的影子!""只有影子才会一直跟着小白兔。""到了黑黑的洞里就没有影子了。"直到大部分的人看到大黑兔都会大喊"影子影子"时，我知道孩子们已经意识到原来大黑兔就是小白兔的影子了，这有趣的关系让他们一次一次地要求我讲这个故事(图5-6)。今天故事刚讲完，小草莓指着自己脚下那浅浅的黑斑说："你看，影子。"我望过去，孩子们也望了过去。接着孩子们模仿小草莓的样子抬起小脚，让它印在地面上，嘴里笑着念着："影子、影子。"

图5-6　孩子们走进绘本

解读

经验再现到经验认同

从孩子们一次次的讨论中能够发现他们对大黑兔的身份有所质疑，这也许就是小白兔的"影子"，而"影子"的引出也意味着孩子们在生活中获得过相应的经验。在孩子们一次两次地用经验说话时，这种经验辐射给了大部分的孩子，这些孩子也被他们的经验说服了，获得了经验的认同。教师没有建议孩子们去寻找影子发现影子，是因为我知道他们自己试试也能行。果然孩子们开始出现寻找影子发现影子的行为。他们被影子吸引了。就像《指南》中说的"小班的孩子对周围很多事物、现象感兴趣"，兴趣的确是最好的获得经验的方法，孩子们对影子的好奇心越来越浓了。

在阅读分享中孩子们乐于向同伴分享他们的想法，表达他们的好奇，既然孩子们喜欢影子，那么我们就来一起寻找身边的影子，和影子做游戏吧。

第二阶段：大树的影子

春分时节天气渐暖，小天井的午后时光变得更有意思了。“咦，你们怎么不待在那儿了？”我指着小天井的东边。桐桐说：“因为那里太热了。”阿黛说：“那里太晒了。”我问孩子们：“这儿不晒吗？”桐桐说：“这里有树。”阿黛说：“在树下面就不会热了。”小宇说：“大树下面很凉快的。”我指着地上夸张地大声说：“哇，我明白了，你们看大树的下面有什么？”小宇看了说：“有影子。”桐桐说：“大树的影子在动。”孩子们抬头望望大树，低头看看它的影子。乐乐说：“因为大树的叶子在动。”孩子们看着大树的影子一晃一晃的，小脚忍不住蹦蹦跳跳，嘴里说着：“踩踩踩。”

午睡前我们进行了一个简单的讨论：为什么小天井里有大树的影子呢？

乐乐说：“因为小天井有树呀，还有太阳。”露露指着地上的影子说：“因为有太阳光，有光就会有影子，我们在小天井我们也有影子。”腾腾说：“因为大树的上面有太阳，太阳照下来。”

 **解 读**

用动作试探进一步感知经验

我们的身边到处都有影子，孩子们躲在大树影子里的经验在告诉我，他们对阳光照射物体产生影子的现象有了感知。但是这个经验的获得还有待同伴和老师一起来梳理。而我们在秘密揭晓之前尽可能多地引导孩子们猜一猜、想一想，动手动脑寻找答案，这不正好对应了指南中提到的“小班幼儿对感兴趣的事物能够仔细观察，用动作和感官去探索”吗？

孩子们和大树玩着“踩踩踩”的游戏，让我觉得应该找个机会和他们玩玩踩影子的游戏了。孩子们的大胆联想和猜测，让我觉得可以质疑他们的答案，让他们发现更多和影子有关的秘密。

第三阶段：会跑的影子

连续几天的饭后时光我们都在小天井度过。一天中午睡觉起来，孩子们在小天井穿衣服，乐乐大声说：“大树的影子跑到前面去了。”孩子们随着声音望去，果然大树的影子往东面去了一点儿。孩子们又跑到影子里蹦蹦跳跳。我问：“为什么影子跑走了？”草莓说：“因为太阳到那边了。”她指着太阳往西的位置。腾腾说着复杂的话：“因为地球是圆的，太阳绕着地球转。”下午带孩子们去楼上玩淘气堡，在二楼平台看到我们的小天井，他们兴奋地跑过去：“大树、大树。”孩子们都纷纷望着小天井，阳阳说：“影子左边去，右边去。”（图 5-7）

回到班级我们决定来一次简单的记录。在不同的时间段画下大树的轮廓。每一次

图 5-7 孩子们发现大树影子的位移

记录都让孩子们期待下一次观察。每一次观察都是一个惊喜,孩子们大叫:"影子动了,影子动了。"

解 读

从兴趣到主动地积累经验

一次偶然的发现,让幼儿对影子的变化、方向、位置产生了兴趣,我真的很感叹同伴的力量和孩子们的好奇心。他们在表达自己想法的同时也是在体验发现的乐趣。从幼儿的发现中我感觉到影子的故事不只发生在幼儿园,可能发生在他们回家的路上,可能发生在睡觉的床前。孩子们正在通过不同的方式积累已有的经验,积极主动地展开想象。

我想准确地告诉孩子们影子会随着太阳照射的方向发生位置的变化,但是有时候老师的退后能让他们看到自己的天空。

图 5-8 孩子们在改变影子的动态

第四阶段:影子变变变

腾腾在小天井玩玩具,两手端平单脚站立,眼睛望着脚下的影子。我说:"咦,这是什么呢?"他说:"老师你看,是个小飞机呀。"腾腾发明了这个好玩的影子游戏,周围的孩子们学着他的动作(图 5-8)。我说:"有这么多小飞机呀,除了小飞机,快试试还能变成什么?"小宇蹲下来,小手变剪刀,影子投射出小剪刀的样子。小宇说:"剪刀。"草莓蹲下来两手放头上:"小兔子。"……

解 读

想象+兴趣=创造力

孩子们的小游戏让我想到了一个公式:想象+兴趣=创造力。这个时候的影子是可以无限变换的,孩子们基于对影子变化的兴趣加上自己的想象力和肢体表达就变成了一种艺术的创造。孩子们的想象力正说明他们注意观察并且对造型有了一定的意识。他们之间还会相互模仿,让老师看到了孩子们活泼的一面。

就像《指南》中提到的"成人要善于发现和保护幼儿的好奇心,利用自然和实际生活帮助他们积累经验"。在老师为孩子们提供的宽松、自由的游戏环境里,他们了解了影子、太阳、物体三者间的关系,难道只有我们和大树有影子吗?每个东西都有影子吗?

只能在太阳下产生影子吗？难道影子不会消失吗？——“影子城堡”这个区角，期待在这里孩子们能继续给老师意想不到的惊喜……

（张嘉靖）

故事4 “房子”的演变历程 年龄段：大班

当前，在幼儿园课程改革的各种尝试中人们越来越清晰地认识到幼儿的学习是一个主动获得经验的过程，而游戏则成了幼儿能够主动学习的一个很好的形式和载体。我们认为：游戏主题的生成源于幼儿的兴趣和真实的生活经验。在主题的生成阶段教师应注意去倾听幼儿，了解幼儿关注的热点、焦点、疑点问题。来自幼儿自发生成的问题能更好地引发幼儿进一步游戏的兴趣，使幼儿成为游戏真正的主人，让幼儿在游戏中达成自我建构的目标。

第一阶段："房子"雏形的产生

进入大班后，教师对户外自主游戏场地进行了调整，场地上也增加了月亮桥、大型滚圈、平衡桥等器械，这些器械的增加让原本习惯使用小型材料进行环境创设的孩子们迷茫起来：该拿它们怎么办呢？当一部分孩子在困惑的时候，一部分孩子开始拿这些器械玩起了运动游戏。因为这些器械比较大，他们的运动让其他小朋友有了意见。

韬韬："涵涵，你的月亮桥不可以摇到我的餐馆里，我还有客人要来吃饭呢。"

子希："哲楠，你的滚圈也不可以滚到我的理发店，都把我的理发工具撞翻到地上啦。"

石头："就是，你们的这些玩具不可以随便跑。你看我们有这么多东西都被你们撞到了，特别危险。"

涵涵和哲楠听到小朋友们的抗议，有点委屈："我们也不想撞到你们的呀，可是这里又没有标记，我们怎么知道应该往哪里走才对呢？"

歆然正在医院里看病，她听到涵涵和哲楠的话后说："我觉得他们说的也有道理。我们应该想个办法，让他们知道哪些地方不能进。"

这时正坐在平放的大型滚圈里的可欣说话了："你们可以跟我一样呀。你看我待在我的小屋里就很安全，他们也不会滚到我的房子里来。"

可欣的话提醒了其他小朋友，于是大家开始寻找各种材料，将医院、饮食店、理发店等地方围了起来。放眼看去，箱子、盒子、月亮桥、滚圈、瓶子等围成的包围圈有七八个。

游戏结束讲评时，孩子们对围成的房子这个点特别感兴趣，纷纷发表了自己的看法。石头觉得这样的房子可以保护自己；子希觉得围起来的房子可以保护自己的东西，做事的时候不受到打扰；而涵涵和哲楠也十分满意这样的房子，因为他们的"车"终于可以随意行驶却不会撞到人家了。但瑶瑶提出了一个值得大家思考的问题:"你们都说这是房子,可是我怎么感觉一点都不像我们平时看到的房子呢,它什么都没有呀。"瑶瑶的话引起了其他小朋友的关注,很多孩子纷纷表示下次要造一个更好的房子。

 解 读

给孩子自主动手的空间

陈鹤琴的教学原则中有这样一条:孩子能够自己想的就让他们自己想,孩子能够自己做的就让他们自己做。在本次游戏中,孩子们因为被同伴的器械影响而想出了用造房子(或者更直观地说"围墙")的方法来保护自己和自己的物品。而且我们也可以从照片中看到,孩子们虽然都是用了同一种方法,但使用的材料以及建构的方法却是多样的,有单种材料的围合,也有多种材料的组合建构等(图 5-9)。

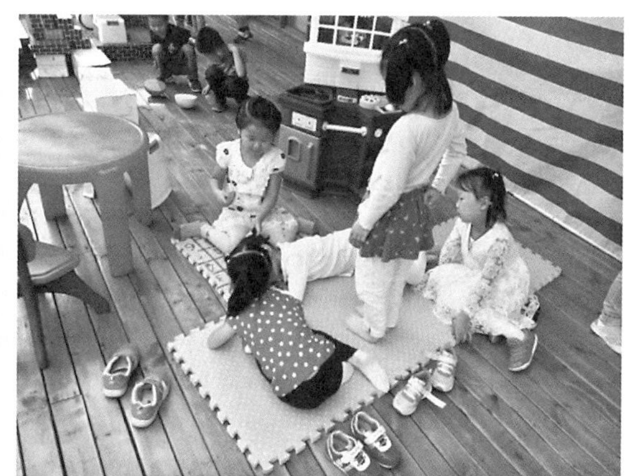

图 5-9 孩子们的房子呈现不同的形态

从幼儿的建构能力上来看,这种围合比较简单,但我们从问题解决的过程来看,孩子们不但能够在交流讨论中提出问题,出主意想方法,还能利用一切可利用的材料来解决问题,这对于刚进入大班的幼儿来说是非常值得肯定的行为。作为教师能够在孩子遇到困难时学会等待,时刻关注问题的发展方向,并能在孩子们解决问题后一起开展讨论,梳理经验,这正体现了作为游戏促进者的教师该有的行为。

"房子"的产生是孩子们在本次游戏中刚出现的一个游戏内容,可以说非常不成熟。他们的最初想法也只是以围起来的形式来提示其他玩运动器械的小朋友。因此在讨论中虽然他们梳理了很多这样做的好处,但也有小朋友提出这种"房子"不像生活中常见的房子,什么都没有。这也为孩子们后续的游戏再一次提供了一个值得思考的内容:怎样的才算房子?

针对孩子们的问题和进一步想法,我在材料上也进行了一定的调整,增加了大的泡沫垫板、大块的纸板及旧的帆布等,便于孩子们在后续建造房子时能够有更大的材料选择空间。

第二阶段:“房子”空间格局的改变

上次游戏中孩子们从什么都没有到“房子”的产生,经历了一个突破性的变化。但瑶瑶的一句“这一点都不像房子”让伙伴们产生了思考。那什么样的才像呢?这个问题成了孩子们今天需要去解决的难题。虽然老师并没有组织过孩子们进行深入的讨论,也没有给孩子们一些提示,但游戏中孩子们首先做到的就是一个空间格局的改变,圈起来的一间房变成拥有多种功能房间的套房。

原来单间的饮料房今天出现了多功能房间。文瑾、静怡、姗姗、萱萱四个人建构了一间可以进去吃快餐的餐厅;可可、诺诺两个人紧靠餐厅又建构了一间可以外卖饮料和快餐的外卖厅,他们还特地在紧靠外面的那一边做了可供客人坐着休息和吃东西的弧形桌,并提供了很多凳子;歆然看见他们的生意很好,又在左边建构了一间操作间,用来摆放各类搞卫生的用具和洗餐具的地方。于是孩子们把房子从原先的一间增设出了三个多功能套间,而他们的游戏也得以顺利地开展。

孩子对房子的建构经验开始与生活经验链接

从这次的游戏中我惊喜地看到孩子们的“房子”不仅仅停留在保护自己不受影响这样一个范畴。房子格局和功能的改变,逐步显示出孩子们心目中的房子不仅可以用来作为对外营业的场所,还能用来储存各种必需品。这种变化让我感受到孩子们已经将平时的生活经验逐步与游戏产生了联结,同时有了空间上的改变,而这种改变并不是一蹴而就的。我观察到刚开始孩子们只是考虑到了房子的功能性,而在同伴的不断加入后,房子的格局也开始产生了变化。从功能到格局都经历了一个变化过程,但正是这个过程体现出了孩子们空间思维的不断增强,这种空间思维的提升有助于孩子想象力和创造力的发展。

在今天的活动中我们可以感受到孩子们还仅仅停留在房子局部空间的链接,这也是孩子思考问题的一个特点:缺乏对整体空间的观察和思考。为此我和孩子们搜集了各种各样的房子,将这些房子布置在班级的环境中,方便孩子在平时能观察、交流和谈论,逐步形成对房子的整体概念。

材料上我们根据孩子的要求又增加了一部分大箱子和纸砖材料。

第三阶段:“房子”屋顶的形成

房子的活动已经经历了好几周了,孩子们从围合一个简单的围墙到开始建造不同功能的房间,虽然经历了一个又一个突破,但始终停留在房间功能的变化上。今天的游戏却出现了一些变化。

当石头和哲楠、嘉乐将所有的月亮船垒高变成一个圆形的房子时,他们发现房子的墙壁已经超过了他们的身高,于是石头提议:“我们要不要给房子上面安装一个屋顶?”他的提议得到了大家的支持,于是嘉乐和哲楠开始寻找合适的屋顶,从纸板到泡沫垫,可始终不能完全覆盖整个屋顶,于是他们想到将几块泡沫垫拼接起来,有屋顶的房子开始粗具规模(图 5-10)。他们的举动也带动了睿睿、扬扬和悠悠的创意,他们的屋顶更具特色,是由多块泡沫垫分高低建造而成的。

图 5-10 开始出现有屋顶的房子

解 读

孩子在解决问题中积累建构经验

孩子的能力是随着他们经验的累积而逐步提升的。教师在整个活动中要做好推动和支持,但更需要耐心地等待。也许在教师的指导下孩子们早就可以建造独立的房子了,但教师并没有这么去做,因为我们的目的不是为了建造一座完美的房子,而是在建造房子的过程中,孩子们不断地发现问题,寻找方法解决问题,并进一步积累经验。因此在孩子们持续几周建造相同的围墙似的房子时,老师并不着急,而是和孩子们一起进一步了解房子的结构,观察各种房子,甚至在平时的教学活动中设计房子。通过这些做法,孩子们开始从局部观察向整体观察转变。虽然这些活动花去了好几个星期的时间,但和前面说的直接教相比,孩子的收获和成长是不同的。前者只是老师说孩子做,而后者却是孩子在原有经验基础上,真正思考、探索的结果,是孩子们通过一步步的探索和建构,到最后水到渠成的收获。同时,在解决问题的过程中,我们也能看到他们开始尝试合作,有提议者,有实践者。

在本次活动中孩子们的空间建构又提升到了一定的高度,不仅仅是建构局部的物体,也开始走向整体的建构,这是空间观察上的一大变化。但我们可以看到孩子解决问题的方法还是比较单一的,材料中其实还有很多可以尝试,但他们更多地停留在常用的几种材料上。

教师之后可以在本次活动的基础上,和孩子一起讨论哪些材料适合建造屋顶,然后可以和孩子一起搜集一些材料,在尝试中进一步寻找更适合的材料。

"房子"的演变历程这个游戏内容来自孩子,是孩子喜欢和感兴趣的一个活动。在活动的整个实施过程中,老师始终把主动权交给孩子,鼓励他们去发现和解决问题。当孩子逐步具备了解决问题的方法和能力,也就在一定程度上具备了主动学习、自主学习的能力。从活动的过程我们可以看出,孩子们主动解决问题的愿望是强烈的,而且他们每一次都会有许多思考和经验的累积。

作为一名教师，在活动中要积极鼓励和支持幼儿的游戏行为。每一次活动的开展和调整虽看似简单，但却是追随孩子的兴趣和需求的。教师在整个游戏活动中对孩子们生成的点进行了一定的梳理和分析，在活动中有效调整了材料和策略，对有价值的点进行了逐步的引导和推进，从而能帮助孩子更好地体会和发现游戏的乐趣。

（洪　雅）

故事5　《我选我自己》引发的主题式阅读　年龄段：大班

作为一名幼儿园教师，不仅自己要爱读书、会读书，更要培养和激发幼儿对读书的兴趣。在培养幼儿阅读的过程中，我们发现：中大班的幼儿对阅读活动的兴趣已经不仅仅停留在“读”绘本，他们还会从所读的绘本中延伸出一系列与之相关的活动，或者从一本绘本延伸出需要多本绘本支持的多元化活动，这就是主题式阅读活动。

有一天，孩子们给我介绍了最近班里新投放的一本书《我选我自己》。他们告诉我这本书非常有趣。我立马将这本书翻阅了一遍。为什么幼儿对这本书这么感兴趣？这本书到底有趣在哪儿？到底有多少幼儿阅读过这本书？我进行了统计，发现班里93%的幼儿都读过这本书，有36%的幼儿至少读了两遍以上。于是，我决定和幼儿一起开展一次阅读《我选我自己》的活动。

第一阶段：读《我选我自己》

我和幼儿一起读绘本《我选我自己》，它主要讲述围绕动物世界的一次选举的故事。故事非常幽默，里面一共有11只动物，每只动物都为了能选上总统而在演说时展现自身最自信、最有优势的一面。每一个演说都幽默风趣。而故事的结尾其实也不是真正的结束，它给我们很多想象空间。这样一个故事，幼儿读出了许多想法。琪琪问：“为什么连小老鼠、绵羊都敢和狮子竞争？它们肯定赢不了狮子的。”豆豆说：“狮子自己为什么不竞选呢？”威威说：“鲤鱼当上了国王，它在水里怎么管理陆地上的动物呢？”杰杰说：“我也觉得很奇怪，鲤鱼怎么管理呢？而且它在水里也管不了比它厉害的鱼呀。”尤其是“鱼做了国王真的就好了吗？”这个问题成了大部分幼儿阅读后的疑问。

解读

这个故事隐藏着丰富的内涵。比如，再弱小的人也有强大的一面；要看到自身的优点，并能用自己的优点去帮助大家；要自信，能大胆地在集体面前进行演说；所有的集体都需要一个领导者，也需要规则。但这些含义都是我解读出来的。幼儿在读了这本绘本后，却有他们独到的看法。尤其是鲤鱼当选国王这件事情给他们带来了很大的冲击，打破了他们以往建立的强者管理弱者的思维定式，他们对鲤鱼管理狮子是不理解的。

我觉得虽然从教师的角度去解读这本绘本，有很多有价值的点，但未必就是幼儿感兴趣的，而且幼儿的困惑点也是非常值得我们去讨论的，这能帮助幼儿拓展思维，所以我决定追随幼儿的想法，开展一次绘本《我选我自己》的辩论会。

第二阶段：《我选我自己》辩论会

上一次阅读活动后，许多幼儿觉得鲤鱼当国王是非常不合适的，因为它在水里指挥，陆地上的动物看不见。于是我组织了一场辩论会，请幼儿说说自己对鲤鱼当上国王的看法。很快，幼儿分成了正反两队，各自都有各自的理由。

晨晨说：“我觉得合适，因为它可以浮出水面指挥。”子墨不赞成晨晨的看法，她说：“我觉得不合适，鲤鱼说话大家听不清，怎么管理别人呢？”威威赞同了子墨的看法：“我觉得不合适，因为鲸鱼比鲤鱼大，万一鲸鱼不听鲤鱼的，鲤鱼又打不过它，也没办法管理。”豆豆说：“我觉得选鲸鱼合适，因为它是海洋里最大的动物，别人都怕它。”萱萱说：“我不同意，陆地上的动物不听他，鲸鱼也没办法，还是狮子合适。”谨萱说：“那狮子也不能管到水里呀。”

讨论到这里，幼儿遇到难题了：“有没有什么办法让所有动物都好管理呢？”可可：“他们也可以像我们一样呀，我们有班级公约的。”诺诺：“对呀，我们有班级公约，因为犯错的话小蜗牛要倒退一格，所以大家都会很自觉地遵守。”天扬：“动物们也可以有一个规则，大家都遵守就好管了。”这个主意得到了班里所有幼儿的认同。萱萱这时提出了一个问题：“虽然有规则大家会遵守，但鲤鱼还是不太适合做国王，因为国王就好像我们班级的小队长，小队长是要做很多事的。”萱萱的话引起了幼儿新一轮思考：选谁更合适呢？

解 读

《我选我自己》这个故事虽然我只讲了一次，可因为每个幼儿都看过这本书，所以都已经有了自己的思考。刚开始阅读，他们觉得故事不错。再次阅读和讨论后，他们发现不管谁做国王，没有规则是不行的。在辩论会快结束时，萱萱对国王职责的看法又引起了幼儿新一轮的思考。接下来，我将和幼儿进入导读活动。

第三阶段：《我选我自己》导读活动

第三次和幼儿一起读《我选我自己》时，幼儿特别关注动物们竞选时的对话，因为他们想要找一个适合的国王。晨峰提到了鸵鸟，他说：“我觉得鸵鸟可以做国王，它非常有趣。”阳阳说：“我喜欢鲤鱼的演讲，很有趣，我想选它当国王。”这时我提问：“有没有你想选的国王，但不是因为它的演讲有趣这个理由。”萱萱说：“我推荐猫当国王，因为猫当了国王可以把老鼠都抓住吃掉，这样我们的粮食就不会被老鼠偷吃了。”子墨说：“我同意萱萱的观点。”但小寒不同意，他说：“我觉得老鼠偷粮食只是为了磨牙，它们都快被猫吃完了。”娴娴喜欢绵羊的演说，她推荐绵羊当国王：“我觉得绵羊很可怜，羊毛老被人剪去给别人织毛衣。它当了国王就可以为自己织毛衣了。”博渊说：“我喜欢蚂蚁的演说，我推荐蚂蚁当国王，因为蚂蚁喜欢安排20个小时的工作，蚂蚁是勤劳的动物，肯定能够为国家做很多事。”幼儿不太喜欢狐狸，因为它当了国王就会伤害其他小动物，所以没人选它。而狼狗很讲秩序，是大家喜欢的国王。但小瑾最后提出：“我要选公牛当国王，因为公牛费迪愿意为大家服务。”她的话获得了大家的一致认可，特别是我们班的小队长万轩：“小队长是为大家服务的，国王也应该是为大家服务的，我觉得应该选公牛费迪。”于是公牛费迪成了幼儿一致推荐的国王。

解 读

我引导幼儿讨论竞选演说，是因为我发现很多幼儿对竞选的认识只停留在表面。好玩、有趣是幼儿对演说的第一印象，我想让幼儿看到竞选的实质和意义。但这次导读有一个意外的收获，幼儿一致表示喜欢公牛，因为它会帮助大家。所以我在最后为幼儿总结：“原来能为大家做事的人，大家才愿意推选他为领导者。”

在整个讨论中，幼儿主动将选队长的标准和国王的标准联系在一起，而最近我们班正好要开始选班长，于是我决定利用《我选我自己》来引导幼儿开展班长竞选演说活动。

第四阶段：由《我选我自己》引发的班长竞选活动

第四次讲《我选我自己》，幼儿的话题很自然地联系到了我们近期准备进行的班长竞选。小寒说：“我觉得我们也应该画张宣传海报。你们看小灰鼠的那张海报真的很棒，大家看了都想去选它。”羽乔说：“为什么一定要制作海报？”静怡：“海报能比较清楚地让大家了解你要做什么事。”豆豆说：“我看见电视里选总统也都有海报，大明星活动也有海报，我妈妈说那是做宣传用的。”威威提出了自己的担忧：“我画画不是特别好，万一我把自己画得不好看，大家会不会不选我了呢？”威威的话引起了一部分画画不是特别好的幼儿的担忧。这时威威自己又想出了一个解决的办法：“我可不可以找张我自己的照片，把它放大做我的宣传海报呢？”天扬画画也不是很好，他说：“我觉得可以的，但我们还要写上自己的名字，不然别人不知道给谁投票了。”他的建议很好地解决了问题。

除了海报还需要做什么呢？可可说：“我们还应该有一段竞选演说，就像小动物们一样。”“那演说要说些什么内容呢？”我紧跟着提问。萱萱说：“我画画很好，假如选我做班长，我可以教大家画更漂亮的画。”萱萱的话启发了一部分同伴，但还有一些幼儿仍在思考中。于是，我让幼儿回家继续思考竞选演说的内容。

解 读

最近的班长竞选是班级里的大事，而《我选我自己》这本书给幼儿提供了竞选活动的操作范式，但我更希望幼儿的竞选活动能在参考绘本的基础上有所创新。根据幼儿的提议，我们决定紧接着开展一个制作宣传海报的活动，材料方面我进行了全力支持。

第五阶段：做宣传海报

幼儿开始做自己的宣传海报。上次讨论时大家说到了宣传海报是为了介绍自己，让大家了解自己，因此幼儿并没有一味地模仿绘本中小老鼠的宣传海报来做，他们各自加入了自己的想法。萱萱是一个"实干家"，她画了一个很漂亮的女孩子，还画了水壶、拖把、碗；子墨是一个爱漂亮的女孩子，她画了一个小公主，旁边还画了一架漂亮的钢琴；嘉丰是一个讲义气的男孩子，他的宣传海报中的自己是一个很结实的男孩子，旁边还画了很多小一点的孩子的脸；凌茜是一个安静的女孩，但她很自信，也很想参加竞选，她的宣传海报上是一个穿着漂亮裙子的女孩子，还写上了大大的名字；绮绮最擅长跳舞，她的宣传海报展现了她跳舞时的美丽身影。每个幼儿都有自己的想法，画得好的幼儿直接用画的方式制作海报，画得不好的幼儿用上了照片以及装饰材料等。

解 读

制作宣传海报对幼儿来说并不是难事，难的是怎样让大家的目光聚焦在自己的宣传海报上，让大家了解自己最突出的优点，知道自己可以为大家做些什么。幼儿的海报各自展示了自己的优势，包括能提供什么服务、有什么特长等，这为接下来幼儿的竞选演说做了铺垫。

在海报制作完成后，我们将开展竞选演说。为了公平，我和幼儿商量后决定去其他班级进行竞选演说，让大家来投票，看谁能够被选上。因此，我们先将竞选海报张贴出来，让其他幼儿对竞选对象有一些了解。

第六阶段：竞选演说

竞选活动开始了，幼儿逐一登场，手里拿着事先展示过的竞选海报。萱萱说："假如大家让我当班长，我会为大家做很多事，扫地、发碗、教大家画画。"嘉丰说："假如大家选我做班长，我会和所有的孩子做朋友，只要大家有困难，我就会帮助大家。"子墨说："假如大家选我做班长，我会给大家弹好听的钢琴曲，邀请大家到我家里去。我家里有好多漂亮的公主裙，大家都可以穿。"娴娴很自信地走上台说："假如你们选我做班长，我会教大家跳舞，因为我会跳很美的舞蹈。"意意是一个不自信的男孩子，竞选前他曾经表示找不到自己很厉害的地方。所以我特地准备了一下，打算在他说不好的时候帮助他。可那天他并不需要我帮忙，虽然他低着头走上了演讲台，但他大声地说："假如大家选我做班长，我会识字，我可以给大家讲故事。"他的话引来了大家的掌声，他抬着头走下了演讲台。大约半个小时后，所有幼儿结束了自己的竞选演说。选票结果统计出来，幼儿发现每个人都是有人投票的，所以大家决定轮流做班长。

通过绘本故事，幼儿看到小灰鼠那么弱小的动物都敢于和强大的狮子进行对抗，这让他们意识到每一个人都可以争取当选班长的机会。因此本次活动并不是为了真的要选出班长，关键在于让幼儿在竞选的过程中寻找自己的优势，增强自信。

（洪　雅）

故事6 捡了树枝以后…… 年龄段：小班

户外观察活动，孩子们最喜欢的事情就是在草地上寻找自己喜欢的宝贝并带回教室，把它用作创意手工的材料。这次，孩子们找到的是草地上的树枝。

第一阶段：捡树枝

周五中午休息的时候，我带孩子们来到草地上。这时，我发现萱萱一个人在草地上捡树枝。我问：“萱萱，你在捡树枝？”她没说话，继续默默地捡。姚姚、希希看到了，也开始默默地捡草地上的树枝。桐桐和其他小伙伴看见了，赶紧穿上鞋子，也加入了捡树枝的队伍。到最后全班孩子都在捡树枝（图5-11）。“你们捡来的树枝放在哪里呢？”我好奇地问。一霖告诉我：“带回教室。”“这些树枝要用来干吗？”我继续问。姚姚大声地说：“我们可以用来做鸟窝。”“为什么要用树枝做鸟窝？”我更加好奇。“因为小鸟迷路了，找不到家，我们要给小鸟造一个家。”

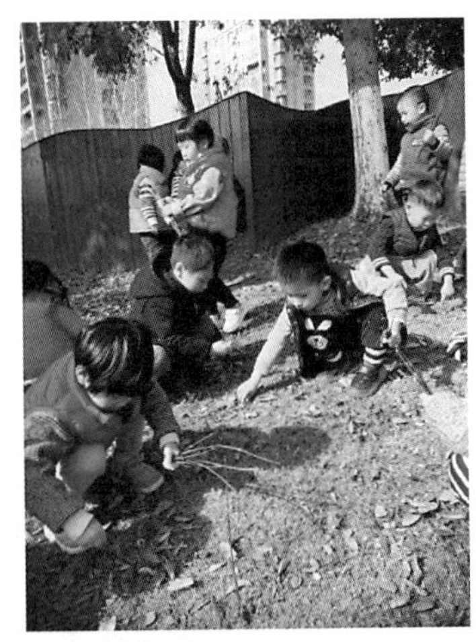

图5-11 孩子们在户外捡树枝

解读

无意行为引发的讨论

捡树枝是孩子自主自发的活动，而且由一个孩子的行为演变为全班孩子的行为，说明孩子对捡树枝的这个行为是感兴趣的。那么捡了这些树枝要干什么？放在哪里？孩子的回答是“带回教室做鸟窝”，这也是孩子真实的想法。但小班孩子的年龄特点决定了他们动手做鸟窝是有困难的。于是我提供了真实鸟窝的图片给孩子观察，鼓励孩子回家与爸爸妈妈一起来做鸟窝。

第二阶段：亲子制作鸟窝后的讨论

周一的早上，教室里摆放了大小不同，制作方法、制作材料不同的8个鸟窝。带来鸟窝的孩子表现得特别兴奋，急于向同伴分享自己与爸爸妈妈制作鸟窝的过程，没有带来鸟窝的孩子很好奇，他们认认真真、仔仔细细地观察一个个不同的鸟窝，有时也会用手摸一摸，还会问一问："这是谁带来的鸟窝？"萱萱拿来了一个小小的鸟窝，桐桐说："这么小的鸟窝，小鸟怎么住在这里面？"奕鸣说："很小很小的鸟可以住的呀。"大家都同意奕鸣的观点。辰洁说："老鹰住大鸟窝，咖啡色的小鸟住小鸟窝。"思奇说："小鸟生的蛋有很多，也需要大一点的鸟窝呀。"昊磊说："鸟窝里有软软的草，小鸟住在里面很舒服的。"一霖说："鸟蛋藏在下面，坏人是看不见的。""你们和爸爸妈妈在制作鸟窝的时候，想得真周到，我为你们点赞！"我把大拇指送给了孩子们，孩子们很开心。"这些鸟窝放在哪里？"孩子们异口同声地告诉我："挂在外面的树上。""好！"

第三阶段：想办法吸引小鸟的到来

挂好鸟窝后，可乐提出了："小鸟要是不知道我们小五班有鸟窝怎么办？"姚姚说："我们唱歌跳舞，让小鸟知道我们这儿有鸟窝。"嘉涵说："鸟窝旁边放些米饭。"奕鸣说："放些小虫子也可以。"云来的建议是："鸟窝里放一个我们画的小鸟来吸引他们的同伴。"于是大家按照自己的想法来尝试。

 **解 读**

支持孩子的猜测

科学需要猜测和验证。对孩子们提出的问题，教师没有直接给出答案，而是以一个支持者的角色，鼓励孩子依据自己的各种猜测去实验。这不仅引发了孩子们进一步探究的兴趣，也培养了孩子持续观察的习惯。

第四阶段：鸟窝里出现蚂蚁

最近一段时间，孩子们天天早上要去鸟窝看看小鸟有没有来？可一个礼拜过去了，小鸟还是没来，孩子们却在鸟窝里发现了许多蚂蚁。一霖说："把这些蚂蚁赶出去，蚂蚁会把饼干屑吃掉的，小鸟就不会来了。"嘉涵说："不要把蚂蚁赶出去，小鸟还要吃虫子的。"于是我们继续观察……

 **解 读**

等待孩子自己的发现

这些吸引小鸟来的做法都来自孩子真实的想法，因此他们迫切期待小鸟的到来。观察是主动的，针对"鸟窝里有蚂蚁"这个问题出现的讨论是积极的，有关这些蚂蚁的去留也跟孩子的生活经验有关。教师的做法顺从了孩子的想法，但不给孩子唯一的答案。让孩子观察、判断自己的想法和做法是否合适，这样得来的知识印象会更深刻。

第五阶段：小鸟胆大还是胆小

一天，两天，一周，两周过去了，孩子们吸引小鸟的各种办法都使用过了，可还是没等到小鸟的到来。正当大家快要失望的时候，园长潘老师带来了两只小鸟，放在了幼儿园大厅里。我就带孩子们去观察。云兰说：“这是小鸟的跷跷板玩具。”姚姚说：“小鸟肚子饿了，要吃东西的。”嘉涵说：“旁边有水，嘴巴干了可以喝点水。”福轩把手放在鸟笼的上面，小鸟用尖尖的嘴巴啄了他一下，他赶紧将手缩了回来。小朋友见了，有好几个人告诉我：“小鸟胆子很大的，不怕我们的，还要啄我们。”奕鸣说：“我看到咖啡色的小鸟胆子很小的，我走过去，它要飞走的。”馨乐说：“我也知道小鸟胆子很小的。”于是我们展开了一场热烈的讨论：“小鸟到底是胆子大还是胆子小?”经过讨论，孩子们发现：原来小鸟的生活环境不一样，小鸟的胆子也不一样。

解 读

孩子是探索的主体

小鸟的出现再次点燃了孩子的兴趣，孩子在遇到新鲜事物的时候，喜欢去观察，去讨论，而这时的教师在旁边是倾听者。当听到孩子有不一样的声音的时候，教师要判断这个问题有没有价值，是否适合本班的孩子讨论。今天的问题“小鸟到底是胆大还是胆小”是由孩子提出的，最后还是由孩子自己得出结论：“在不同的环境中，小鸟表现出来的自我保护方法是不一样的。”

（赵建丽）

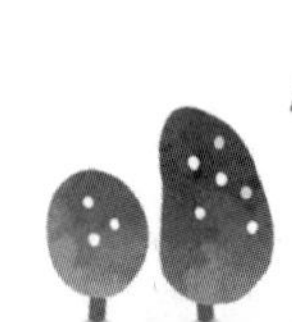

第六章
在发现中学习

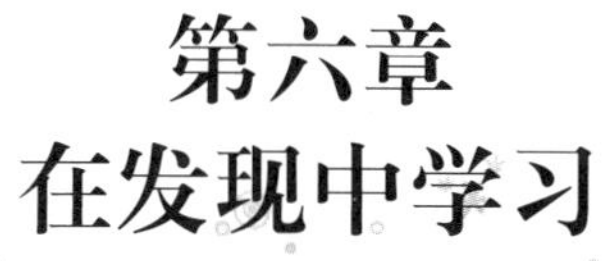

孩子的学习与成人的学习不同，他们的目的不是一开始就确定的，是随着兴趣与关注对象的变化而变化的。同时，从建构主义理论来看，孩子的学习不是直接接受概念的定义，而是试图进行意义的自我建构过程。所以，孩子是在发现中学习的。

故事7　我们的小乌龟　　年龄段：小班

为了丰富班级里的自然角内容，提高幼儿的观察能力，我鼓励孩子们带小动物来幼儿园饲养。孩子们对于可以带小动物来幼儿园很开心和激动。周一开始，班级里便有了小乌龟和小金鱼的加入。一到自由活动的时候，孩子们就会跑到自然角，你挤我我挤你地去看小乌龟和小金鱼。

第一阶段：小乌龟吃什么？

- **发现："小乌龟没吃的！"**

这天，孩子们照例围在小乌龟和小金鱼的旁边看他们的时候。突然，有个小朋友一边叫着一边跑到我的身边对我说："张老师，张老师，我们的小乌龟没有吃的东西。我看见小金鱼有鱼食吃，可是小乌龟没有。它们到现在都没有吃过东西，这样会死掉的。"这下，其他孩子听见了都跑过来围着我，着急地问我小乌龟会不会死掉，要给小乌龟吃什么东西？

解　读

抓住孩子的兴趣，引发孩子思考

我感觉到了幼儿对小乌龟的关心，还有对于小乌龟要吃什么的好奇。发现了孩子们的兴趣点之后，我马上利用自由活动的时间和孩子们就"小乌龟要吃什么？"进行了热烈的讨论。

• **研究:"小乌龟吃什么?"**

孩子们开始研究小乌龟要吃什么。有的孩子说:"我家有小乌龟,小乌龟有专门的乌龟饲料的。"有的幼儿说:"不对不对,小乌龟要吃活的小鱼和小虾的,是爸爸告诉我的。"而另一个幼儿却很着急地说:"小乌龟要吃肉的。"这下,马上又有孩子说:"那小乌龟要吃肉也要吃蔬菜的,不然要身体不好的。就像我们一样,蔬菜肉肉都要吃的。"这时候,涵涵很认真地对我们说:"小乌龟不可以每天都喂它吃东西的。只要2～3天喂一次就好了。"接着,她给我们讲述了自己家里的小乌龟就是这样的,爸爸告诉他小乌龟吃太多也会撑死的。

解 读

支持孩子的想法,并付之于实践

看孩子们讨论得这么热烈,我想到了一个方法,请孩子们回家先和爸爸妈妈讨论一下这个问题——小乌龟要吃什么东西。自己可以从家里带一些小乌龟可以吃的东西,我们一起来做一做小乌龟的营养员,给小乌龟们做一份一周菜谱。

• **照顾:"小乌龟有吃的啦!"**

个别孩子带来了切碎的青菜叶、生肉末和乌龟饲料。我们班的小乌龟不但有了好吃的食物,而且每隔两天由孩子们喂它们吃不同的食物。经过这周的观察,我发现孩子们对于小乌龟都很爱护,而且每隔一天就有孩子主动带生肉末和蔬菜来给小乌龟。在我们班这群小小"营养员"的努力下,我们班的小乌龟很幸福地生活着。

第二阶段:小乌龟死掉了!

这天,和往常一样,孩子们来园之后都围在了自然角看班级里的小乌龟。孩子们也没有发现什么异样,只是很多孩子都捏着鼻子说:"小乌龟好臭。"爱爱走过来跟我说了一句:"张老师,小乌龟那里好臭呀。"说完,她就去吃点心了。我也没有把这件事情放在心上,以为是没有换水所以那里有点味道。

孩子们午休时,我想起了孩子们说的话,便去自然角观察了一下小乌龟。还没走近,我就闻到了一阵腐烂的味道。走过去一看,那只平时很安静、从不把头露出来的小乌龟,今天脚和头都软弱无力地伸在了壳外面。我晃了晃盆子,它一点反应也没有,这个时候我想到了上周涵涵爸爸来接涵涵的时候,看见这只小乌龟时对我说的话:"这只小乌龟的龟壳泛白,说明它应该不太好,估计养不长,会死的。"这下,我知道这只小乌龟是死掉了。

下午点心过后,我让孩子们观察了两只小乌龟有什么不一样。孩子们都静静地看着它们。这时,一个孩子马上说:"一只小乌龟会慢慢地动,但是另外一只一动也不动。"另一个孩子说:"不动的那只小乌龟以前很害羞的,一直会把自己藏在壳里的,今天怎么手脚都在外面呀?"有的孩子说:"它肯定是死掉了,一动都不动。"涵涵马上举手说:"张老师,这只小乌龟肯定已经死掉了。你看它都不动,而且臭味就是从它那里传出来的。爸爸还说过健康的小乌龟的壳颜色是深深的,这只小乌龟的壳是白白的。"……

我肯定了孩子们的答案，夸奖孩子们的观察很仔细，这只小乌龟确实死了。孩子们虽然都很伤心，但是也知道了，生病的小乌龟是会有变化的，也让孩子们更萌发了责任心，要每天观察剩下的小乌龟，发现生病马上给它治疗。我也顺势提醒孩子们想想怎么把小乌龟照顾得更好。

第二天一早，涵涵马上跑过来跟我说：“张老师，昨天我回家问爸爸了，爸爸说小乌龟的水不能太多，不然它就会死掉的。”没多久，又一个孩子来跟我说：“我昨天回去跟妈妈说了我们的小乌龟死了。妈妈说可能是我们喂它吃了太多的东西，小乌龟两天吃一次就可以了。”越来越多的孩子，会将自己从爸爸妈妈那里了解到的小乌龟的饲养知识分享给我们。孩子们对于其他小乌龟的照顾也比以前细致了不少。

解 读

在观察和比较中发现问题

虽然一只小乌龟死了，但是我很欣慰孩子们在死去了的小乌龟身上学到了不少东西，观察也比从前细致了很多。这件事情，激发了孩子们更多的爱心和责任心，相信他们以后一定会更认真地照顾其他的小乌龟。

第三阶段：小乌龟去哪了？

今天，元宝一来到班级以后就很开心地去自然角看了自己的小乌龟，但他一走到自然角就开始大哭了起来，一边哭一边嘴巴里说着：“我的小乌龟死掉了，我的小乌龟死掉了。”听见他哭得这么伤心，我心中一紧，以为又有一只小乌龟死掉了。我走过去一看，原本在大罐子里的小乌龟已经不知去向了。心想肯定是周末老师把小乌龟搬到外面去之后，乌龟爬走了。

我马上安慰元宝说让大家一起想办法，孩子们开始七嘴八舌地猜测小乌龟去了哪里？有的说：“小乌龟可能回家了。”元宝马上反驳家里没有。有的孩子说：“小乌龟一定是去旅行了。”这个回答一出现，孩子们的思路马上活跃了起来，开始猜测它去哪里旅游了，连原本哭鼻子的元宝也兴致勃勃地猜测起来，肯定地说：“等小乌龟旅行结束就会回来的。”

果然，下午，小六班的老师带来了喜讯，原来我们的小乌龟去小六班进行了一次“漫长”的旅行呀。孩子们对于小乌龟的回归也很开心。

经过了这一场惊心动魄的事件过后，我们决定把“小乌龟的旅行”记录下来，并猜测小乌龟还会去哪里旅行？于是，一幅幅孩子们创作的画作《小乌龟去旅行》诞生了。他们的作品各不相同，有的小乌龟去了海边，有的小乌龟去了彩虹下面，有的小乌龟去坐了过山车……在孩子们分享的过程中，每个孩子都很积极地讨论着，而且他们的讨论和分享持续了很久。

事后，我把孩子们的画订在一起，变成了一本属于孩子们的绘本《小乌龟去旅行》。这本绘本也成了图书角最受欢迎的书，每天总会看见有几个孩子捧着绘本，坐在一起翻看，阅读着属于他们的故事。

解读

让孩子在观察中发现，在发现中学习，在学习中发展

“小乌龟”系列活动是孩子们带着浓浓的探究兴趣一路进行的班本化主题。在开展过程中，我始终关注孩子的兴趣和需求，这是活动能够一路持续的基础。作为教师，要能捕捉有价值的点，通过多种形式来支持孩子对小乌龟的种种探究。在这个过程中，我深刻感受到了“每一个孩子都是有能力的学习者”，只要我们善于观察和发现，给予孩子机会，孩子一定会获得发展。

（张晓迪）

故事 8　造龙船　　年龄段：小班

在这次端午节的节日体验活动中，我们计划和孩子来一次龙舟赛，不但可以体验中华传统习俗，还希望孩子能够探索让船在水中前行的不同方法，发现有关船沉浮的秘密，于是从赛龙舟引发的探索活动便由此开始了。

第一阶段：端午赛龙舟

在本次端午节体验活动中，我们开展了龙舟赛。活动所用的龙舟是由孩子与家长一起动手制作的，有的用纸折，有的用木头拼，有的用塑料瓶造型，那么这些龙舟在水里会怎么样呢？我并没有告诉孩子，而是想通过孩子自己的体验来发现。

首先，石头的塑料瓶船和婧怡的大木船比赛。可是，当婧怡把她的船一放入水中，船立马就沉下去了，怎么放都不行，而石头的船却稳稳当当地漂浮在水面。于是，我说：“你们来拿拿婧怡和石头的船，感受一下有什么不同。”

子希说：“是这艘木头的船太重了，所以一直沉下去。”

楠楠说：“这船太大了，石头的船就不大也不小，还很轻。”

于是，第二轮，我们让船不大也不小、不轻也不重的雯雯和文瑾比赛。我们将她们两个的船分别放进放满水的两个浴盆中。她们两个蹲在自己的船前做好准备，我一说开始，雯雯立马朝她的船吹气，使船前进，船马上就到了终点。文瑾看到了也马上效仿。随后我说：“好，你们想到可以用吹气的办法驶船。第二轮不用吹气，再试试其他办法。”第二轮比赛开始，雯雯用手推了一下小船，小船也马上向前了。边上的孩子们都在鼓劲，喊着加油，跃跃欲试。接着，再换选手参赛。几轮下来后，孩子们都参与了比赛。

回到教室后，孩子们进行了讨论，讨论还可以用什么办法使船前进。

滔滔说：“可以看水流，水流得快船就开得快。”

子希说：“还可以用船桨划。”

石头说：“不能用太重的船，会沉下去的！”

解读

从实践中积累认知经验

通过这次龙舟赛，孩子们知道了用怎么样的方式可以使船在水上前进，还发现了太重的船会沉，因此接下去还可以进一步进行有关船沉浮的科学探索活动。

第二阶段：纸片小实验

今天我与孩子们一起进行了有关纸片的小实验。首先，请孩子们猜猜怎么样的纸在水里面能够不破也不沉呢？

石头说：“我猜硬硬的纸不会破。”

美琪说：“薄薄的纸不会沉。”

小六说：“那种银色的亮亮的纸不会沉。”

孩子们每个人都有自己的想法，接着我请他们分别去美工区拿来他们认为不会破也不会沉的纸，一起来做实验。我们在桌上分别放上了几只水盆，里面装满了水，六个人为一组，将自己选的纸片放入水中，观察自己的纸片怎么样了，别人的纸片怎么样了，最后将没有沉也没有破的纸片拿到教室前面来。

孩子们马上开始实验，不一会儿结果就出来了。看，黑板上已经有胜出的纸片了。纸片没有沉的孩子开心极了，而纸片沉了的孩子也不气馁，继续再去拿一张做实验。最后，孩子们对于黑板上那些没有沉的纸片进行了讨论。

扬扬说：“银色的亮亮的纸不会沉。”石头立马补充：“这是锡箔纸。”

子希说：“摸上去滑滑的纸不会沉！”

哲楠说：“厚一点的彩纸也不会沉！”韬韬听了，马上就有不同意见了：“彩纸会沉的！它湿了就沉了！”

那么哪些纸一碰到水就沉了呢？

悠悠说：“很薄很薄的纸一下子就沉下去了。”

梓澄说：“报纸也马上就破掉了。”

解读

从实践中推动进一步探究

经过这次孩子们自己选择材料自己进行的实验，孩子们发现了有的纸到了水里马上就湿透，然后沉进了水里，而有些纸不会湿，也不会沉。我们还可以再进一步探索，来验证孩子们的想法。

第三阶段：水池中的实验

端午节那天和孩子们一起进行的龙舟比赛以及后续开展的实验，引发了孩子们对船沉浮的兴趣，于是我们在家长群里和家长进行沟通，每个孩子折两只不同材质的纸船，让孩子们来探索为什么有的船会沉，有的船会浮。

首先，我请幼儿来猜一猜，谁的小船浮在水面上的时间最长，为什么。经过讨论，孩子们把最有可能不会沉的小船列举了出来。理由是船大、漂亮、牢固等。

各种猜测都只是假设，接下来我们要去试一试了。我们来到学校沙水园中的水池边，将水池注满水，看看谁的小船浮在水面上的时间最长（图 6-1）。孩子们都自信地说自己的小船肯定是第一名！

有的船很快就沉了，有的就没有。

结果出来了，大家围在一起讨论，看看为什么有的小船不沉，有的小船会很快沉下去呢？

先摸一摸，不沉的小船摸上去硬硬的，滑滑的，干干的（没有沾上水），还有点厚。沉下去的小船摸上去很薄，湿湿的（吸了很多水），还有点软软的。

再看一看，没有沉下去的小船看上去很结实（图 6-2）。可是沉下去的小船纸都烂掉了，有的纸没有烂但已经散架了，说明不结实。通过摸、看、讨论，孩子们总结，下一次带来的船，材质一定要有厚度，不吸水，结实（图 6-3）。

图 6-1　放上我的小船

图 6-2　小船浮起来了

图 6-3　乘风破浪，成功啦

解 读

从实践中提高科学探究能力

孩子们通过一次次的科学探索实验，自己发现并解决了问题，在亲身实践中提高了自己的观察能力，锻炼了想象力与创造力，丰富了自己的知识。我也期待下一次再与孩子们一起探索！

（姜雨纯）

故事 9　菜园捉虫记

年龄段：大班

三个星期前，我们一起在小菜园种下了小青菜，孩子们期待着小青菜快点长大。但是，由于接连下雨，孩子们几天都没有去看小青菜了。再去小菜园看蔬菜，孩子们就发现了一些不一样的地方。

第一阶段：发现虫虫

一天，下午吃完点心，孩子们提议去看看小菜园的蔬菜长出来没。大部分的小伙伴都同意了这个提议，一吃完点心我们马上就出发了。刚走进小菜园，一个声音就大叫起来：“朱老师，朱老师，你快过来，你看这些小菜叶上全是小洞洞。”听到小伙伴的喊声，小朋友们立刻冲过来围拢着大叫起来：“真的，真的，小菜叶上全是小洞洞。”孩子们像小麻雀一样七嘴八舌开始讨论起来：“小菜叶生病了。”“我知道的，小菜叶上这么多的小洞洞肯定是被虫子咬的。”“这些是坏虫子。”就在小伙伴们讨论得热火朝天的时候，佳佳像发现新大陆一样叫起来：“喏喏喏，这儿有虫子。”顺着佳佳指的方向孩子们又围过去蹲下来仔细地瞧着，果然地上有一个小小的褐色的虫子。“这儿也有，这儿也有，你看这儿有很多很多的七星瓢虫。”又一个大声的“吼叫”引来了孩子们围拢过来：“哇，七星瓢虫肯定是坏家伙，就是他们把小菜叶上咬出这么多的小洞洞的。”在孩子们“义愤填膺”为小菜叶开始“打抱不平”的当口，小部队的另外几个孩子纷纷自发地去小菜园找其他的“害虫”，很快他们又揪出了其余的“罪魁祸首”——蚂蚁、蚂蚱等。涵涵第一个发现蚂蚱并几次试着徒手去抓蚂蚱，他跟我抱怨：“朱老师，这个蚂蚱太调皮了，总是跳来跳去，我根本抓不到它。”嘉嘉听到了说：“要用个袋子去套住的。”其中的一个孩子急急地跑到我的跟前拽住我的衣服凑近我的耳朵旁说：“朱老师，我家里有一个很可怕很可怕的小怪物，我明天拿来，把它放在小菜园，这样小虫子看到小怪物肯定会吓跑的，再也不来吃小菜叶了。”

解 读

引发孩子们更多对于菜叶上的小洞洞的探究

听着孩子们的交流，感受着孩子们的救“菜”心切之情，我也在思考：孩子们意外发现“小菜叶上全是小洞洞”，要不要改变我们的课程呢？怎么能够把这一次意料之外的发现变成一次教育契机，让大家体会教育的美妙呢？我该怎样追随他们的脚步帮助孩子们完成全方位的学习？

一番思考之后，我和张老师商量决定和孩子们联合起来开展一场“蔬菜保卫战”引发孩子们更多对于菜叶上小洞洞的探究。

第二阶段：出发去捉虫

孩子们都在为虫虫咬菜而愤慨，于是我试探孩子：“你们想不想去把伤害小菜叶的‘凶手’捉掉？”

话音未落，教室里就像炸开了锅。孩子们异口同声，用最大的音量，最兴奋的表情，按捺不住地尖叫：“想！——”

看到孩子们“捉虫”心切，我请他们思考该怎么去帮小菜叶捉掉坏家伙。他们小手举得高高地告诉我：“用瓶子，用瓶子把害虫捉起来！”“我知道，我知道还可以用袋子！”……这一天，在哪都能听到他们热烈地讨论着要带哪些工具去捉虫。意犹未尽的孩子们连如厕时都在小声地进行交流。自由活动时间孩子们几个小头攒在一起兴奋地记录着要带的工具……

孩子们高兴极了，一路上叽叽喳喳地讨论开了：“我要用小筷子去捉虫子。”“待会我要去找添乐，我只带了一个小夹子，我没有带小瓶子。”梦伊走到我的面前说。来到小菜园，孩子们换上套鞋马上进入小菜园开始捉虫了（图 6－4）。我观察到嘉嘉是和凯闻一起捉虫的。两个小家伙拿一个小水桶使劲地在套小虫子，可是没有一次捉到虫子。这时嘉嘉伸出小手直接去抓虫了，我观察到嘉嘉伸出小手时有一点点的犹豫，但是很快再次果断地去抓小虫子了。没一会儿，嘉嘉果真用手抓到了小虫子，他高兴坏了，马上将抓到的小虫子递到我的面前说：“朱老师，我抓到小虫子啦，我是用手抓到的。”一旁的御州听到了马上着急地说：“嘉嘉，你抓到的是蜈蚣，蜈蚣不能用手抓的，上次我哥哥就是用手抓蜈蚣，被咬了一个很大的包的。”嘉嘉反驳说：“可是用桶抓虫一点都不方便的。”御州又补充说：“蜈蚣有毒的，真的。”

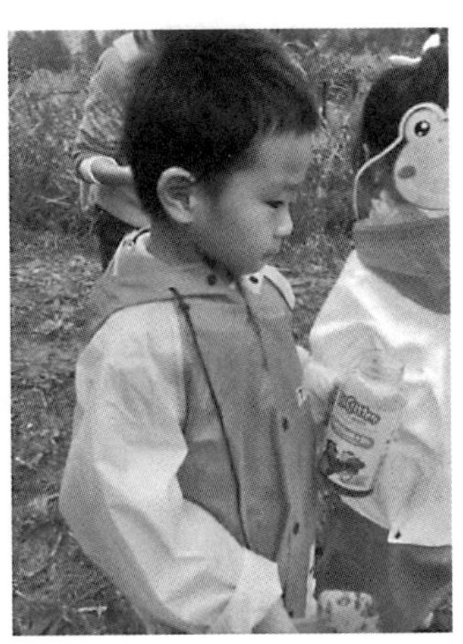

图 6－4 孩子们拿着各种工具在捉虫

解 读

发现和质疑

今天整个活动，所有的孩子在捉虫的过程中都沉浸在发现的乐趣里，有的孩子发现用一次性手套抓虫又干净又方便，有的孩子发现虽然带了捉虫的工具，但是不如用手直接抓方便，就比如案例中的嘉嘉，但是嘉嘉的发现也遭到了御州的质疑。在孩子们质疑的过程中我发现孩子们缺乏区分益虫和害虫的经验，看着他们争辩的火热劲儿，我们决定开展一次调查活动“害虫还是益虫”来增加他们区分益虫和害虫的经验，满足他们对菜叶宝宝满满的保护之情。

第三阶段：小问号，大揭秘

“我认识菜青虫，它全身都是绿色的。爱吃青菜的虫子，就是个坏虫子。”一早楠楠带着打印下来的图片给小伙伴们大声地介绍着。“那身体长得绿绿的都是坏虫子，对吗?"可可仰起头问楠楠。"不是的,不是的,螳螂身体就是绿绿的,可是螳螂是对付害虫的高手呢!"御州加入讨论中来。"我妈妈昨天给我看了视频《苍蝇的危害》,我知道了益虫可以帮助我们消灭害虫,比如蜻蜓、七星瓢虫等。坏虫子就会进行破坏工作,比如小蚊子。"这时恒恒提出疑问:"那我们怎么知道哪些是好虫子,哪些是坏虫子呢?"御州若有所思地说:"我们把知道的小虫子画下来,然后给他们分分家,好虫子贴在这面墙上,坏虫子贴在这里,这样大家都能知道谁是害虫谁是益虫了。"……孩子们给了御州一个大大的赞……

解 读

带着欣赏的眼光去赏识、发现孩子的力量

看着孩子们攒动的小脑袋在那里兴奋地交流,我想今天对我来讲是非常高兴的一天,我感受着他们那么多的新发现,感受着和他们一起成长,彼此都获得真正意义上的发展。我想这些小小的孩子们需要的是教师退到他们身后,带着欣赏的眼光去赏识、发现他们的力量,停下脚步静心观察,了解他们到底喜欢什么、想要什么、能做什么,并及时提供支持与帮助。

通过调查活动,后续我们又开展了"有趣的昆虫"(学习活动)、"昆虫乐园"(写生画)、"给益虫宝宝造个家"(个别化学习活动)等系列活动。在阅读区我们还投放了图画书《法布尔昆虫记》引导孩子们在自主阅读中探索发现更多昆虫的秘密。一路走来我们改变了以前作为教师的叮咛、嘱咐,过程中改变了教师主导、习惯性的提醒等教学方法。对孩子的评价也没有集中在孩子们累积了多少探索经验,而是聚焦于孩子在这一场"菜园捉虫记"中真实、自然、会玩、愉快、轻松的状态上。

作为老师,怎样做才能让孩子度过一个快乐而有意义的童年?怎样逐步实现让孩子今天快乐,明天幸福的美好愿景呢?好长一段时间里,我都在思考,是不是老师就不用教了,全靠孩子自己玩了。我觉得真的不是这样的!就像这一场活动中,教师发现孩子对蔬菜保卫战的兴趣、愿望非常强烈了,就要尝试通过各种手段在五大领域划分的课程体系进行重新整合,软化学科边界,使五大领域教学内容相互渗透融合,根据幼儿的生成性内容创设多种学科领域的学习情境,支撑孩子们的发现和探索,帮助孩子轰轰烈烈地实现他们的愿望。我想这一场蔬菜保卫战,吹响了我们走进童心世界的号角,我们需要不断地思考、改变和尝试……

(朱静贤)

故事10 爱上蔬菜的理由 年龄段:大班

我班幼儿的挑食行为比较严重,遇到自己喜欢吃的蔬菜能够很快吃完,但遇到不喜欢吃的蔬菜就会愁眉苦脸,拖拖拉拉不肯吃。因此,我希望可以通过绘本《一园青菜成

了精》的有趣故事，让孩子们了解蔬菜的特点、营养价值。

第一阶段：绘本阅读《一园青菜成了精》

在阅读时间，我给孩子们讲了一本关于蔬菜的绘本《一园青菜成了精》。听了这个故事之后，孩子们对于蔬菜可以打仗的描述非常感兴趣，例如：葫芦里面有籽，可以发射大炮，把绿茄子打成了紫茄子，把青椒打成了红椒等等。

借着绘本的热度，区角里"一园青菜成了精"的区域，成了孩子们"打仗"的圣地，宁宁和鹤鹤两个人，分好了蔬菜牌，开始排兵布阵。

宁宁说："我要出一个大将——南瓜。"

鹤鹤说："那我出西红柿。"

宁宁说："我的南瓜又大又重，一下子就能把你的西红柿压扁。"

鹤鹤想了想说："好吧，那给你。"

宁宁收入西红柿一张牌。

宁宁又出了一张胡萝卜，鹤鹤出了一张豌豆。

宁宁说："我的胡萝卜可以撞你。"

鹤鹤说："我的豌豆可以发射子弹，就像豌豆射手一样。"

……

解 读

绘本阅读引起幼儿兴趣

这本绘本故事有趣的情节，一下子就成了孩子们的兴趣点，孩子们对蔬菜的兴趣被调动了起来(图 6-5)。在区角活动中，孩子们非常喜欢这样的"打仗游戏"，有的时候周围的孩子还会给打仗的两个孩子出谋划策，要派出什么样的蔬菜，怎么样才能打败对面派出来的蔬菜等等。

好奇心是人的天性，求知是人的本能。幼儿可以说是个个好奇、好问、好探究。好奇心和探究欲是学习的原动力和内驱力，因而它是生成活动的重要来源。在这个活动中，老师尊重他们的兴趣和需求，帮助他们创设活动的环境，所得到的教育效果是在其他教学活动中难以达到的。而在这样不断地动脑筋的过程中，孩子们对蔬菜的品种、特征也越来越熟悉。

图 6-5 孩子们眼中的蔬菜大战

第二阶段：制作成精的蔬菜

孩子们因为喜欢《一园青菜成了精》，在画画时经常会给蔬菜画出眼睛、手脚，甚至还有一些动作。借着去童画屋的机会，我决定让他们利用童画屋中的各种材料制作一样成精的蔬菜(图 6－6)。

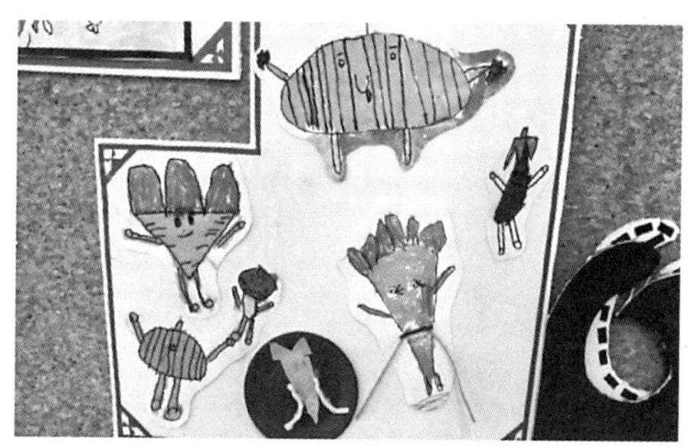

图 6－6　孩子们制作、绘画的成精的蔬菜

彤彤、涵涵、兮兮几个女孩子选定了超轻黏土区域，她们开始用超轻黏土进行蔬菜的制作。涵涵做的茄子，用了紫色的黏土捏了身体，再用黑色的黏土做了眼睛和嘴巴，最后给茄子穿了一件白色的小衬衣，做出来的造型非常可爱。

兮兮也用黏土做了茄子，但是她给茄子装上了扭扭棒制成的手脚。

瀚瀚、轩轩、宁宁几个男孩子选择绘画成精的蔬菜，用上了颜料、蜡笔、水粉等材料。

可馨用托盘做了一个底色，再用彩纸剪出胡萝卜的样子，用扭扭棒制作手脚，做了一个托盘胡萝卜。

火火先是在纸上画了一个萝卜，然后用扭扭棒给萝卜加了两条长长的腿……

孩子们的作品有个人完成的，也有小组进行合作完成的，每个人都有自己的任务，而且在制作的过程中非常的认真，除了小组之间的交流声，几乎听不到多余的声音。

解 读

动手动脑加深孩子的认知

在制作的过程中，孩子们对于蔬菜外形的特点、颜色的特征都会很仔细地进行刻画、制作。当遇到材料不充足的情况时，他们能够动脑筋转换思维方式进行制作，例如：当桐桐想要做一个玉米，但没有黄色太空泥时，他选择利用黑色来进行制作，因为他吃过黑色的血糯米玉米。当涵涵想要制作南瓜，但是没有橙色时，她改用浅绿色，并说这是还没有熟的小南瓜。

老师把他们的作品展示出来后，孩子们经常利用碎片化的时间，到自己的作品前和朋友讨论自己喜欢吃的蔬菜，如"我最喜欢吃番茄，酸酸甜甜的"，"我最喜欢吃豌豆，软软的"，等等。

这个时候老师抛给了孩子们一个问题："那么你们的家里人也和你一样喜欢这个蔬菜吗？"

孩子们一下子愣住了，他们一直关注的是自己喜欢吃什么，却没有关注家人喜欢什么。于是他们决定来一次"家里人最喜欢的蔬菜"大调查活动。

第三阶段：调查后的分享

孩子们利用双休日的时间，在家里对自己的家人进行调查，孩子们不仅调查出了家人喜欢吃的蔬菜品种，还把喜欢的原因也记录了下来(图 6－7)。

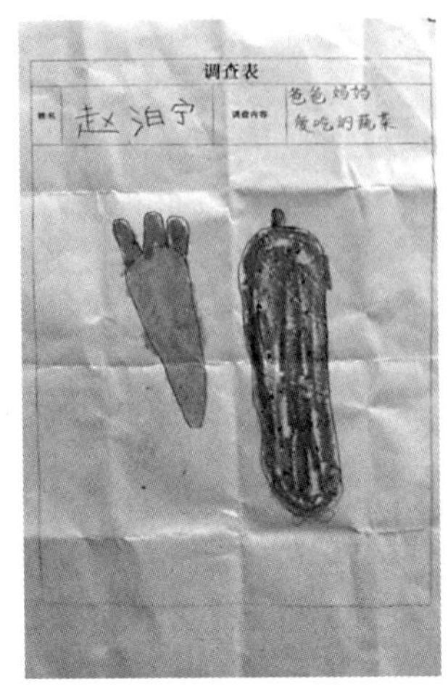

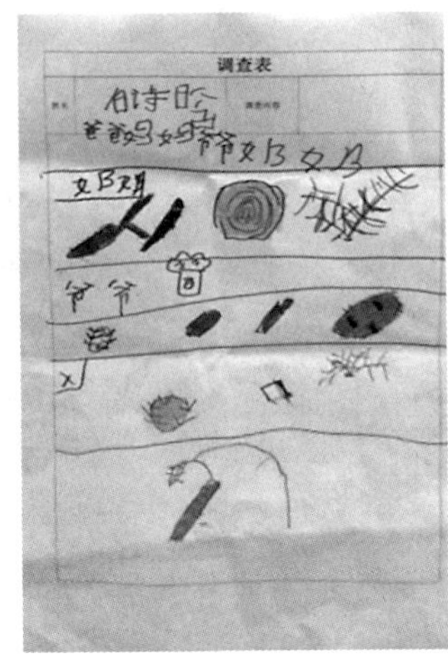

图 6－7　孩子们调查家里人最爱吃的蔬菜的记录表

• 调查一：家人最喜欢的蔬菜

在第二天交流分享时，孩子们都很积极地想要来和大家说一说。

晗晗说："我调查的是爷爷奶奶。爷爷最喜欢吃萝卜，萝卜脆脆的，很好吃。奶奶喜欢吃番茄，她牙齿不好，番茄软软的，比较好嚼。"

瀚瀚说："我调查的是妈妈。妈妈最喜欢吃的是番茄、蘑菇，番茄酸酸甜甜的，很好吃，蘑菇也很好吃。"

浵浵说："我爸爸妈妈喜欢吃青菜，吃青菜对身体好。"

可馨说："我妈妈也喜欢吃青菜，妈妈说她要减肥，要多吃青菜。"

这个时候，愿愿来介绍他的调查表，但是马上受到了孩子们的质疑。

瀚瀚说："不对，老师，愿愿他记录的不对。"

我询问："哪里不对了？"

瀚瀚和另外几个女孩子一同说道："他调查表上画了鱼，鱼不是蔬菜。"

听到他们这么一说，其他孩子也纷纷附和起来："对，鱼不是蔬菜，他调查得不对。"

这个时候涵涵说道："但是他画的蘑菇是对的呀，蘑菇是蔬菜。"

瀚瀚说："那就把鱼划掉，这样就对了。"

我询问过愿愿之后，他也认识到自己的调查表有一点小问题，我们调查的是家里人最喜欢吃的蔬菜，但是他调查的是家里人喜欢吃什么，经孩子们指出，愿愿也欣然接受了。

于是在之后的介绍中，孩子们会特别仔细地先看一看，这个小朋友记录的是不是蔬菜，如果不是，就会立刻找出。

• 调查二：去火、消热的蔬菜

通过这一次的调查表，孩子们已经对家里人喜欢吃的食物有所了解了。恰逢秋季天气比较干燥,班中很多孩子有热疮和溃疡的苦恼。

于是,另一个小调查也产生了——哪些蔬菜是可以治疗热疮和溃疡?

调查后,孩子们发现芹菜、苦瓜、黄瓜、白萝卜等都是凉性的蔬菜,多吃凉性的蔬菜,在这个干燥的季节是比较好的。另外还有孩子在调查的时候发现多吃水果对溃疡也有好处,且水果含有维生素C,对我们的身体也是有益的。

解读

调查讨论促进孩子思维发展

因为中班下半学期孩子们已经有过调查的经验,因此在这次的调查中孩子们比较熟门熟路,能够自己设计调查表,在相应的位置上画上或写上自己的调查内容,并且能画得让其他小朋友看懂。在绘画的表现方面也有了很大的进步,他们学着去画能够让别人看懂的画,不再只是自己能够看懂的涂鸦了。

在介绍时,孩子们的表达能力也有了很大的进步。能够大胆地在同伴面前进行介绍,当出现疑问时,孩子们会立马提出质疑,再共同探讨,无论对错,通过讨论得出最终的答案。在帮助小朋友的同时,这也是对自己能力的提升。

从对于绘本的兴趣,到衍生出的调查,在生成活动中,幼儿一直是活动的主人,他们在活动中自己提出问题,自己想办法去搜集各种资源,而老师作为活动的支持者、引导者,带领着幼儿一步步继续往前走。

孩子们的调查做完了。他们在聊天时说道:"蔬菜原来有这么多的作用。""明天我要去给爷爷奶奶、爸爸妈妈买些有营养的蔬菜。"旁边的孩子也附和起来:"我也要去给我奶奶买一点。"孩子们的闲聊给了我新的想法,可以利用家长资源,让孩子们能够去菜场参观了解更多。

第四阶段:买菜

• 去菜场买菜

通过之前的调查发现,孩子们对于某些蔬菜的认知只是停留在爸爸妈妈的描述和网上的资料中,真实的接触却非常少。听取了孩子们的提议后,我们和孩子们一起讨论,制定了亲子活动,让他们利用双休日的时间,每人带10元钱去菜场买自己需要的菜。这里的"需要"可以是之前调查过的爸爸妈妈、爷爷奶奶爱吃的蔬菜,也可以是治疗溃疡和热疮的蔬菜,或者是孩子自己喜欢吃的蔬菜,等等。

家长们看到我们的方案后非常支持,周末的时候带着孩子去了菜场。

星期一,孩子们把自己买菜的调查表带到幼儿园和大家进行了分享(图6-8)。

瀚瀚:"我一共用了9块。我买了2个大番茄,买了几个蘑菇,还买了一些小番茄。"

瀚瀚说:"我买的都是妈妈喜欢吃的蔬菜。"

我问:"在买菜的过程中有遇到什么困难的事情吗?"

瀚瀚说:"我第一次买菜,有点紧张,不敢和卖菜的爷爷说话,后来就好了。"

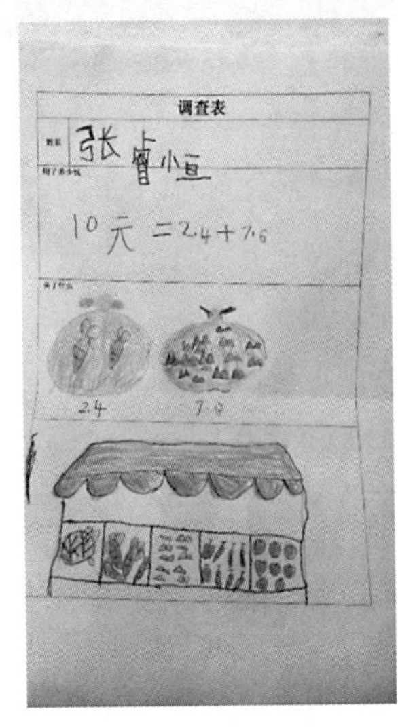

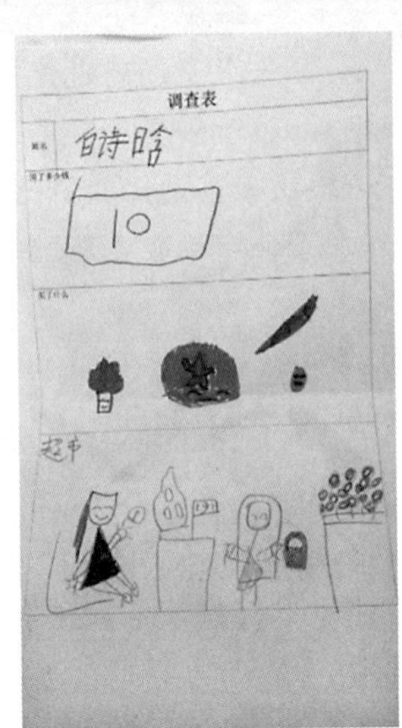

图 6-8　孩子们的 10 元钱买菜挑战记录表

这个时候其他孩子也纷纷附和说:“一开始,我也有点紧张。”“我也是。”“我也是。”

我对孩子们说:“你们都是第一次买菜,觉得紧张是很正常的,那是因为你们没有做过这件事,不知道能不能做好。”

瀚瀚说:“后来我觉得买菜很好玩,我还想再去买 10 次!”

火火说:“我刚开始的时候,也不知道怎么买菜,问妈妈,妈妈让我自己去买,后来妈妈陪着我,我们一起去买的。但是菜是我自己拿的。我买了两根胡萝卜 2.4 元,买了豆角 7.6 元,一共花了 10 元。”

火火说:“我发现菜场的摆放是有规律的,相同的蔬菜都是放在一起的,番茄有番茄的一个篮子,豆角有豆角的篮子,胡萝卜有胡萝卜的篮子,辣椒有辣椒的篮子。”

当杭杭来介绍的时候说:“我们家边上没有菜场,妈妈带我到超市里去买的蔬菜。我买了塔菜、黄瓜和萝卜,一共用了 9 元。”

后来涵涵来介绍时,我提出了一个疑问:“有一个长长的、咖啡色的、还有一点一点的东西是什么蔬菜呢?”有的孩子一下猜出来了,这个是山药。但是桐桐发出疑问:“可是我们吃的山药是白色的呀!为什么这个是咖啡色的呢?”

轩轩说:“那个白色的是剥了皮的山药,咖啡色的是它的皮。”

搞懂了这个问题,孩子们继续听涵涵进行介绍。她把 10 元全部用完了,买了萝卜、香菜、小番茄、山药、青菜。

孩子们看到涵涵用 10 块钱竟然买了 5 种蔬菜,都纷纷发出赞叹声:“买了好多呀。”

可馨来介绍时说:“我在买菜时看到了一种紫色的卷心菜,我不认识,我就问妈妈,后来妈妈告诉我那个叫紫甘蓝,是用来做色拉吃的。”

涵涵说:“我在吃西餐的地方看到过紫甘蓝,就是做色拉的,很好吃的。”

- **菜场超市大不同**

我们与家长沟通时,让家长们把孩子买菜的过程全程录像,但由于孩子们有的去了超市、有的去了菜场,所以在我们分享的时候孩子们就有了发现。

迪迪说:"菜场好大,我去的超市没有这么大的。"

于是,我问了孩子们一个问题:"那菜场和超市还有什么不同呢?"

孩子们纷纷活跃起来。

浵浵说:"菜场里蔬菜都是放一起的,水果是在其他地方买的。但是超市里都是放在一块的。"

鹤鹤说:"菜场里是一个正方形,每个方向都可以买菜的。超市里是长长的一条。"

泽泽说:"菜场里每一个正方形里都有卖菜的叔叔阿姨,超市里面就没有。菜场里你拿好蔬菜就可以给阿姨称一称,超市里要拿到专门的地方称一称的。"

整个分享时段,孩子们找出了非常多超市与菜场的不同之处,使得没有去菜场买菜的小朋友对于菜场有了更多的向往,在课后还听到他们窃窃私语:"我也要让爸爸妈妈星期六带我到菜场去买菜。""我还要去菜场买菜。"

解 读

经历交流,共享他人经验

孩子们热烈地讨论之后,发现有的小朋友用 10 元钱买了很多的蔬菜,有的小朋友用 10 元钱只买了一两样蔬菜,有的小朋友没有把 10 元钱用完就买到自己想要的蔬菜了,有的小朋友把 10 元钱用完了但还没有买齐想要的蔬菜。每个孩子自己亲身体验过后,感触非常多,不仅在讨论的时候想法很多,在课后的休息时间,他们相互之间也会说一说自己双休日的买菜经历。

刚开始孩子们会有些害怕,但是当孩子们真正跨过自己内心的那道坎后,事情就不再像他们想象中那么困难了。

在讨论之后我们分享了几个孩子买菜的录像(图 6-9),一开始的时候,他们都不敢去和摊主交流,有些不知所措,在拿蔬菜、问价格、称分量之后,反而显得更大胆了,能够和摊主进行轻松的交谈。孩子们的胆量得到了很好的锻炼,爸爸妈妈的退后,让孩子们真正向前迈出了一大步。

去菜场体验过买菜的孩子们会非常形象生动地和没有去的孩子描绘菜场的一些趣

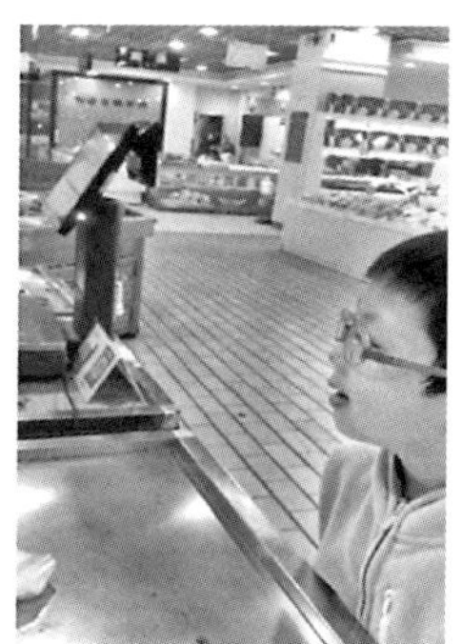

图 6-9 孩子们自己尝试去买菜

事,这使得没有去菜场买菜的孩子们情绪非常高涨,对于去菜场买菜充满了向往。后续也可以继续利用家长资源,让家长带着孩子们再去体验一下买菜的过程。

活动后,有些爸爸妈妈会和我们私聊,觉得这样的体验活动非常好,锻炼了孩子们的能力。孩子们为了能够完成任务,积极性会变得很高,比爸爸妈妈要求他们去做更主动、更积极。

随着活动的不断展开,新的问题不断生成,新的主题不断生成,孩子们在这个过程中兴趣盎然,认识和体验不断加深,创造性的火花不断迸发。

而这时,恰逢小菜园的收获时节,孩子们提出是否可以尝一尝我们自己种的蔬菜。于是我们决定利用生活空间进行蔬菜面疙瘩的制作。

第五阶段:制作蔬菜面疙瘩

小菜园的青菜已经成熟,可以收割了。因此,利用生活空间,我请孩子们自行分组来进行蔬菜面疙瘩的制作(图 6-10)。一开始孩子们都想去摘青菜,但是场地有限,所以孩子们开始商量,自行分成了收割组、清洗组、加工组。收割组负责采摘青菜,清洗组负责清洗青菜,加工组负责把洗好的青菜弄成小块。如果哪一组完成得快,还可以去帮忙调制面疙瘩,每个孩子都有自己的活要干。

图 6-10 孩子们自己摘菜、洗菜、制作蔬菜面疙瘩

当前期准备全部完成后,最后的烧制阶段我利用多媒体投屏的形式,让孩子们现场观看,孩子们对于自己亲手参与的蔬菜面疙瘩充满了期待。在品尝的时候,大家都争先恐后地想要尝一尝味道。吃的时候孩子们纷纷发出感叹:“真好吃!”“比食堂叔叔阿姨烧的还要好吃!”

解 读

让孩子亲力亲为,成为学习的主人

由于孩子们自己参与了全程制作,因此在品尝时多了一份劳动后的成就感,这让孩子们觉得食物的味道也比平时更美味了。对于原先不爱吃的蔬菜,他们也愿意尝一尝,每天的午餐都是“光盘行动”。

绘本《一园青菜成了精》引发了孩子们对于蔬菜的调查兴趣,由此,我们开展了一系列后续的“成精的蔬菜制作”“蔬菜大调查活动”“10 元钱买菜活动”“蔬菜面疙瘩的制作”“‘蔬菜蹲’的运动游戏”等等。

整个活动都是在老师和孩子们不断摸索的过程中进行，孩子们在玩中学、在学中玩。不再只是以老师教、孩子学的形式来进行授课，更多地让孩子们自己去体验，自己去探索。

《纲要》指出：“教师要善于发现幼儿感兴趣的事物、游戏和偶发事件中所蕴含的教育价值，把握时机，积极引导。”这就要求教师要主动观察，了解幼儿的学习兴趣和需要，在幼儿的活动中找到教育的突破口，发现教育点，这样做既达到了教育的目的，又便于幼儿接受，同时对教师的随机教育能力也有所提高。

在生成活动中，教师要善于捕捉教育契机，创设适宜的探究氛围，建构积极有效的师幼互动，努力使幼儿的态度、情感、求知欲、学习愿望都保持良好的状态，使活动的全过程真正成为促进幼儿主动学习、主动发展的过程。

在学习中发现新问题，再学习，再发现，这不就是学习所要经历的过程吗？而作为老师，我们要怀有一颗理解之心、宽容之心、喜悦之心，去发现、接纳、欣赏、引导，从而使他们获得满足，体验成功的快乐。同时，也要给幼儿留下一个求新、求异、丰富而广阔的天地。

（丁亚筠）

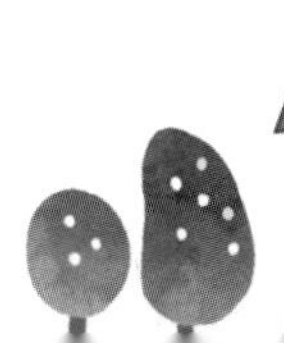

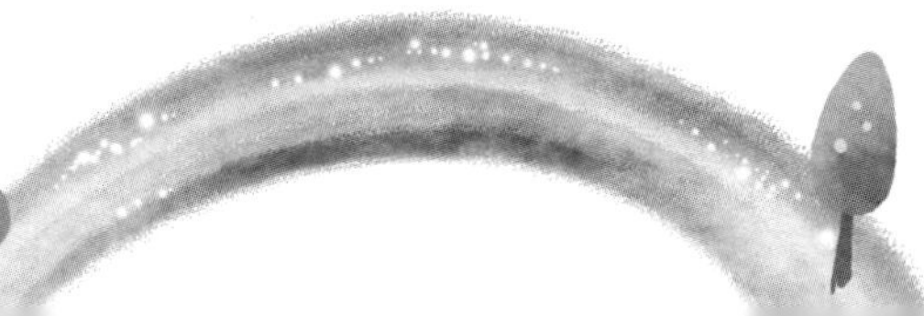

第七章
兴趣与任务伴随的学习

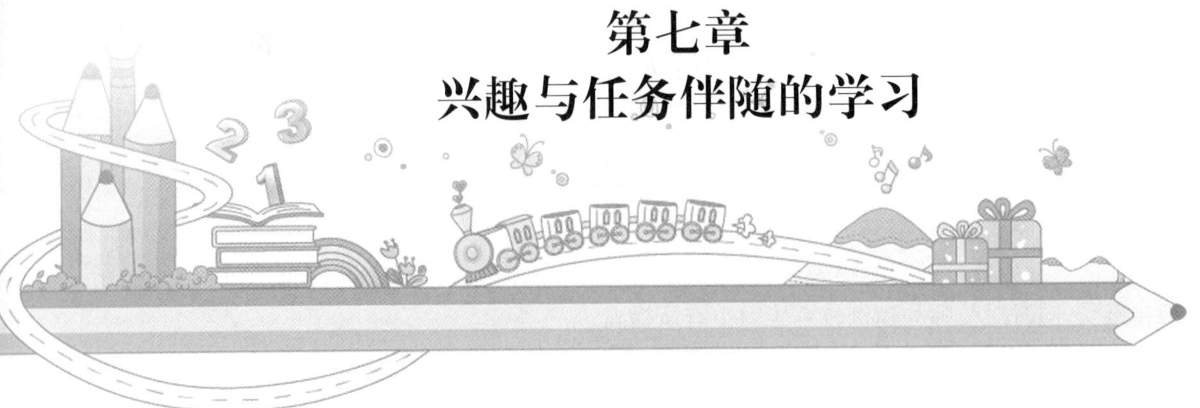

兴趣是幼儿学习的催化剂和动力引擎。如果把兴趣和任务融为一体，让它们与幼儿的学习过程相伴随，那就是一件快乐的事情。

故事11　蜜蜂的秘密　年龄段：中班

在春暖花开的时节，有一天自由活动的时候，教室内飞来了一只小蜜蜂，“嗡嗡嗡，嗡嗡嗡”的声音，一下子吸引了我们的视线。

第一阶段：蜜蜂飞来了

“老师，老师，看，那边有只蜜蜂！”泽泽兴奋地对老师说。“老师，蜜蜂怎么会飞进来的？”朵朵好奇地问老师。“我觉得这是一只虎头蜂。”扬扬自信地说道。“它好大，蜜蜂比它小，我也觉得是虎头蜂。”未未接着说道。“老师，它怎么一直在教室里飞，不出去呢？”曈曈也提出自己的疑问。

孩子们就这样七嘴八舌地围绕着这只小蜜蜂展开了讨论，互相说着自己对于蜜蜂或者虎头蜂的认识。从孩子们激烈的讨论中，不难看出他们对蜜蜂非常感兴趣。即使到了下午，还有几个孩子在一起讨论自己知道的关于蜜蜂的知识。在他们的眼里，小小的蜜蜂身上有着许许多多的疑问，等着他们去发现、去解决。同时，在这一段时间，孩子们经常会向老师提出关于蜜蜂的问题，希望老师能帮助他们找到问题的答案。

解读

捕捉兴趣点与问题

从孩子们的表现中，我看出他们对蜜蜂非常感兴趣，但是孩子与孩子之间关于蜜蜂的认知也存在着一定的差异。在每一次探讨中，他们会提出各种各样关于蜜蜂的问题，他们也迫切想知道这些问题的答案。可是我发现，他们寻找答案的途径是通过成人的口述，而不是通过自己的努力。

发现了孩子的兴趣点与问题所在以后，我们决定，以孩子们的兴趣点"蜜蜂"作为切入点，引发孩子们的探究兴趣，并且希望孩子们在探索蜜蜂的过程中，提高自我学习和解决问题的能力。

既然决定组织孩子们探索"蜜蜂"，我们就在班级中发挥家园合作的力量，请家长搜集了一些关于蜜蜂的绘本、照片或者视频资料。

第二阶段：搜集资料、初步探索"蜜蜂"

过了几天，泽泽拿来了一本《蜜蜂的日记》："老师，妈妈说这本书可以拿来和朋友一起看，里面有很多关于蜜蜂的事情。"瞳瞳听到后，也拿出一本《翻翻自然蜜蜂之家》："老师，这是我妈妈给我买的。"就这样，我们的小书吧多了两本关于蜜蜂的绘本。

在接下来的一段时间里，孩子们最喜欢做的事情，就是和朋友一起翻一翻看一看这两本绘本。看，泽泽和瑞瑞头碰着头一起在看书呢！泽泽说："哇哦，这书里有好多蜜蜂的图片。"瑞瑞惊奇地说："原来蜜蜂的家长成这样的。"瞳瞳和大宝小宝也在一起看自己带来的书呢，因为瞳瞳识字，所以她正认真地一字一句念给大宝小宝听，大宝说："原来蜜蜂还分好几种呢。"小宝接着说道："是呀，他们还都长得不一样呢，蜂王长得最大了。"

解 读

搜集资料创设问题墙

在一次次的自主阅读和与同伴的讨论中，孩子们不仅收获了许许多多关于蜜蜂的新知识，还或多或少地提出了一些疑问与见解。

我们深入分析孩子们的行为以后，发现孩子们在阅读绘本的过程中有了自己的思考，因为有思考，所以他们能提出许许多多关于蜜蜂的疑问。从他们和同伴一起讨论的行为中可以看出，孩子们乐于和同伴分享自己的疑问，也乐于帮助同伴解决他的疑问。我想，是时候开展一次共读与讨论活动了。

在一次自主活动中，我带着孩子们一起读了两本绘本，在阅读中，引导孩子们观察绘本中的细节画面，并鼓励孩子们用录音笔录下了这段时间搜集的关于蜜蜂的问题，创设了关于蜜蜂的问题墙，有了它，伙伴们能互相帮助解决各类问题了。一个小小的问题墙，使个人的小问题变成了大家的大问题。围绕着问题墙，孩子们又展开了自主学习。

第三阶段：互相讨论、逐渐了解"蜜蜂"

吃完点心后瞳瞳正在用录音笔听冰冰的问题呢。冰冰问："为什么蜜蜂身上有黄色和黑色条纹？"瞳瞳听了以后，思考了一会儿，用录音笔录下了自己答案："因为蜜蜂要保护自己，迷惑敌人，所以身上有黄色黑色条纹。这是它的保护色。"

这一段时间，问题墙边上经常会出现孩子们的身影，有时是听一听朋友的问题或答案，有时是说一说自己的想法，有时是几个小伙伴围在一起讨论某个问题。渐渐的孩子们在不断的交流沟通中收获了很多关于蜜蜂的知识，使问题墙上的问题慢慢地有了答案。

慢慢地,孩子们在这种互动中逐渐对蜜蜂的外表产生了浓厚的兴趣。悦悦经常会问朋友:“猜猜看,蜜蜂有几条腿、几个翅膀呢?”扬扬提出来新问题:“为什么有的蜜蜂后面两条腿上有黄色的东西,有些蜜蜂却没有呢?”

菡菡通过视频了解到蜜蜂是昆虫以后,认真地告诉悦悦:“蜜蜂有六条腿,两对翅膀,它是昆虫。”睿睿也积极地回答了扬扬的问题:“那是花粉篮,用来装花粉的。”在和同伴的不断互动中,孩子们不仅获得了很多关于蜜蜂的新知识,更加体会到在解决问题时搜集资料与观察讨论的重要性。

解 读

投入新材料产生新问题

通过孩子们的交流,我发现孩子们从原来对蜜蜂的本领感兴趣,逐渐地转移到对蜜蜂的外部特征感兴趣了,原来的绘本已经不能满足孩子们的需求了,看来是投入新资料的时候了。

接下来,老师搜集了关于蜜蜂的科普视频,同时在自然角投放了蜜蜂的模型,我们希望在材料的引导下,孩子们能继续自主探索蜜蜂外部结构的秘密。

之后,孩子们常常会拿着放大镜观察小蜜蜂,或者和朋友一起观看视频,了解关于蜜蜂的新知识。在观察与讨论中,孩子们逐渐解决了关于蜜蜂外部结构的新问题。

通过这一段时间对蜜蜂的探究,我发现,孩子们从以往遇到疑问向老师求助,慢慢地转变为遇到问题自己翻一翻资料,动一动脑筋,并且和伙伴们互相讨论一下。在思维的碰撞中,孩子们解决了一个又一个问题,这就是孩子们解决问题能力的提升,从“求助他人”过渡到“自己(或互相)思考”,从“拿来主义”过渡到“自我吸收”。这种行为的改变不仅仅提高了孩子们的思辨能力,也在互相帮助中,发展了孩子们的社会交往能力。

蜜蜂探索活动进展到这里,看似已经完成了我们当时设定的目标。这个蜜蜂的探索是继续进行还是结束呢?当老师还在思考这个问题的时候,又发生了一件有意思的事情。

第四阶段:收获满满,进入“昆虫记”

春游那天,璟璟和爸爸一起在公园里抓到了一只天牛,他自己选择将天牛养在了自然角。过了几天,宸宸也带了只独角仙来班级,班级的自然角顿时热闹起来。当我问孩子们“天牛、独角仙吃什么”时,孩子们的答案五花八门,当我又问他们“怎么找到正确的答案”时,昊昊举手告诉大家绘本《昆虫记》有大家需要的内容。第二天,班级的小书吧就出现了《昆虫记》。昊昊告诉大家这本书里面有许许多多关于昆虫的秘密,大家一定能找到答案的。自然而然地,大家将目光聚焦在昆虫上。我想,是时候结束蜜蜂探索活动了。同时,结束意味着新的开始,昆虫的秘密正是孩子们再次探索的目标。

解读

获得发现问题及解决问题的方法

从孩子们自己提出在绘本上寻找问题的答案开始，我就知道通过蜜蜂探索活动，孩子们对于解决问题的方法上是有所收获的，他们渐渐改变了自己获得知识的途径，开始学会自己动脑思考问题，寻找问题的答案，这就是蜜蜂探索活动带给孩子们最大的收获(图 7 - 1)。

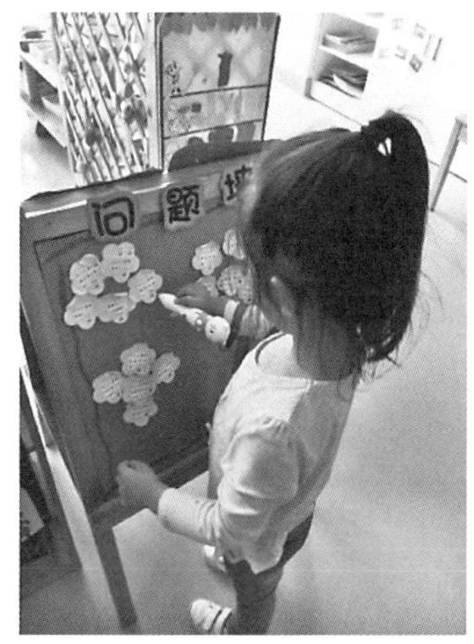

图 7 - 1　孩子们阅读绘本，并尝试回答问题墙上的问题

蜜蜂探索的过程中，孩子们不仅学到了关于蜜蜂的科学知识，更收获了发现问题、解决问题的方法。现在，遇到问题大家更爱自己寻找答案了！

(姚佳凤)

故事 12　多样的消防车　年龄段：大班

兴趣是幼儿学习的动力，罗杰斯说过："只有当幼儿觉察到学习内容与自身有关时，才会全身心地投入，意义学习才会发生。这时儿童不仅学习速度加快，而且会产生自觉自动的学习行为。"当幼儿对某一学习活动产生了浓厚的兴趣后，他们就会全神贯注地参加进去，并充分发挥自己的学习能动性，接受知识。

兴趣是一种内驱力，它能使幼儿主动探究，并使活动得以深入、持续。教师能善于发现幼儿的兴趣点，因势利导，使幼儿学得积极，学得主动。3—6 岁幼儿的认知活动处在兴趣主导的阶段，因此，"兴趣引动"符合这一阶段幼儿的心理特点。"兴趣引动"是"五动"中的催化剂，它的主要功能在于调动幼儿参与活动的热情，激发幼儿自主学习的内部需要，使幼儿原本不稳定、不持久的注意力变得稳定而持久。

在"119 消防日"的那一周，我们班级进行了消防安全教育，周边的社区也进行了消防演习，孩子们最近的话题一直围绕着消防车、消防员展开。

户外自主游戏时，几个男孩子拿了一些砖块积木和木头积木搭起了消防车，源源在一旁看着。

“你也想玩吗？”我问源源。

“嗯，我要自己搭！”源源很肯定。

“那我等着看你的消防车哦，加油！”我鼓励着。

源源用椅子搭了一辆消防车，他把垫子的边缘作为栏杆，将椅子连接了起来。“消防车有栏杆的。”源源对走过的同伴介绍着。

“这是消防车呀，怎么看不出？消防车是什么颜色的？”我走过时故作疑问。

“红色的！”源源反应十分快。

十分钟后，源源找到了红色的砖块积木，放在椅子最上面，又在车子周围用红色的砖块围了一圈。一眼看过去，红红的车身真的十分明显（图 7-2）。

“消防车有水管的呀。”一旁的诺诺嘀咕着。

“这个就是水管呀。”源源说着将最上面的红色砖块积木一块块连接成长条，又拿着最前面的一块做喷水动作。

过了五分钟，源源的消防车车身上多了很多水果、蔬菜和面包，源源告诉我，这是热狗消防车，肚子饿的时候，可以吃热狗（图 7-3）。

图 7-2　红色的砖块积木凸显消防车的特征

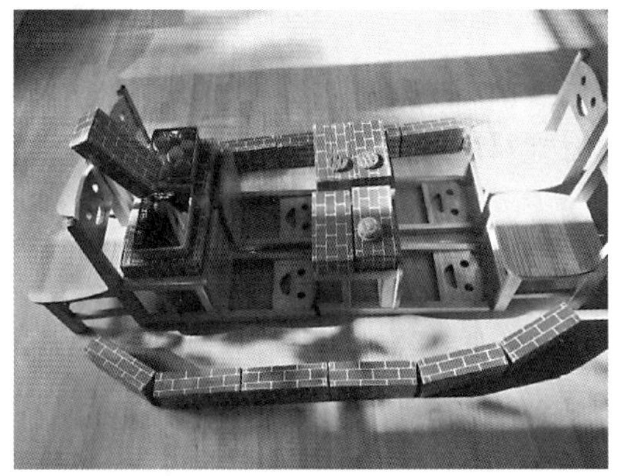

图 7-3　装有水果、蔬菜和面包的热狗消防车

解读

抓住孩子的兴趣点

孩子在游戏中是十分自主的，玩什么、怎么玩、和谁一起玩都是孩子自己决定的。案例中的源源一开始只是在一旁观察同伴的游戏，当老师询问他是否要参加时，他的回答是：“我要自己搭！”因为他在这方面经验比较丰富，对于消防车也十分感兴趣，教师正是抓住了孩子的兴趣点。

由于案例发生的时间正好是 119 消防日的那一周，班级进行了消防安全教育，周边的社区也进行了消防演习，孩子们最近的话题一直围绕着消防车、消防员展开。孩子们对于消防车、消防员有着极大的兴趣，加上源源有条件优势，他的父亲是消防队调度员，负责安排消防活动出车、人员等，源源也耳濡目染，对于这些内容比较熟悉。因此，教师抓住了这一兴趣点，从而引发了后续的一系列活动。

"那我等着看你的消防车哦，加油！"

"这是消防车呀，怎么看不出？消防车是什么颜色的？"

教师的语言暗示，对幼儿来说具有启发性，能够引起幼儿对于某个问题或者事件的关注，激发幼儿进一步探究的兴趣。教师的提问促使孩子进一步探索尝试，逐步构建出有明显特征的消防车。红色、水管都是消防车最明显的特征，孩子用自己独特的方式呈现出来，体现了游戏的价值。而随后的水管变化、消防车的多样呈现，都是孩子不断尝试的结果，展现出游戏的多样性和丰富性。

由于"兴趣引动"是贯穿整个活动始末的，它在"五动"中无时不在，无处不有。"兴趣引动"并不是独立地存在，而是融合在其他的"动"中。由于"兴趣引动"的存在，能够使"五动"更加富有乐趣，让幼儿更快乐、更自主。

（黄　莺）

故事 13　昆虫探秘　年龄段：大班

这段时间的自由活动期间，孩子们都很喜欢去图书角拿一本关于昆虫的书《昆虫探秘》。看孩子们对昆虫的兴趣这么高，我也在自然角投放了认识昆虫的材料。利用图片和录音笔，孩子们可以认识昆虫，也可以用录音笔说说昆虫。

我们班级里识字的小朋友比较多，孩子们可以通过读这本书上的内容了解昆虫，不识字的小朋友则是听认字的小朋友描述来了解昆虫。对这本书感兴趣的大多数是男孩，自从这本书开始风靡班级以后，男孩们在自由活动时吵吵闹闹的情况也少了。

第一阶段：引发幼儿集体共读兴趣

彬彬和凯睿是班级里认字比较多的孩子，他们很喜欢《昆虫探秘》这本书。今天一吃完点心就又去拿这本书看了起来。"这是蜉蝣。""这是白蚁。""你看大黄蜂后面有长长的针。"他们两个边看边说着，一下子又吸引了其他小朋友的关注。于是，只要彬彬拿着书，旁边会站着一圈小朋友目不转睛地看着这本书。

第二阶段：用问题激发幼儿表达

一次自由活动时，我看见嘉嘉正在认真翻阅《昆虫探秘》这本书。于是，我向嘉嘉提出了问题，我点蜻蜓的图片问道："嘉嘉，这是什么呀？""这是蜻蜓呀，它会飞，到了快下雨天它飞得很低。"我又指着豆娘问："那这是什么呢？"嘉嘉对着我望了望，这时彬彬大声地说："这是豆娘呀，它是一种飞虫！"我接着说："哇，彬彬，你连豆娘都认识。那你还认识什么昆虫呢？"说着，我一页一页地翻，彬彬坐在我旁边向我介绍他认识的昆虫。

第三阶段：用实物主推幼儿思考

一次偶然的机会我抓到了一只蝴蝶放在自然角。第二天一早洋洋给植物浇水时发现了，很快"班级里有一只蝴蝶"的消息传开了。孩子们争先恐后地去观察蝴蝶，有的孩子去翻翻《昆虫探秘》看看这个蝴蝶叫什么名字，有的孩子问我："蝴蝶吃什么呀？""它为什么一直在扇翅膀？""它是不是受伤了？"

第四阶段：用区角推动个体经验发展

区角活动中，冬冬来到了自然角内，他拿着放大镜很认真地观察图片上的昆虫，又拿起录音笔仔细地听着录音笔的介绍。听着听着，冬冬跑到了诺诺旁边，一本正经地对诺诺说："诺诺！我告诉你哦！枯叶蝶的翅膀看起来像一片枯叶，这是他保护自己的方法！"

解 读

(1) 根据孩子的年龄特点决定兴趣点。

大班的孩子对图书的阅读兴趣浓厚，能较长时间专心地看书，对内容的理解能力较强，孩子们有强烈的好奇心，他们思维积极、活跃，愿意学习新东西。在他们的头脑中有数不清的疑问、问不完的问题。有人说："兴趣是最好的老师，是孩子认识世界的动力。"兴趣是一种基本情绪状态，它可以驱使孩子们自发自主地认识昆虫。

(2) 教师适时把握教育契机。

每一个孩子所处的发展阶段、教育环境、生活经验不同，都有自己的发展特点，自己独特的兴趣，这恰恰为我们提供了良好的契机。我们要抓住孩子的当前兴趣并利用它，拓展他的知识和能力，把你想要他完成的目标，悄悄地放进他感兴趣的活动当中去，与其融为一体。比如班级里的孩子们喜欢《昆虫探秘》，我就利用区角，将他们特别感兴趣和想去了解的昆虫放大，让他们自己观察、发现、提问、解答(图 7－4，图 7－5)。这样有可能比老师上一节学习活动效果更好。

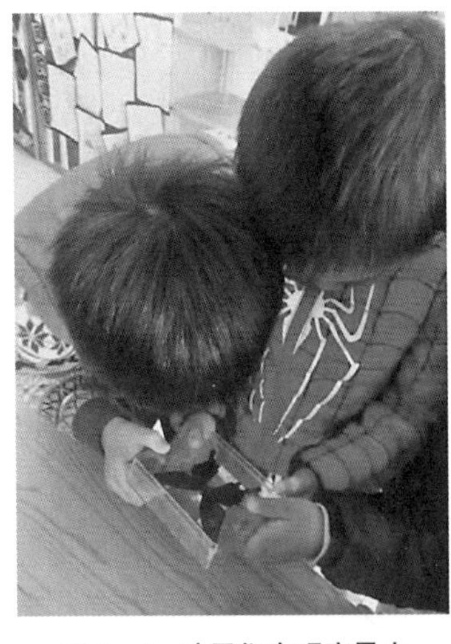

图 7－4 孩子们在观察昆虫

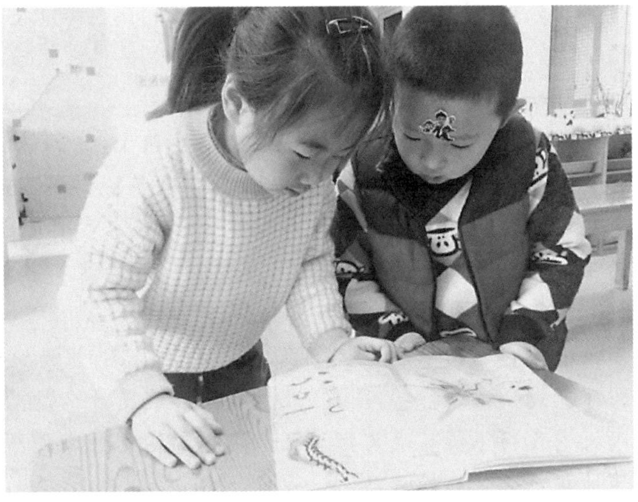

图 7－5 孩子们翻阅图书寻找蝴蝶的名字

兴趣是指人对事物的积极的认识倾向与情绪状态,是一种不可缺少的求知的内驱力。兴趣在孩子发展中的作用,首先表现在它对孩子活动积极性的激发上,如果幼儿对某种事物产生兴趣,就会萌发积极的探索欲望。孩子最初表现对某些事物的兴趣,往往是成功的先导,在适宜条件下会成为其终生的奋斗目标。幼儿时期的兴趣是朦胧的,表现在对周围环境的好奇与幼稚的探求。幼儿受认知能力的限制,他们对周围生活中许多事情都感到新奇。

教师要善于捕捉孩子们的关注点激发他们的兴趣,因为孩子关心的问题往往是他们感兴趣的。

(赵　戴)

故事14　狭路相逢　年龄段:中班

开学一个月的时间,大部分的孩子们已经互相熟悉,能一起玩耍、做游戏。馨馨和澈澈在我们班孩子中属于发展水平较高的,经常是游戏的主导者,平时很善于动脑筋。

孩子们十分喜欢玩大型玩具,两座滑滑梯之间有一座带网的独木桥连接起来,相对而行的孩子们经常会因为路窄的缘故而堵在路当中,谁也不让谁,场面比较混乱。

这周轮到我们班级玩大型玩具,在运动开始前我就和孩子们分析了玩大型玩具时要注意的事项,提到了滑滑梯要坐着由上至下滑,独木桥很窄,要往一个方向走,但是孩子们都很兴奋,并没有把我的话完全听进去。等到上去玩的时候就遇到了独木桥堵塞的情况,两边的孩子都想前进,谁也不肯让,就大声地向老师求助。澈澈不停地在和同伴说:"要往一个方向走,要往一个方向走!"但是在队伍尾巴上的幼儿不离开,夹在中间的人也没办法调转方向。我在一旁看着,沮丧地说:"这可怎么办? 这条路不能通行了。""让对面的小朋友倒车呀!"皓皓对我说。可是对面的小朋友都不肯倒车出去,两方僵持了有一分钟。我说:"你们再这样停在路上,运动的时间就要过去了。"两方急得焦头烂额,在队伍尾巴上的一些孩子就散了去玩别的了,只留下了在桥上的几个孩子。澈澈他们那方小心试探地向前进,另一方的馨馨试图避让他们,在往旁边靠的时候把脚踩在了网格上,突然她发现脚可以踩在网上,这样就能让出一条路给对方,她对后面的小朋友说:"我想到一个办法了!"说着趴在网上。我说:"馨馨愿意让对面的小司机先过去,真棒!"后面的小朋友见状也跟着她趴着让出一条小路,澈澈一方就能往前走了。

后来我把大家集合在独木桥前和大家一起分享这个问题:这条路这么窄很容易发生交通堵塞,怎么办? 澈澈把我在运动前的提醒重新说了一遍:"小车要往一个方向开!可是他们在乱开。"我又问:"小司机们没往一个方向开,堵车了怎么办?"馨馨回答道:"可以靠边让一让。"于是我让馨馨示范一遍,她脚踩网格,手握紧,对着大家说:"就是这样。""我刚才就是这么开过去的。"澈澈说。我表扬了馨馨:"真是一个爱动脑筋、又会谦让的孩子。”我又问：“这是不是一个办法？需要注意什么吗？”孩子们开始七嘴八舌，有的说：“要小心别掉下去。”有的说：“小司机开过去的时候要小心旁边的人。”还有的说：“要喊后面的人都要让一让，小司机才能开过去。”我又问：“除了这个办法，还有没有其他的好办法？”孩子们想了想，馨馨第一个说：“开过去的时候可以让对面的小朋友让一让。”我追问：“都开在独木桥上了，怎么让呢？”另一个孩子抢着说：“在很远的时候就让他们让一让。”我说：“我们想了很多的办法来解决交通堵塞的问题，希望下次你们过桥的时候能畅通。”

第二天玩大型玩具的时候，独木桥的拥堵状况明显改善了许多。

解 读

（1）小班初期的幼儿年龄特点。

这个阶段的孩子大多以自我为中心，行动缺乏规则意识，自我保护意识较弱，而且遇到问题的时候不会和同伴商量。遇到他们想玩的玩具时眼里就只有玩具，很少能听得进老师在一旁说什么。因此，即使老师在运动前提醒过大家要往一个方向走，可那时候大多数孩子的心都已在玩具上，听进去的人寥寥。在独木桥上的时候，两方的孩子一开始只想不顾一切地往前冲，但桥太窄根本走不了。即使在僵持的过程中各方考虑的也是怎么让自己先走。澈澈虽然记住并理解了老师的意思，不过他要求的是对方避让，好让他通过。

（2）让能力强的幼儿带动其他幼儿发展。

馨馨在班级里发展水平较高，也是她第一个表现出了谦让精神。她善于思考，想到的解决办法不是要求别人怎么样，而是把自己的需求置后，让同伴先过。老师肯定了她的想法，并鼓励同伴模仿。这时老师要说清原因：一方面要学习馨馨遇到问题动脑筋想办法，另一方面要学习她的谦让精神，引导幼儿了解这样“靠一靠”背后是一种奉献自己的潜在意识，是他们要具备的。

（3）抓住幼儿发生的即时事件，采用“事件驱动法”，引导幼儿获得自主学习的能力。

幼儿的学习不再是老师一个问题提下去直接给答案的模式，而是以“过桥”这一事件激发孩子自主探索的愿望，在探索的过程中有自我的思考，用自己的方法来解决、解答“如何让道路畅通”的问题，这样的学习虽然随性、时间不固定，但却有效。针对幼儿在活动中出现的事件，趁热打铁开展讨论，有了切身体验的幼儿会在讨论中更加投入，因为这事关他自己是否会玩得愉快。

（4）老师的提醒要有效，否则就少说、多看、多听。

独木桥上的情况是老师事先预料到的，因此特意在活动前提醒了幼儿，但在实践中效果甚微。究其原因，一方面当时的幼儿早已经把注意力放在了向往已久的大型玩具上，无法倾听老师的话；另一方面，独木桥两端没有提醒幼儿行走方向的标志，如：两对同一方向的脚印。在两边都有滑滑梯的情况下怎么样能做到往同一个方向走？没有进行实践过的幼儿并不懂老师说的话，因此导致老师说了无效话。类似的提醒在事件发生后说会更有用。

(5) 引导幼儿了解规则,“无规则,不成事”。

规则可以是老师制定的,也可以是孩子们之间相互约定而成的。但无论哪一种,都应引导幼儿们遵守。游戏过程中使用哪一种,则视具体情况而定。

(印　慧)

故事 15　洋葱头和风信子　年龄段:大班

第一阶段:来自自然角里的争论

今天我在自然角里新增加了洋葱和风信子。思思说:“这两个洋葱只有一点点芽。”泽泽说:“不对不对,一个是洋葱,一个是风信子。”“它们长得是一样的,两个都是洋葱呀!”“就是风信子。”泽泽很坚持。旁边的小朋友听到两人的争吵,围了过来,有说是洋葱,也有说是风信子。“问问老师,老师肯定知道。”奕奕说。于是大家都来问我:“老师,你来说说,谁说得对?”

我先让思思说说理由。思思说:“你看,它们的脑袋形状是一样的,外面都是紫颜色的。”泽泽说:“我家里养了风信子,就是这个样子的,以后就会看出来是不一样的了。”“嗯,两人说得都有理。这样吧,我们看着它们一点点长大,看看它们现在和以后到底会有哪些相同和不同。”于是,我设计了两张表格放在了自然角里,随时等待幼儿的记录和发现(图 7-6)。

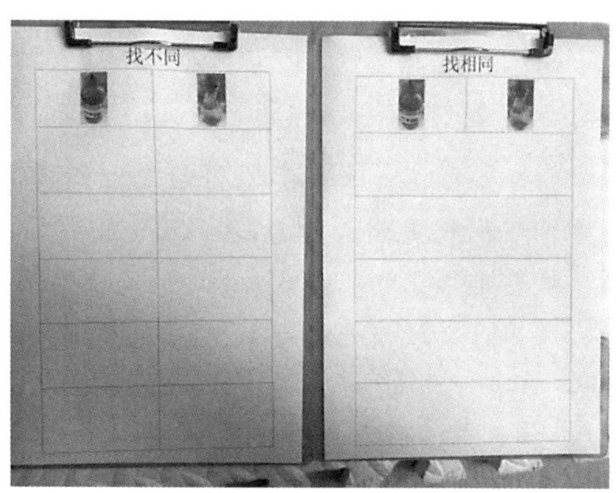

图 7-6　幼儿产生争议后等待进一步做观察记录

解 读

支持幼儿的主动探索与发现

洋葱和风信子的出现,引起了幼儿的好奇心和探究的兴趣,同伴间的争论是幼儿积极主动探究的表现。幼儿对两者有外形的观察比较,也能大胆说出自己的答案,但由于个体经验的不同，所以对两者的认识也只能依据自己已有的生活经验和认知水平进行判断。依据《指南》，本年龄段的幼儿具有初步的探究能力，能对事物或现象进行观察、比较，发现它们的相同与不同，并能用简单的图画或符号进行记录，所以，答案肯定是要让幼儿来揭晓。老师可以有意识地引导幼儿观察，学习观察的基本方法，尝试对两者进行比较观察和连续观察，来发现它们的异同，并能用数字、图画、符号等进行记录。记录，是幼儿探索历程与认知发展真实客观的呈现，是幼儿表达个人发现与意见的依据。

第二阶段：我们的发现

自从种植了风信子和洋葱后，大家会经常围在自然角观察它们的生长变化，然后来告诉老师自己的发现（图 7－7）。

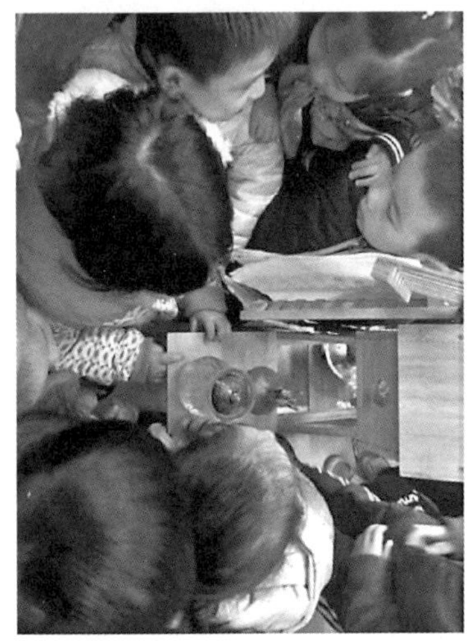

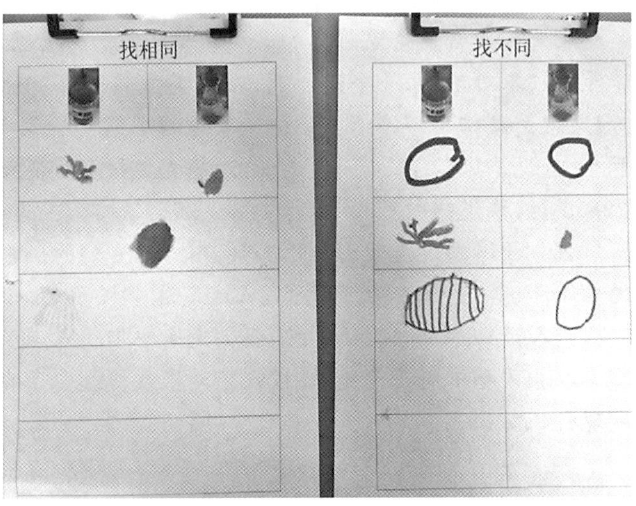

图 7－7　幼儿发现了两者的异同并关注到了影响生长变化的因素

“洋葱宝宝身上的衣服有一丝一丝的花纹，风信子的衣服没有花纹。”

“它们都发芽了，风信子只有一个芽，洋葱的芽有 6 个了。”

“它们下面的根都是细细的，越长越长了。”

“为什么风信子的芽只长了一点点，洋葱的芽长得很长了？能不能让风信子也长得快一点呀？”

“要给风信子加点肥料。”泽泽说。

“要让它晒晒太阳，也可以长得快一点。”阳阳说。

“可是冬天在太阳下也是很冷的。”馨馨说。

“那我们可以想什么办法呢？”有几个孩子着急地问我。

看着孩子们一个个小脑袋蹦出来的问题和迫切需要揭晓答案的着急模样，我说：“你们可以多观察小区、公园，或者可以到书本里去找找答案，就能找到冬天让植物快速生长的好办法。”随后的几天时间里，幼儿通过各种渠道搜集信息，并分享了新办法：可以为植物宝宝建造“阳光房”，这样温度高，植物就可以长得更快了。

解 读

关注幼儿的经验，适时适度地推进

幼儿经过几天的观察，确实发现了两者很多的异同，从外形的特征到内在的变化。中班年龄段的幼儿能感知发现植物的生长变化及基本条件，我肯定了大家的发现，顺势和幼儿开始“抛接球”在来来回回的对话中，启发、引导和推进幼儿的探索与发现。

因为幼儿生活范围比较局限，对阳光房、暖棚了解得比较少，缺乏相关的知识经验，所以我给了幼儿一点小提示，可以通过多种途径搜集有关冬天让植物快速生长的好办法。幼儿具有收集信息的意识很重要，要能够根据问题和任务有意识地收集有助于问题解决和完成探究任务的信息。

第三阶段：建造阳光房

幼儿了解了暖棚、阳光房后，有了发现。

馨馨：“造阳光房需要纸盒，先用四个小棍子固定好，然后再罩上塑料纸。”

阳阳：“我们的阳光房不要像帐篷那么大的，因为风信子的花瓶比较小。”

我说：“大家都带来了纸盒、塑料纸，还缺点棍子，怎么办？”

皓皓：“能不能借一点炭烧积木里的长条？”

小陶：“我们玩滑板车时用的塑料棍也能造房子。”

我说：“大家办法还真不一样，我们都可以试一试，看看哪种材料适合我们造阳光房。”

行动前，老师请幼儿自由组合，尝试一起建造阳光房，并将搜集到的纸盒、塑料纸等材料一起搬到操场上。

工地一：

泽泽找来了一个比较大的盒子、四根塑料棍子，皓皓扶住棍子，叫奕奕剪透明胶粘在四个角上，孩子们找来的塑料袋有点小，最后只能罩住最上面部分。

工地二：

馨馨找了一个皮鞋盒和一根泡沫棍子。她来找我，说：“老师，棍子太长了，能不能帮忙剪得短一点？”我将长棍剪成四个短棍给她。她让思涵扶住棍子，用剪短的透明胶粘在皮鞋盒的各个角上，又找来一个有点大的塑料袋罩在上面，说：“这个多余的塑料袋部分正好做阳光房的门口吧。”

工地三：

小冯找来两块有点矮有点宽的炭烧积木，竖在一个比较窄长的鞋盒两头。函函说：“你扶好，我来粘住。”于是，函函剪了两段透明胶将纸盒和积木一块粘上。宸宸找来一个塑料袋，往上一套，说：“有点小，风信子怎么放进去呀？”

大家沉默了几秒钟，函函说：“那就开一扇门。阳光房就是要有门的。”她用剪刀将塑料纸剪开，掀起一角，说：“你看，现在是不是可以了。”宸宸说：“是的。”

事后，我让幼儿互相欣赏了各自建造的阳光房，并分享了过程中是如何和同伴一起合作，遇到困难想什么办法来解决的。

对没有建造成功的小组，我们一起分析了不成功的原因，有什么改进办法，在以后的自主游戏中再做尝试。

 解 读

关注个体差异，提高各方面的能力

通过观察，幼儿对阳光房的整体结构有了初步的了解，在讨论的过程中，能想办法寻找替代物，解决材料的缺失问题。

活动中，我们尝试分组进行合作建造(图 7－8)。这对于大班的幼儿来说有点挑战，所以过程中老师要关注到每一位幼儿的表现，观察幼儿在建造过程中会遇到哪些困难，能否解决，如果不能解决的，应当做何引导。在幼儿自由寻找合作伙伴的基础上，老师还需要关注幼儿的能力差异，进行适当地调整。从整个活动过程中不难发现，能力强的幼儿起着主导作用，行为主动，会根据选择的材料进行组合建构，遇到问题也乐意尝试解决。能力弱的幼儿基本以旁观者的身份参与。针对此现象，老师还是需要适时适度地介入，引导这部分幼儿根据活动的难易程度参与整个活动，体验共同合作的乐趣和成功感。

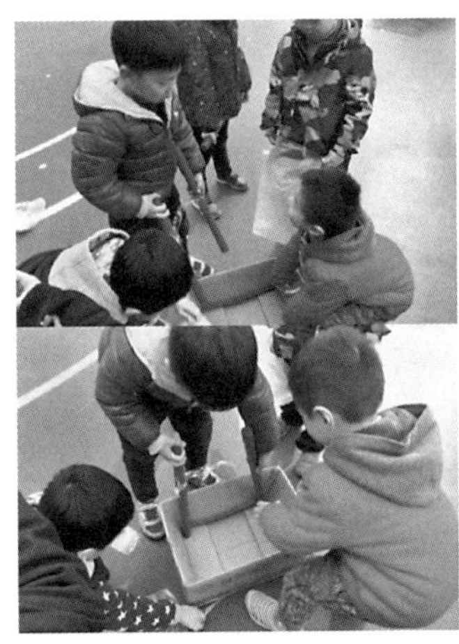
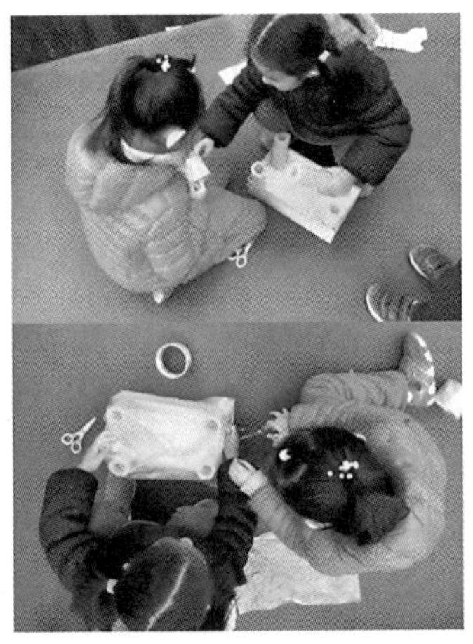
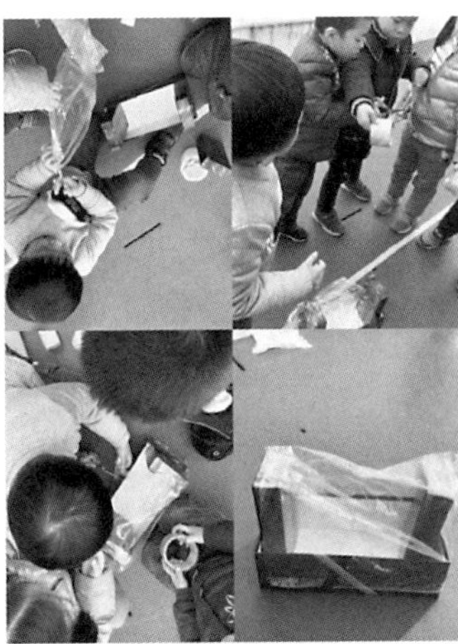

图 7－8 幼儿自主寻找材料建造阳光房

(吴惠娣)

第八章
因变而变的教学

我们发现，孩子是最喜欢变化的，比如他们对一个小小万花筒就百看不厌，因为每转动一下，万花筒里面的景致就发生了变化，常看常新。其实教学也是如此。如果老师几年里都用一成不变的方式进行教学，幼儿就逐渐觉得没意思，会产生审美疲劳。3—6岁的幼儿年龄、心理特点处于短周期、快速变化发展的阶段，他们在不断地变化，所以，我们的教学必须因幼儿的变化而变。

故事16　好饿的毛毛虫　　年龄段：小班

《好饿的毛毛虫》是一本适合小班孩子阅读的经典绘本。我们把它投放到班级，马上引发了孩子的兴趣。同时，我们在孩子自主阅读的基础上开展了集体活动（图8-1）。在活动中，孩子并没有对老师预设的点——“不要贪吃，贪吃会让身体不舒服、对身体不好”感兴趣，而是对“样样东西都爱吃”很感兴趣。特别是出示毛毛虫在星期六那一天所吃的食物时，孩子“哇”地惊叹：“好多好吃的呀！”然后孩子们就“啊呜啊呜”做吃的

图8-1　和孩子们一起回忆好饿的毛毛虫

动作。这时，我意识到孩子对这个故事的关注点和老师预设的点不同，而对毛毛虫爱吃不同的东西感兴趣。于是我随机应变，结合本班孩子挑食的现象对绘本《好饿的毛毛虫》进行了“改版”！

午餐前，我和孩子们一起回忆《好饿的毛毛虫》的故事。

师：“好饿的毛毛虫出来寻找食物了，第一天毛毛虫吃了什么？”

幼：“一个苹果。”

师：“第二天毛毛虫吃了什么？”

幼：“两个香菇。”

第三天、第四天、第五天……

师：“现在的毛毛虫是什么样的？”

幼：“很大很大，很胖很胖。”

师：“对呀，毛毛虫样样东西都爱吃，吸收了各种营养。猜猜毛毛虫会变成怎么样呢？”

幼：“美丽的蝴蝶。”

师：“你们猜如果我们样样东西都爱吃会变成什么呢？”

幼：“帅哥——美女——”

于是，我出示了事先准备好的公主和王子的照片。孩子们异口同声地叫起来：“好帅！好漂亮！”我鼓励孩子们只要做个不挑食的孩子，样样东西都爱吃，就能变成公主和王子。

把孩子的真需求放在首位

有时候，我们精心设计的活动并不能引发孩子的兴趣，但我们往往会忽略孩子的想法，继续把我们想要的或者认为有价值的东西塞给孩子。但是，在我园“互动教育”的引领下，我们的脑海中时刻将“孩子的真需求”放在首位。幼儿园也给了我们很大的自主空间做孩子喜欢的活动。因此，当我们在观察孩子、与孩子互动的过程中，就有了自主调整活动设计的意识。在这个活动中，我发现老师预设的教学内容取向和幼儿兴趣点不同，于是就尝试对其从新的角度进行解读与设计，并结合当前班级孩子挑食现象和孩子兴趣点的需求，选取适当的角度作为切入点，开展教学活动。

- **老师喜欢的，不等于孩子也喜欢**

第一次开展“好饿的毛毛虫”活动是源于教师对这个经典绘本的喜爱，教师希望以故事的方式引发小班幼儿对“合理膳食、进食要适量”的关注。但是，我们班孩子的兴趣点却在“吃”这件事上，每当毛毛虫吃一个食物时，幼儿就会跟着学毛毛虫“啊呜啊呜”地做吃的动作，在学的过程中特别投入，还会一起说道：“又换不一样的食物了。”于是，我结合小班很多孩子严重挑食的现象，果断把《好饿的毛毛虫》进行了“改版”。

- **贴近孩子生活的课程才是合适的**

我们将“改版”后的《好饿的毛毛虫》做成互动展板，让孩子观察毛毛虫每天的食谱（与孩子的一周食谱相同）。当孩子们坐上餐桌，发现自己今天的食物和毛毛虫吃的一样时，特别兴奋，而且孩子们会自发地讨论：“我比毛毛虫吃得多。”“我的嘴巴张得大。"……这样一来,孩子们遇到不爱吃的食物也会有动力去尝试,班级里的挑食现象明显改善。这让我看到了与孩子生活贴近的课程更适合孩子,价值也会最大化。

(陈　娟)

故事17　黄瓜还是丝瓜　　年龄段:中班

在一次"好吃的食物"主题的集体教学活动"南瓜和冬瓜"中,教师出示"丝瓜"图片的时候听到有孩子大声地说出了"黄瓜"。由此教师发现虽然丝瓜和黄瓜都是孩子们经常看到、吃到的蔬菜,但是他们却不能清楚地区分两者。于是教师在完成"冬瓜和黄瓜"课程内容的基础上,开展了让幼儿认识"丝瓜和黄瓜"的活动。

第一阶段:从图片上认识黄瓜和丝瓜

师:"宝贝们,接下去我们看看,有哪些蔬菜和冬瓜、南瓜一样是会爬藤的呢?"(出示图片:丝瓜)

幼1:"黄瓜。"

幼2:"丝瓜。"

幼3:"这是黄瓜。"

师:"到底是丝瓜还是黄瓜呢?"

幼:"丝瓜/黄瓜。"(各说各的)

师:"好吧,那么我们再来看一张图片。你们看看图上面是什么?"(出示黄瓜)

幼1:"这个才是黄瓜。"

幼2:"我怎么感觉差不多啊?"

教师同时出示两张图片,让幼儿比较:"你们看看,这两样东西一样吗?"

幼:"不一样……"

师:"它们有什么不同呢?"

幼1:"黄瓜的皮上有一粒一粒的小刺,丝瓜没有的。"

师:"是的,它们的皮肤不一样。黄瓜的皮肤长了许多小刺,而丝瓜没有刺。"

幼2:"我觉得丝瓜会开花的。"

幼3:"黄瓜也是会开花的。"

师:"嗯,你说得没错,它们两个都会开花哦!"

幼4:"我以前吃过的。丝瓜的皮是不能吃的,黄瓜的皮好像可以吃。"

师:"你知道得真多。一般来说,丝瓜我们是要刨去皮再吃的,而黄瓜通常是可以直接吃的。"

幼5:"我觉得它们一个颜色淡淡的,一个是深深的。"

教师指着图片说:"哦,没错!你又发现了一个不同的地方,它们的颜色是不一样的。黄瓜的颜色是深深的绿色,叫作深绿色,而丝瓜是淡淡的绿色,叫作浅绿色。”

没有其他孩子举手了,教师追问:“你们还有其他的发现吗?”

幼儿没有补充,教师说:“好吧,今天我们的讨论就到这里。明天老师把丝瓜宝宝和黄瓜宝宝请来我们中四班做客,请你们再仔细地观察一下,它们还有哪些不一样的地方。”

第二阶段:实物辨别不同特征

当孩子们都吃完饭自由活动的时候,教师组织孩子们围坐在一起,拿出了丝瓜和黄瓜。

师:“宝贝们,你们看,这是什么?”

幼:“丝瓜/黄瓜。”

师:“现在我再请你们说一说,哪个是丝瓜?哪个是黄瓜?”

幼儿指认。(大多数孩子都能分辨了)

师:“宝贝们还记得昨天我们讨论的吗?它们有什么不同?”

幼1:“黄瓜有刺,丝瓜没有刺。”

幼2:“黄瓜的皮可以吃,但是丝瓜是要先削皮的。”

师:“是的,没错!那么今天老师请你们用手摸一摸,然后再告诉我,你们有什么发现?”

教师将丝瓜和黄瓜传递给幼儿,让幼儿用手摸一摸。

师:“谁来说一说,你们有什么感觉?”

幼1:“我觉得丝瓜摸起来很舒服,黄瓜摸起来毛毛的,有点扎手。”

师:“是的,因为黄瓜的皮肤上面长了许多小小的刺,所以摸起来刺刺的,但是丝瓜摸起来就比较光滑。”

幼2:“黄瓜粗一点,丝瓜细一点。”

教师看了一眼带来的丝瓜和黄瓜,说:“是的,没错!今天老师带来的丝瓜比黄瓜细。那有没有比这根黄瓜粗的丝瓜呢?”

幼3:“有的,我看见过的。”

师:“是啊,有的丝瓜长得大,有的长得小。只是老师今天拿来的这根丝瓜长得比这根黄瓜细。还是要表扬你观察得很仔细哦!”

师:“请你们用手轻轻地捏一下它们,有什么感觉?”

幼4:“我觉得丝瓜是软软的,而黄瓜是硬硬的。”

幼5:“丝瓜软软的,黄瓜硬硬的。”

师:“她们两个发现是一样的。你们都发现了吗?还有没有补充?”

幼:“同意。”

师:“原来啊,丝瓜和黄瓜它们虽然长得很像,但是只要我们仔细地观察,就会发现它们其实是两种不同的蔬菜。现在宝贝们都认识它们了吗?”

幼:“认识啦。”

解 读

(1) 在日常活动、课程中捕捉集体中非个案的问题。

案例中,教师从一节集体教学活动“黄瓜和南瓜”中发现了孩子对于丝瓜和黄瓜的认识不足，利用课程剩余时间，借助电脑、图片等多媒体工具，简单地让幼儿对丝瓜和黄瓜做了一次粗浅的比较观察。

在交流过程中，教师发现幼儿对于丝瓜和黄瓜确实存在分辨不清的情况，而这种情况归根结底是幼儿对丝瓜和黄瓜特征认识的不足。教师认识到仅仅通过图片不足以让幼儿对丝瓜和黄瓜有更深的了解，所以决定用实物再次让幼儿直观地看、摸、闻，用各种感官对两者进行感知。

在日常的活动中，教师可以通过聆听、观察幼儿，发现幼儿发展中的问题和不足，据此决定开展什么内容的活动。

(2) 保障常规课程实施，灵活调整适合自己班级的课程内容。

当教师意识到，现有的资源不足以帮助幼儿解决当前问题时，教师没有急于求成，也没有放弃，而是选择暂停活动，重新准备材料后再一次组织活动。

虽然幼儿对于丝瓜与黄瓜的特征产生了混淆，但是分析这个问题的难易程度后，教师认为并没有必要组织高结构的集体教学活动，所以教师在保证原有课程内容正常实施的同时，利用午饭与午睡间零散的时间，组织了一次较自由的观察谈话活动。这是基于本班幼儿的实际经验与水平，结合了课程实施的内容，见缝插针组织的活动，从而达到了让幼儿认识及区分丝瓜与黄瓜的活动目标。

(3) 运用策略分析：内容灵动。

本案例中，教师通过一节集体教学活动发现幼儿发展中的不足，据此决定开展一次低结构的，针对丝瓜和黄瓜的观察交流会，并且是利用了两个活动的间隙开展的。不论是从课程内容，还是课程形式，或是实施课程的时间上面都展现了教师的教育智慧，充分展现了"五动教育"中"内容灵动"策略的实施要求。

(李丹瑶)

故事 18　约会星空下，整装行远方　年龄段：大班

再过一个月孩子们就要毕业了，三年的幼儿园生活即将结束。为了提升孩子进入小学生活的适应能力，体验自主计划、实施活动的成功感，我们决定和孩子来一次"星空下的约会"，体验一次和老师、同伴、家长在一起的露营活动。

当我第一时间把这个特别的活动告诉孩子们时，孩子们的反应异常热烈。

"什么是露营？"熙熙问。"露营就是睡在帐篷里。"斌斌回答。辰辰说："露营就是不睡在房子里，睡在外面。"肖蔡来了个总结说："露营就是晚上睡觉不睡在房间里的床上，而是睡在外面的帐篷里。"

可乐说："在帐篷里吃东西很开心的。"熊语之说："掉下来的饼干屑会引来蚂蚁的，蚂蚁会爬到你身上咬你的。"可乐说："蚂蚁没来咬我呀！"我问："怎么做可以不仅吃东

西，帐篷里还没有蚂蚁?”熊语之说:“帐篷里吃东西的时候小心点不要掉渣儿下来。”可乐说:“在房子里吃东西，睡觉就睡在帐篷里。”我又问:“睡在家里和睡在帐篷里，会有什么差别吗?”肖蔡说:“是不一样的。”可乐问:“不知道睡在帐篷里是热还是冷?”肖蔡说:“我感到有点冷。”可乐又问:“晚上很冷，需要盖很厚的被子吗?”杨新麒说:“这两天天气不冷，睡在帐篷里应该不会感冒的。”可乐问:“帐篷直接放在地板上，睡在上面身体是不是会觉得很疼?”肖蔡回答:“帐篷里有垫子，睡在上面很舒服的。”我接着问:“需要带哪些东西让自己不着凉?”熊语之说:“垫子。”肖蔡说:“睡袋。”可乐说:“厚一点的被子。”

媛媛说:“帐篷里还可以看书。”辰辰说:“帐篷里的灯很暗的，看书的话，眼睛会近视的。”我问:“帐篷里可以看书吗?”琦琦说:“可以。”我又问:“看书的时间可以很长吗?”可乐回答:“不可以，会影响视力的。”我又问:“晚上那么黑，你们不害怕吗?”萌萌说:“可以做游戏，很开心的。”我问:“看得见吗?”杨新麒说:“可以带手电筒的。”我说:“有了手电筒，你们就不害怕了吗?”新雅说:“有爸爸、妈妈、老师陪我们，我们就不害怕了。”

解 读

(1) 用心倾听，捕捉兴趣。

在与孩子的聊天中获知，我班部分孩子对露营有一定的经验，也有孩子根本不知道什么是露营，但他们对有关露营中的帐篷、黑黑的晚上、冷热、好玩的游戏等等表现出浓厚的兴趣。

(2) 专业分析，确定价值。

虽然这个活动是由教师发起的，但是孩子们对这个话题的反应，让我发现了孩子们有自己的想法。考虑到大班孩子的年龄特点及发展需求，我觉得把活动的主动权交给孩子对孩子的发展更有价值。大班的幼小衔接主题对幼儿能力的培养是有明确要求的，这些要求的落实，需要有活动载体来实现，而我觉得这个活动就是一个契机。如果我们给孩子参与策划、实施这个活动的机会，那这个过程中孩子的各种能力(计划能力、任务意识、时间观念、自我服务、解决问题、同伴合作协商等能力)都会得到提升。所以，我觉得应该把露营的主动权交给孩子。

后期调整：和孩子共同讨论制作了露营倒计时的版面，共同讨论制定露营计划。

第一阶段：兴致盎然备露营

为了收集孩子们对露营的想法，我请孩子们自己制作了露营计划。孩子们都饶有兴趣地用图文的方式记录了自己的想法。

计划书提交上来，孩子们的活动想法有10个。我问孩子们:“10张计划书就是10件事情，一个晚上做10件事情你们觉得时间够用吗?”“是呀，太多了！我们会困的。”孩子们也赞同我的想法。最后大家决定选出4件最想做的事情。

“那怎么来决定这4件事情呢?”我把问题抛给孩子。“我们来投票吧!”可乐说。“比比哪个游戏参加的人多。”“同意!”孩子们回答得很响亮。于是，我把孩子们的计划书贴在白板上，然后给孩子们每人4票，让孩子们选。投票结果出来了，排在第一的是制作水果拼盘，第二是看书，第三是看星星月亮，第四是手影游戏。

孩子们分别给这些内容取了名字：水果组、故事组、星空组、手影组，最后孩子们根据自己的兴趣爱好加入了不同的组。

我又问孩子们："既然你们已经决定了要做的事情，这些准备工作你们也要自己完成哦！算一算离露营还有几天？"斌斌掰着手指说："露营时间还剩5天，有些紧张啊！"阿布说："我们分工合作吧，否则要来不及的。"歆怡说："先要说说露营这天我们要做些什么呢？"为了提醒大家在规定的时间完成自己的准备工作，我们做了一个简易的露营倒计时牌。

我引导孩子们根据自己小组认领的活动，商量一下要做的准备工作和任务分配。于是，孩子们七嘴八舌地讨论起来，并自发拿起纸笔进行记录，形成了他们的任务书(图8-2)。

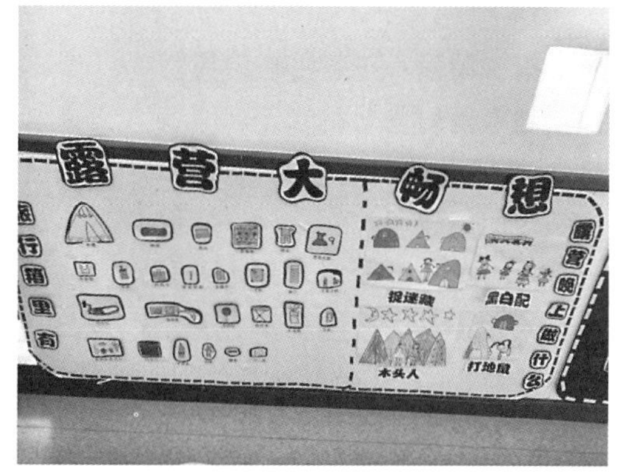

图8-2 孩子们露营大调查的记录

水果组的分工最详细：乐乐收集水果拼盘图片给大家，大家根据自己的喜好选择图片；湲湲根据图片买水果；则中、则和兄妹俩准备水果刀、水果盘和切菜板。乐乐和湲湲提醒兄妹俩准备的刀要用套子套住，水果盘和切菜板要干净、卫生……我把他们小组的经验及时分享给了全班孩子，于是，其他小组的孩子也相继调整自己的任务书。

离露营还有2天的时间。我问孩子们："你们每一组都准备好了吗？"水果组说："这个孔雀很漂亮，可我们不会做，怎么办？""你们可以选择简单一点的。""哪一些是比较简单的，我们会做的？"有孩子问。"笑脸！""花朵！"

……

解读

(1) 发挥环境价值，培养时间观念及任务意识。

在露营倒计时的提醒下，孩子每天都会讨论还剩多少时间，还有哪些工作没有准备好。这个过程，很好地培养了孩子的时间观念和任务意识。他们会主动提醒组内其他成员要抓紧时间完成准备任务。孩子在准备的过程中会遇到问题，同伴之间也会帮助他们解决问题，确保露营活动顺利开展。

(2) 分组认领任务，提升同伴合作能力。

有了露营计划，孩子知道自己的任务是什么，也感受到了自己在组内的重要性，小组之间的提醒多了，交流多了，原本忽略的一些安全、卫生问题现在也开始受到关注了，合作更加紧密了。孩子之间的合作行为逐渐由被动转为主动。

(3) 给予参与空间，发展幼儿主体意识。

“活动的准备工作有哪些?”在过去，这是一个由教师来思考的问题。孩子在活动过程中被动接受。而现在，放手让孩子决定，激发了孩子的主体意识。主体意识是人有主观能动性的重要体现，意识到自己是事件的主人，更有助于独立自主人格的建立。主体意识是随着社会实践的发展而发展的，在群体生活中，要给孩子一个自主选择的平台，孩子们的自我判断、自我评价、协商能力、解决问题等能力均在这里得以发展。

第二阶段：安营扎寨启露营

思奇看到爸爸把帐篷从袋里拿出来后，一边伸手去拿帐篷，一边说：“爸爸，今天你休息，我来搭吧！”爸爸刚想说话，我对他使了使眼色，爸爸就说：“好吧，你来吧！”但刚一开始，思奇就碰到了一个棘手的问题：帐篷怎么立不住？思奇探索了很久。终于，他一边摆弄支架一边大声对周围人说道：“我们要把支架的四个角插入对应的孔中，这样就能把帐篷支起来了。”但是，力气太小了，插不进去。“爸爸，你能来帮我一下吗?”思奇问。最后，在爸爸的帮助下，帐篷终于搭建成功了。

解 读

(1) 从搭建中提高了孩子的责任感。

随着时间的推移，大班孩子的责任感也有所增加，他们非常在意自己在“大家庭”中的存在“价值”，并且乐于为他人贡献自己的“微薄之力”。因此，我们就抓住搭建帐篷这一良好的时机，来加强孩子的责任感。

(2) 在解决问题中锻炼了孩子的耐心。

喜欢动手触摸是孩子们的天性，通过搭建帐篷，孩子们发现了一个又一个问题，在耐心探索、不断尝试各种连接方法的过程中，孩子的耐心得到了锻炼。当孩子经过努力成功后，父母、同伴、老师给予的表扬，又强化了孩子耐心做事的好习惯。

第三阶段：精彩纷呈享露营

- **好玩的手影游戏**

性格内向、胆小、遇事喜欢哭的可欣和千语，两人手拉手，走下楼梯，来到黑黑的二楼平台。她们轻轻地走进帐篷里，可欣手拿手电筒，千语做手影(图 8 - 3)。过了一会儿她们出来了，千语拿手电筒，可欣在地上做手影。又过了一会儿，她们回到帐篷外面，可欣手拿手电筒，千语做手影。接着，她们来到操场旁的玩具架子上做，做着做着，孩子们告诉我：在帐篷里做手影不方便，空间太小。在地上做，手影特别大，但影子不清晰，在玩具架上做也不清晰，在帐篷外面做手影游戏时人最省力，图案最清楚。

图 8-3　孩子们在帐篷中玩手影游戏

解读

(1) 游戏驱动,克服胆怯心理。

可欣和千语是班中胆子最小的两个女孩。在今天的手影游戏中,她们俩克服了胆怯的心理,选择了一个又一个黑暗的地方玩手影游戏,游戏不仅给孩子带来快乐,还消除了她们对黑暗的恐惧心理。

(2) 真实体验,锻炼勇敢品质。

惧怕黑暗是孩子们常见的一种表现。我们鼓励她们在黑暗的环境中一次又一次挑战自己。从露营的当晚,没有一个孩子有哭闹的现象,说明了孩子们都能克服害怕,勇敢地面对黑暗,从而积累生活中更多勇敢的经验。

• 一起找星星

孩子们在三楼的平台看星星月亮:“今天的云朵怎么这么多呀!”“今天看不到星星和月亮了,真遗憾!”“哎,没劲!”大家左看看,右看看,远看看,近看看,就是找不到孩子想看的星星和月亮。正当大家准备放弃的时候,斯茹大叫了一声:“你们看,那里有星星。”“哪里?”“就在那里。”斯茹一边说一边指着南方的远处说。“真的,真的是星星。”“大家快来看,那儿有星星。”“星星还一闪一闪呢!”孩子们再一次睁大了眼睛看远处的星星,正当大家为自己今天可以看到这颗星星而高兴时,这颗星星越来越近,越来越近,孩子们终于看清楚了。“这是飞机,不是星星。”“星星是不动的。”“可流星是动的呀!”“流星还有尾巴。”这时熙熙妈妈打开百度对孩子们说:“流星是指外太空的陨石飞过地球的时候受到地球引力场的作用闯进了地球的大气层,再受到重力作用落向地面,进入大气层的过程中由于受到地球大气的摩擦燃烧发光。”孩子们说:“啊! 原来,流星不是星星呀!”“星星离我们太远了,即使动,我们肉眼也看不见啊!”

解读

(1) 从好奇中培养孩子的专注力。

观察是孩子认识世界的重要途径,周围环境每时每刻都在向孩子提供大量信息,今天孩子对星星月亮的好奇心是激起孩子观察的动力，但后面孩子在观察研究这颗究竟是不是星星的时候，积极性又很高，专注力也相对集中了较长的时间。

(2) 从疑问中给予孩子正确认知。

当大家都认为"肉眼是不能看见星星会动"的时候，斯茹的疑问"流星不是动的吗"再次引发了孩子们的思考，家长的适时帮助给予了孩子正确的认知，相信这个答案会给所有孩子留下十分深刻的印象。

- **创意水果拼盘**

在制作水果拼盘中，恩如一个人耐心地拼搭着自己的水果拼盘，我马上赞扬了她主动动手、大胆创意想象的品质。这时，很多原本没有动手的孩子马上兴奋起来，他们也主动尝试自己动手。他们做的过程中又会主动过去看恩如的拼盘，看完又回来调整自己的作品。家长们也慢慢退后，更多以欣赏的眼光看待孩子的创意(图 8-4)。

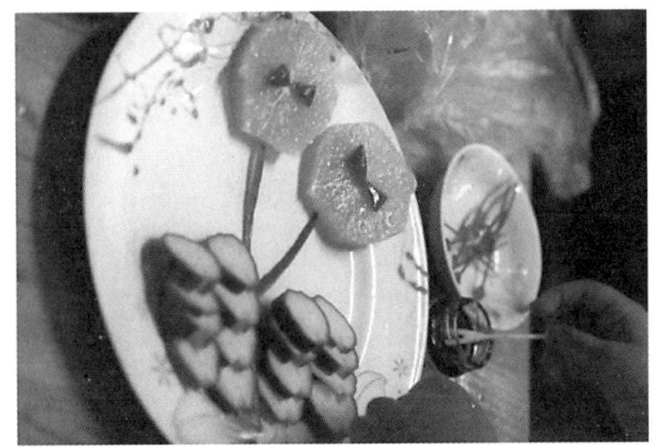

图 8-4 亲子制作水果拼盘

解 读

(1) 树立典型，引发同伴的互相学习。

恩如自从接受这个任务开始，她就集中练习注意力这件事，坚持把这件事情做好。她的主动参与和学习品质，是一个很好的学习榜样。所以教师的及时肯定，引发了同伴学习的意识。

(2) 影响家长，传递科学进行幼小衔接的理念。

活动开始，很多家长冲在前，完全忽略了孩子的发展。这是很多亲子活动中家长最容易出现的问题。而今天，我借助恩如的案例，其实也很好地让家长的观念发生转变，让家长意识到幼小衔接重在日常。

- **仰望星空悟露营**

露营结束，家长们围在一起，说说这次露营中孩子们收获到了什么。"主动""投入""合作""积极""独立""坚持""责任感""勇敢"这些词汇从家长的口中蹦出。"你们觉得孩子在这次露营中表现出的这些良好品质在幼小衔接中有用吗?""有用!""对孩子以后的学习有好处。”“对走上社会也是有好处的。”“一生都有用。”教师说：“希望家长能重视培养孩子的求知欲、专注力、坚持性、独立性、责任心等良好的学习品质，而不是过早地让孩子品尝学习的压力，我们要科学地做好入学准备。”

解 读

从点评中家长领会了科学入学准备的内涵。现在的家长学历都不低，在幼小衔接这一方面的理论，知道的不比老师少，但又迫于周围紧张的入学竞争，较多的表现是让孩子去参加一个又一个知识类的补习班，而忽视了孩子非智力因素的培养。因此在大班这个阶段，孩子还会出现“来园迟到，做事拖拖拉拉，东西丢三落四”等现象，家长会因为焦虑，而用进小学来吓唬孩子。

通过教师向家长介绍露营的来源、孩子们的计划和安排、家长目睹孩子在露营过程中的表现以及老师帮助家长分析孩子这次露营表现背后的原因，家长切身感受到了露营这件事看似与幼小衔接毫无关系，但由于它是孩子感兴趣的事，因此它让孩子有了内驱力。有了内驱力，即使孩子不断遇到问题，他也会通过各种途径解决问题。同时孩子在这次露营过程中表现出来的坚持性、专注力、合作、责任感等品质也是很重要的。而一味地填鸭式学习，反而有可能抹杀幼儿的学习兴趣和自信心，因此希望家长与孩子能一起科学地做好入学准备。

“星空下的约会”亲子露营活动让孩子收获了成长，也让家长收获了科学地做好幼小衔接的有益经验(图 8－5)。这次的活动让我深深感慨：孩子，给你阳光，你就一定会灿烂！

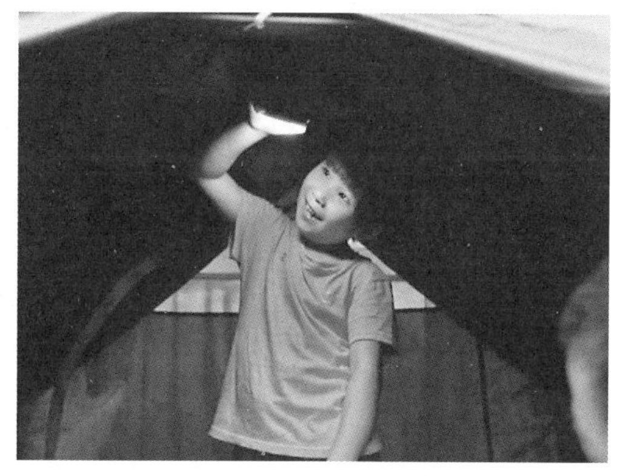

图 8－5　不一样的露营体验

（吴桂香　赵建丽）

故事 19　美丽的落叶　年龄段：小班

秋天到了，随着进入“苹果和橘子”的主题，孩子们逐渐感知到秋天是一个丰收的季节。然而，秋天并不像夏天和冬天那样，有着明显的季节特色，如何让孩子发现秋天、认识秋天呢？我们根据孩子生活中围绕秋天不断生成的兴趣点，开展了一系列活动。

第一阶段：孩子们的远足——寻落叶

在远足的前一天，我和孩子们一起聊天。“孩子们，现在是什么季节？”“秋天。”“你们怎么知道现在是秋天的呢？”孩子们很理所当然地说：“因为叶子都掉下来了呀！”“还有什么也让你发现秋天来了？”孩子们想了好久，似乎在他们的认知里，叶子掉了就说明秋天来了。我说：“那我们明天去找找看，还有什么告诉我们秋天来了。”接着，我给孩子们看了湿地公园的照片，讨论了“远足的时候，你最想去做什么”。乐乐说：“我去过的，那里可以钓鱼。”桐桐说：“我想去公园里逛一逛。”晋汝说：“我想看掉下来的叶子。”他的回答马上就有孩子呼应，话题又转回到了落叶上。于是我们用收集的落叶照片展开了热烈的讨论……

远足的路上，孩子们发现了各种各样的树，有些树的叶子会掉下来，有些树的叶子不会掉，还发现了很多形状特别的叶子，如松树、水杉、枫树的叶子等等。在孩子们发现的基础上，我们让孩子自己展开想象，如思考“为什么树叶上有小洞洞”。也会在聊天的过程中会告诉孩子简单的常识，如“有的树叶子为什么是绿色的，不会掉下来”。

在“捡落叶”的游戏中（图 8－6），孩子们一开始找到的落叶都很相似，后来雅雅找到了很特别的“落叶”，就像一把小扫帚的形态。孩子们都围了过去，感觉很新奇。接着就像寻宝藏似的，孩子们在捡的过程中会有意识地去观察叶子的形态、特点和颜色。三大篮子的落叶捡好了，航航从一个篮子里拿出一片说：“老师，这个都坏掉了。”乐乐说：“那就拿出来呗。”“这个也坏掉的。”最后孩子们决定把落叶全都倒出来，大家一起再挑一挑，把坏掉的落叶拿出来。孩子们在挑树叶的时候，还会相互交流“这个好看吗”“你看这个颜色和别的不一样”。最后，“坏掉”的落叶都在地上，七七捧了一把落叶放到大树根下，其他孩子也跟着那么做。“你们为什么要把落叶放到大树下面去呀？”我问。云轩说：“因为地上很乱。”“告诉你们一个小秘密，落叶可以做大树的营养，让它长得更高、更健康。”孩子们听了开心极了，一会儿“坏掉”的落叶都放在大树根下了。

图 8－6　孩子们捡落叶

解读

在体验中获得经验

这是孩子们第一次远足。远足前的聊天中发现，孩子们非常期待远足，也知道远足要做什么，远足过程中孩子们从捡落叶自发生成了“挑落叶”“用落叶为大树施营养”等活动。或许再问一次孩子们“你们怎么知道现在是秋天的呢?”孩子们还是会回答“因为叶子掉下来了”。但我相信孩子内化的经验不止如此……

第二阶段：落叶雨——玩落叶

一早吴老师发现了小天井里面满地的树叶，好一番美丽的景象。于是突然就有个念头，将今天的集体活动改成与落叶有关的活动。

活动大致内容是先安排孩子们捡一片自己喜欢的落叶，然后交流，说说喜欢这片叶子的理由，可以是颜色，也可以是形状，然后教师进行总结，帮助孩子们了解落叶的含义。最后进行创作，让孩子们根据自己的想法利用树叶拼出图案。孩子们有的很有想法，拼出了齿轮，拼出了四叶草，拼出了数字，还拼出了小花园，但是有的就稍弱一些，没有完成，但是心中是有想法的。最后教师还让他们尝试模拟了一回落叶的样子，把树叶抓起来然后往空中撒(图 8-7)，孩子们一边撒一边说：“下雨啦！下叶子雨啦！”“好美啊！落叶雨。”

图 8-7　撒落叶

解读

善于发现自然资源带来的乐趣

大自然的产物对于孩子们来说是最好的游戏材料，教师要善于发现这些有趣的玩法和素材，帮助幼儿们体会教材外的活动乐趣，并感受到大自然的美好。

第三阶段：落叶落叶飘下来——画落叶

前一天教师利用小天井里的满地落叶，上了一节关于落叶的集体教学活动，引导孩子们发现同种树叶不同的颜色和形态，感受大自然的奇妙，在拼落叶的过程中充分激发他们的想象力，然后在捡落叶、洒落叶、和落叶做游戏的过程中，体会不起眼的落叶也能带给他们很大的快乐。在远足活动中，孩子们会十分投入地找落叶；在汇龙潭赏菊时，也会时不时找找与众不同的落叶。因此，我设计了这节“落叶落叶飘下来”活动，在孩子们用感官感受过秋天落叶的季节特征后，给孩子们提供创作的机会。

在操作中，有的孩子对用颜料画画很陌生，平时动手能力很强的航航一开始也有点不知道从何下手。在看到旁边的小朋友们都跃跃欲试地揉搓报纸，迫不及待地蘸自己喜欢的颜色拓印到纸上后，航航也拿起一张报纸，两只小手把报纸搓得圆圆的，蘸了蘸土黄色的颜料，在树干旁边小心翼翼地敲了一下。我鼓励他：“航航，圆圆的落叶好特别哦！”航航似乎找到了创作的信心，一下又一下地敲印在纸上。“老师，我想换一种颜色。”他换了一张报纸，蘸了橘黄色，往大地上拓印起了落叶……

解 读

经验的迁移

孩子们对玩色活动“落叶落叶飘下来”十分感兴趣，能够用报纸揉成各种形状拓印在纸上，如圆形、椭圆形、细长型等(图 8－8)。在分享交流时，轩轩还介绍了很特别的树叶，她把报纸搓成细细、长长的样子，说：“我的树叶是细细的、长长的样子，一根一根的，我们之前去公园的时候看到过这种树叶。”说明了孩子们能够将之前远足时看到水杉、松树的经验迁移到创作中来。

图 8－8 幼儿玩色创作

第四阶段：大树的棉被——恋落叶

孩子们一直对教室小天井里的银杏树情有独钟。那棵银杏树确实很美，枝繁叶茂，每天小天井都飘下很多落叶。自由活动时，孩子们常会到小天井里去捡上一两片，问我们：“老师，你看这片漂亮吗？”他们有双会发现美的眼睛。今天下午吃完点心，又有孩子到天井里捡落叶了。于是下午的运动游戏就调整为孩子感兴趣的捡落叶。

“孩子们，等下我们玩捡落叶的游戏好不好？”孩子们很兴奋地答应了。“那等下我们捡到的落叶放哪里呢？”“地上。”“大树上。”我问：“大树那么高怎么放呀？”“是大树下。”有孩子抢着说了。“上次远足的时候我们就放在大树下面。”我说：“对呀！上次老师说过落叶可以做大树的营养，所以捡好了叶子可以放在大树下面。好了，现在我们就去捡落叶，送给大树当晚饭。"

孩子们三五成堆地捡着小天井里的满地落叶，就连角角落落里的也没遗漏。"老师，看！我给大树那么多晚饭。"过了十分钟，落叶捡完了，孩子们围着大树看大树下的落叶，大树下的落叶越来越多，云轩突然说："那么多落叶，就好像大树的棉被一样，它都不怕冷了。"孩子们听到后，纷纷说："我也觉得像被子。""黄色的被子，好漂亮。"我说："你们真会发现，我们不但给了大树很多的营养，还给它盖了被子，明年春天它会长得更健康。"

解 读

孩子在体验中成长

孩子们看到的世界总是与众不同，他们喜爱美好的事物，喜欢用眼睛去观察。在远足前孩子们对落叶就很有兴趣，我想天井里那棵美丽的银杏树功不可没。而在远足后，孩子们更喜欢时不时地捡上几片落叶。在这次捡落叶的游戏中，孩子们看到大树下那么多黄黄的落叶，摆脱了"给大树当晚饭"的情境设置，在他们眼中，那像一条厚厚的棉被，能给大树温暖(图8－9)。小班孩子尽管由于年龄特点，语言表达能力有限，但也总能在不经意间给我们惊喜。

图8－9　幼儿为大树做棉被

在当前主题"苹果和橘子"的活动中，教师通过观察发现了我班幼儿对落叶很感兴趣。针对幼儿感兴趣的"落叶"教师通过谈话进行挖掘和拓展，从"远足活动"到"玩落叶"，再到"画落叶"，最后到"恋落叶"。这一系列活动随着幼儿的兴趣点开展，而不是主题牵着幼儿走。

在"内容灵动"教学策略的指导下，让教学内容不再刻板地从教材出发、从教师出发。在确定教学活动内容时，更注重从幼儿的兴趣点和热点中去发现和挖掘，在活动的组织形式上，也更尊重幼儿好奇好动的年龄特点，以灵活多样的教学形式来使幼儿对教学内容更感兴趣，让幼儿的学习更主动、更投入。

实现"内容灵动"，改变了教育自上而下的属性，不再是教什么学什么，而是需要什么教什么。幼儿成为教育的主导，符合教育要满足幼儿需要、为幼儿发展服务的科学理念。

（唐菲骏）

第九章
互联互动的学与教

“五动教育”中，我们尤其强调提倡“领域联动”，打通学前教育“四大板块”“五大领域”内部各学科之间的壁垒，从不同的角度丰富幼儿对事物的经验认知，学会完整地、多角度地认识事物，从而完善他们的意义建构。同时，强调教育的整体协同作用，提升教育的效益。

故事 20　给坦克造路　　年龄段：中班

户外自主游戏时，小智、小涵、小莉、小星喜欢用大型乐高积木搭建坦克，并且随意地在场地中乱开。教师观察了这四名孩子连续三次的游戏内容，都没有出现任何新的游戏行为。在交流的过程中也只是停留在对材料的分配上，如“这个是我的，我需要这块积木”这类粗浅的交流上。今天，他们又快速地搭建完坦克，然后没有规划地开始驾驶着坦克四处穿梭。教师发现，他们在驾驶的过程中，经常会跑到其他孩子玩的地方，影响了其他孩子的游戏，甚至还撞了人。

基于孩子这样的游戏行为，教师试图在分享交流的时候，引导孩子有序驾驶，建立规则意识。发挥孩子的创造力，运用到游戏中去，丰富游戏的内容。

户外自主游戏结束后，按照往常一样，李老师组织孩子进行游戏后的分享交流。

老师：“宝贝们来说一说，今天游戏的时候你们遇到了什么问题？”

小洁马上站起来说：“老师，我们今天在玩娃娃家的时候，小智他们的坦克车老是开到我们中间打扰我们，还撞伤了我们的娃娃。”

李老师看了一眼小智，他默默低着头，表示默认。

文文也站起来说：“我也被他们撞了。我在旁边救火，他们就冲到我的火场里面，不听我说里面着火了还要开进去。”

就这样，大家纷纷指责他们四人，阳阳甚至说：“上一次他们也是这样，老是乱开！”

于是老师抛出问题：“那你们说一说，如何解决这个问题呢？”

小崔说:"可以用指示牌啊!"

雪雪说:"还可以用栏杆挡住,不要超过栏杆。"

老师补充:"哦,就像我们开碰碰车一样,围出一个场地,所有的坦克都在里面开,对吗?"

小古又说:"其他的小朋友们可以提醒他们,不要乱开。"

小洁说:"不让他们乱开,不要跑到娃娃家里来!"

"那他们去哪里开呢?"

"就在旁边没人的地方呀!"

老师又追问道:"你们想一想,平时你们看到的小汽车都是在哪里开的啊?"

这时候,开坦克的其中一人小星终于有了反应:"车子都是在路上开的啊,我们开的路刚好经过你们娃娃家,所以才会撞的。"

小洁又说:"哪里有路啊? 那里明明就是我们的娃娃家!"

李老师问四名幼儿:"你们给坦克造路了吗?"

孩子们说:"是的!"

"可是老师也没有看见哦,我想这条路肯定是在你们的心里对吗?"

孩子们没有说话。

教师顺势引导说:"其他小朋友给你们想了很多的方法。可以造路,还可以搭建围栏,我觉得都是不错的方法,这样坦克就有专门的地方可以行驶了。这样就不会相互打扰了!"

阳阳马上说:"对呀,你们可以用梯子造一条路,你们的坦克就在上面开,这样就不会开到外面去了。"

小崔说:"可我觉得不行,梯子是用来爬的。"

小智反问道:"为什么不行,我就看到辰辰他们用梯子走路的。"

文文说:"可是梯子上面有洞,坦克在上面开会坏掉的。"

小莉说:"对,而且会漏下去的。"

老师问:"那怎么办呢?"

小莉说:"我们可以用积木,放在两边,让坦克从中间开过去。"

老师解释:"我听明白了,你是想用积木做隔断,让坦克仍旧在地上开对吗?"

小莉点点头表示赞同。

教师出示画板,将示意图画在画板上,帮助幼儿理解。

"好了,其实我们有很多方法和材料可以来建造坦克的路,明天自主游戏的时候,请你们自己去想一想、找一找,自己试试建造好吗?"

解 读

在不断探索中帮助幼儿提升自己发现问题、解决问题的能力

案例中的四名幼儿,在户外自主游戏中搭建坦克并乱开,教师连续观察了三次游戏后,发现幼儿并没有新的游戏行为,并且在游戏的过程中始终停留在原来的水平上面,所以教师决定通过分享交流环节来讲评幼儿的游戏,通过教师与幼儿、幼儿与幼儿之间的交流互动,让孩子自己发现问题、解决问题。

这个案例中，教师运用的策略是讨论交流法。在分享交流的过程中幼儿与幼儿、教师与幼儿间是相互平等的。教师没有用灌输的方式去告诉孩子：你可以造一条路让坦克行驶，而是创造了一个比较宽松的环节，通过师生互动、生生互动等让孩子自己发现问题、解决问题，以此来达到教师组织活动的目的，如何能够让坦克有序、安全地行驶，不打扰别人。孩子们也想到了许多办法，例如：建造围栏、建造小路以及通过相互提醒等来改善这个问题(图 9－1，图 9－2)。

图 9－1　造围栏

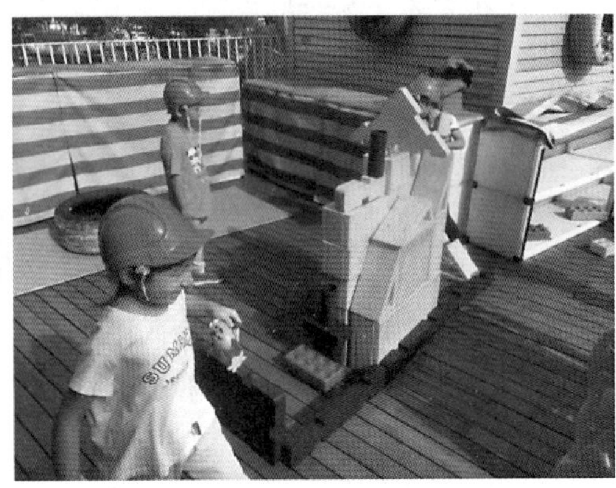

图 9－2　造路

教师在引出问题的时候，充分考虑了孩子的自主性，没有直接提出问题，而是通过一个开放性的问题“今天游戏的时候你们遇到了什么问题”自然地引发幼儿思考。幸运的是，第一个举手的孩子刚好讲到了老师想要分享的点，所以教师及时地抓住了孩子的分享，适时地切入到主题上，继而引发孩子之间的讨论和交流。针对如何避免碰撞和用什么材料建构孩子们都表达了自己的想法，既解决了问题，又拓宽了孩子们的思维，对孩子下一次的游戏有了很大的提升。

从学前儿童心理学来看，幼儿或者同伴自己提出问题、讨论解决方法是一个内化了的过程，要比教师直接告诉孩子如何做更容易让孩子接受，所以在这样一个多项互动的环境下来丰富孩子的经验，既培养孩子发现及解决问题的能力，同时又提升了幼儿的游戏水平。

虽然教师在讨论的过程中，注意到了尽量不表明立场，但是关键问题“你们想一想，平时你们看到的小汽车都是在哪里开的”的抛出，给了小星一个启示，一定程度上开拓了孩子的思路，所以孩子能马上联想到造路。但反过来想，也有可能是教师这个问题，某方面局限了孩子解决问题的更多方式，就像一开始有孩子提出可以建造围栏，由于教师的这个问题，孩子们都开始围绕“造路”发表意见了。这也体现了师生互动中教师的角色要求，教师切忌将自己的想法过早表露出来，而要让孩子更多地去探讨、交流，这样更有利于孩子思维的发展。

基于幼儿对于玩坦克的兴趣，教师可以投放更多低结构的材料，例如：牛奶罐、纸盒纸箱等，通过投放这些材料来支持幼儿的游戏，动态地根据幼儿的发展需求及时调整环境。

（李丹瑶）

故事21　认识风婆婆　　年龄段：大班

随着天气逐渐变冷，孩子们每次到二楼进行户外锻炼的时候，总会被一阵北风吹得瑟瑟发抖，有些孩子会因此哭闹着不愿意到户外活动，有些孩子还想出"风来了，我们躲起来"的游戏。为了改变孩子们对风的抵触情绪，让孩子们发现风除了会带给我们一些不愉悦外，也有很多有趣的地方，于是，我决定让孩子开展与"风"相关的活动(图9-3)。

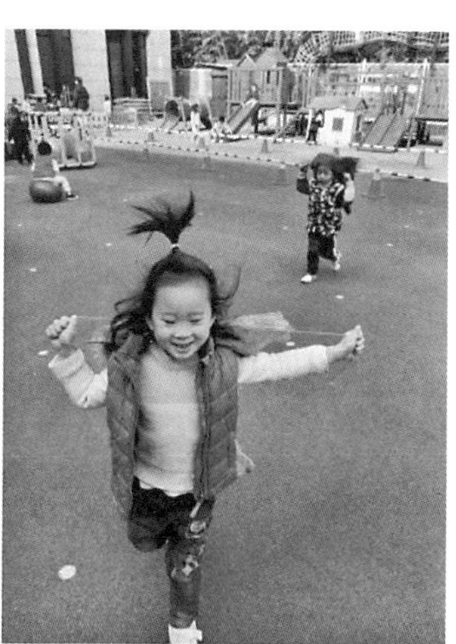

图9-3　认识风婆婆

第一阶段：风婆婆在哪里

趁外面风很大的时候，我带着孩子们去亲密接触风婆婆。我请孩子们找找风婆婆会在哪些地方藏着。孩子们最喜欢玩捉迷藏的游戏了，听到找躲起来的风婆婆，立马在各个地方寻找起来，大型玩具上找一找，围墙的角落里找一找，房子的旁边找一找，甚至大树妈妈后面也找一找。

讨论的时候，子希是第一个要求发言的："我发现风婆婆好厉害，她在大型玩具上面躲着，可是等我到下面的时候，她又跑下来了，她肯定是会飞的。"石头说："风婆婆在房子的角落里躲着呢，我刚刚在那里找到了。"涵涵说："不对，风婆婆是在大树妈妈后面躲着的，我找到了。"哲楠说："风婆婆一定会跑步的，不然她怎么跑这么快呀。"歆然说："风婆婆还会转圈呢，因为我围着大树妈妈转圈的时候我都找到风婆婆了。"孩子们的讨论引起了大家强烈的好奇心，风婆婆到底长得什么样呢？他们对风婆婆越来越好奇了。

解　读

初步培养幼儿的探究兴趣

《指南》中指出，幼儿科学学习的核心是激发探究兴趣，体验探究过程，发展初步的探究和解决问题的能力。孩子们在户外寻找风婆婆，通过在各个角落里寻找风婆婆的印迹，让他们对风婆婆产生了浓厚的探究兴趣。他们寻找风婆婆起初是因为好玩,但当孩子们在小组里交流自己寻找到的结果时,他们忽然发现风婆婆原来有许多不同的特性,也因此激发了他们想要进一步去研究风婆婆的兴趣,想要看看风婆婆到底长啥样。但风是无形的,有形的是被风吹得东倒西歪的物体,如何从无形变为有形,是需要做进一步探索的。

活动后,我针对孩子们提出的风到底长啥样,特地寻找了很多有关风中景物的名画和照片,如:名画《狂风中的橡树》、照片《风与景》等等,孩子们在欣赏有形的景物中想象无形的风会是怎样的。

第二阶段:风婆婆长啥样

我把找到的各种有关风的名画和照片打印出来张贴在孩子们随时都能看见的地方,经过几天的观察后,我组织孩子们来了一场有关于风婆婆长啥样的讨论活动。

可欣说:“风婆婆是扭来扭去的,因为画里面的树枝就是被吹得扭来扭去的。”楚婕说:“风婆婆是圆形的,因为那个画里的龙卷风就是圆形的。”嘉乐说:“风婆婆是弯弯曲曲的,因为画里的烟就是弯弯曲曲的,那是风婆婆吹的。”这时芷涵不同意了,因为她看到的另一幅画里的烟是直直的,所以她说烟是直直的。雯雯说:“风婆婆一定是会往上往下跑的,因为照片里的大树和下面的小草都在动。风婆婆一定是在上面摇一摇大树,再到下面摇一摇小草。”孩子们的想象力越来越丰富了,难度也有了很大的提高。有的孩子甚至还用肢体动作来表示自己想象中风婆婆跳舞的样子。

 **解 读**

用音乐的形式来感受风

从无形到有形的想象对小班孩子来说是非常困难的一件事,但他们在对风进行想象时,借用了景物这个载体,如:因为风婆婆是扭来扭去的,所以树枝才扭来扭去。这种方式让孩子的想象变得简单许多,也给了其他孩子一个借鉴的经验。在后面的想象中,孩子们开始将自己想象的东西聚象化,有了肢体上的表现,孩子们甚至还开始想象风婆婆的舞蹈。

《指南》指出:“幼儿艺术领域的学习关键在于充分创造条件和机会,在大自然和社会文化生活中萌发幼儿对美的感受和体验,丰富其想象力和创造力,引导幼儿学会用心灵去感受和发现美,用自己的方式去表现和创造美。”

在孩子出现肢体动作的展现后,教师可以给孩子们加入一些音乐元素,鼓励孩子在音乐的变化中做进一步的想象。

通过对我班幼儿的观察,发现他们对于节奏鲜明的乐曲不但感兴趣,还能在较熟悉的情况下理解其中的音乐情绪。因此我选择了钢琴曲《蓝色狂想曲》,它是一首节奏鲜明的音乐,能够充分激发幼儿的想象空间。

第三阶段:风婆婆跳舞

音乐在孩子一日活动的各个环节都有体现,因此我将这首歌曲渗透到了孩子们平时的活动中，让孩子们充分地去感受音乐，体验音乐中的风婆婆在跳怎样的舞蹈。通过一段时间的感知后，我和孩子们来了一场风婆婆的舞蹈晚会。当音乐响起的时候，瑾瑜第一个跳起来了，她随着舒缓的音乐节奏往上往下地舞动着；惟宵紧随而上，他在慢悠悠地走着；景茹在慢慢地转着圈。这时音乐突然改变了，变得快速而沉重，梓龙挥起了他的胳膊，不停地在用胳膊转圈，他说这是龙卷风舞蹈；惟宵开始跑步了，而且随着节奏的加快，他也越跑越快，他说这是台风的舞蹈；美琪开始用力往上跳，她说大风的舞蹈就是跳来跳去的；歆然跳的是扭来扭去的舞蹈，因为她最喜欢扭来扭去的舞蹈，可她也会随着音乐节奏的变化而变化快慢和幅度。孩子们的舞蹈变化越来越多。

 解 读

用不同的形式来表现风的变化

孩子已经有了从无形到肢体的想象，教师开始考虑如何帮助他们在原有基础上提高。分析孩子们在舞蹈中的肢体动作，可以看出孩子们的动作里有许多线条。圆圈舞蹈(圆形)、扭来扭去的舞蹈(曲线)、跳上跳下的舞蹈(往上往下的直线)、走过来走过去的舞蹈(直线)。

在艺术领域，音乐和美术其实是相通的，为了帮助幼儿能够更好地在音乐中感受风的变化，激发幼儿根据音乐的变化大胆地用线条来变现不一样的风，也进一步促进幼儿从无意识的涂鸦到有意识的表现，我设计了美术活动"给风婆婆画像"，将音乐和绘画结合起来。材料的提供上我增加了黑色背景(画有各种景物)、音乐(蓝色狂想曲)、白色炫彩棒、图片。活动目标调整为：能根据音乐的变化大胆地用各种线条来表现不一样的风；感受听音乐玩画画的乐趣。

第四阶段：给风婆婆画像

本次活动是一次将音乐和绘画大胆相结合的活动，"风婆婆来了"的游戏情境贯穿整个活动，真正实现了让幼儿"玩画画"。在第一环节中，首先赋予幼儿"风婆婆"的角色，以游戏的形式导入，激发幼儿参与活动的兴趣。在倾听和交流刮风的动作时，唤醒幼儿已有的经验，并以简单易操作的工具来帮助幼儿快速地完成和表达自己的想法。第二环节让幼儿听着音乐玩"风婆婆"的游戏，在听听玩玩画画中激发幼儿的创作激情，丰富情感体验，帮助幼儿有意识地进行创作。第三环节是情感和想象的延续，让幼儿对风吹到哪里去有一个期待和想象，进一步感受风的有趣。

活动中孩子们的参与程度非常高。在第一个环节中感受音乐并用肢体动作来表现时，因为孩子们有了前期的经验，所以能够随着音乐的变化跳出不同的动作。但在第二个环节中问题就来了，孩子们虽然想出了各种动作，也能大胆尝试用线条来表现，但因为所有的线条全部都画在一张纸上，又是同一种色彩的，因此前面的线条就会被后面的线条覆盖，很多线条叠加在一起，看不出到底是在跳什么舞，更多的是一个个大的圆圈。因此在第二次的线条绘画中，重音节奏出现时孩子们大致画出的都是圆圈线

条和上下线条的居多。从孩子情绪角度观察，孩子们在这个活动中一直表现得非常快乐，愿意主动地表达表现，在最后一个环节中，他们提出每个人都要讲讲风婆婆刮到哪里去。因此最后一个环节我让所有的幼儿都去跟客人老师们介绍一下自己的风婆婆刮到哪里去了。

解读

在情境中更深入地表现对风的认识

第二环节的第一次游戏，因为教师忽视了线条被覆盖这样一个问题，导致第二次原本可以进一步提升的环节反而没有第一次的有拓展性，很多孩子对重音节奏的表现反而被局限了。但音乐结合绘画这样一种方式是孩子们非常喜欢的，他们的情绪始终处在愉悦中。而情境的创设促使他们能够大胆地表达表现，并能积极主动地向不认识的人表达自己的想法。

第二环节中针对线条覆盖问题，教师可以另外拿一张白纸对幼儿的各类线条进行梳理，帮助其他幼儿提升，第二次绘画是给他们再次尝试的机会。第三环节欣赏的不仅仅是线条，还有色彩饱和度等其他元素的思考。因此前期的背景应该选用淡色系或者白色，可以事先将各类事物画上去，用同一色系不同深浅的颜色来表示风。

在开展主题活动的过程中，主题下的每一个教学活动都不是单一存在的，教学活动与教学活动之间都是相互关联和渗透的。因为每个教学活动中孩子经验的获得不可能割裂开来，只有一系列教学活动的串联才能水到渠成。如教学活动“给风婆婆画像”，看似只是一节单纯的美术活动，孩子根据音乐的变化大胆地用线条来表示风的不一样，可其中却涉及了孩子前期对风的感触，对音乐的感知，对名画中“风”的欣赏，对不同风的了解。涉及的领域包括了科学和艺术，因此一个教学活动的开展往往包含了多个系列活动，也就是一个主题活动的多领域联动。

在这种形式下开展的主题活动，孩子们知识经验的获得更全面也更深入，从一个点激发出多个点之间的联系，从一个领域的思维发散到多个领域的思维。这样的学习活动更能促进孩子主动思考，有效激发孩子的想象力和创造力。

（洪　雅）

故事22　多角度认知房子　　年龄段：中班

在中班第一学期第一个主题活动“我爱我家”的进程中，教师发现孩子在个别化学习中对房子的表现都是三角形的屋顶和正方形（长方形）的墙壁。在与孩子的交流讨论中教师发现，孩子对于生活中常见的房子的外形是有认知的，只是在家庭教育中成人给孩子灌输了某种思维方式，使得孩子的表达被固化了。教师计划开展多种形式的活动，整合孩子的已有经验,把孩子脑海中具象的房子转化为较为抽象而简单的图形组合,再让孩子用不同的方式表达出来。

各个教学事件以及事件的处理如表 9-1、表 9-2 所示:

表 9-1 多姿多彩的房子教育事件

实施顺序	活动领域	教学事件	教学目标	事件的处理
1	科学	各种各样的房子(集体教学活动)	引导幼儿通过观察发现生活中常见房子外形的基本特征	通过家园合作,请家长搜集幼儿生活中常见的房子的图片。让幼儿通过观察以及比较这些图片,发现房子的不同特征。在交流讨论的过程中,引导幼儿发现这些明显特征可以用某种图形来进行表征
2	艺术 科学	拼房子(个别化学习)	引导孩子用基本图形组合成各种不同外形的房子	在感知房子的基本形状之后,请孩子们使用不同的图形来进行拼接,让孩子把具象的房子转变成较为抽象的图形组合
3	艺术	我家的房子(集体教学活动)	通过户外写生活动,引导孩子观察,把房子的基本图形画出来	在充分感知房子的外形特征之后,引导孩子观察房子的细节,并尝试用画笔表现出来。由于大多数幼儿都是居住在周围的高层住宅里,所以可以通过户外写生活动,引导幼儿观察发现高楼的基本形状,把之前的拼图经验迁移至绘画活动之中
4	科学 社会	多姿多彩的房子(集体教学活动)	引导幼儿尝试使用不同的建构材料,建构不同的房子	让幼儿选择不同的材料,建构自己生活中见过的房子。通过幼儿的介绍,给幼儿之间的相互学习提供机会,鼓励幼儿通过向同伴学习,积累建构的经验
5	科学 社会	我的小区(个别化学习)	引导幼儿尝试通过小组合作,使用不同的材料建构不同的房子,进一步感受建构方式的多样性	在之前活动的基础上,进一步提升孩子的经验,拓展孩子的思维。在活动中,通过幼儿的作品介绍以及最后的投票评选"最美小区",帮助孩子拓展关于建构房子的经验,进一步感受房子的多样性以及建构方法的多样性

通过这一系列的活动,幼儿对房子的表现表达就变得多姿多彩了。下表是孩子们在自主游戏中建构的各种各样的房子:

表 9-2　用多种材料表现房子

图　　例	说　　明
	孩子用纸砖建构的房子
	孩子用积木建构的酒店
	孩子用清水积木和七巧板积木建构的小区，小区里的人正在举行生日派对
	孩子用班级里的长桌和正方形桌子建构的有房间的房子

续 表

图　　例	说　　明
	孩子用快递纸盒制作的小房子

解读

(1) 各个不同领域活动的教学目标是根据主题目标而逐层分解产生的,具有层次性、递进性的特点。

在运用"领域联动"策略的时候,教师首先要分析设计这些活动的最终目的是什么,要解决什么问题,也就是说,教师的主题目标是什么。在确定了主题目标之后,再将主题目标分解成一个个小目标。教师要分析这一个个小目标之间的关系,可以是平行关系,也可以是递进的关系。换而言之,每个领域的活动都有其特有的教学目标,这些教学目标是为了实现教师最终的主题目标服务的。

在本案例当中,教师要实现的主题目标是打破孩子被成人灌输的固定思维,能用不同的方式表现房子的多样性。为了实现这个目标,教师分析了孩子的已有经验是什么,孩子缺失的经验是什么。孩子的已有经验是对生活中各种房子的认知,缺失的经验是如何把具象的房子用抽象的图形组合表现出来。为了实现主题目标,教师将主题目标逐层分解,考虑到孩子经验积累的过程性,按照先易后难的顺序设计了一个个小的教学活动。

(2) 注重不同学科之间的经验迁移。

在教学中使用"领域联动"策略的最大优势在于:为幼儿提供不同学科领域的学习环境,使幼儿能够从不同的侧面认识和理解同一事物,从而立体地建构自己的知识结构;另一方面,它又可以帮助幼儿把在某一领域学习获得的知识经验适当迁移、运用到另一领域,进而促进知识及能力结构的多元发展。

在本案例中,教师首先让孩子回忆已有经验,通过观察现实生活中幼儿常见的房子,从而发现房子的外形都可以转化为简单的基本图形。接着,教师通过用图形拼房子,用画笔画房子,让孩子理解房子可以被分解成不同的图形,不同的图形可以组合成房子。让孩子从使用现有的图形去拼房子,到使用画笔画图形,组合成房子。孩子在绘画的过程中，使用到的就是拼房子的经验。此外，用建构积木搭建小区用到的是之前搭建房子的经验以及观察生活中的房子的经验。

（朱骁锷）

故事 23　初见地球仪　　年龄段：中班

“多向互动”的对象包括：师生互动、生生互动、幼儿与材料的互动、幼儿与环境的互动等，通过“多向互动”进行交流、质疑、争辩和补充，以幼儿为主体，激发孩子的学习兴趣，让学习更有效。

中班的幼儿喜欢探究，对周围发生的新事物都有强烈的探究欲望，也喜欢把自己的发现和同伴交流。在我们幼儿园中就有着这样一间给孩子探索、发现的活动室——科探室。每次得知要去科探室，幼儿都会非常愉悦。

以往去科探室，教师都会提醒孩子自己去找材料坐下来玩，但是发现孩子在自己探索过程中，有意注意时间比较短，时间一长就会失去兴趣。他们比较喜欢和同伴一起探索，并说一说自己的发现。科探室比较热门的是修理小汽车和认识小动物，放在旁边架子上的地球仪、三球仪则无人问津。

孩子们来到了科探室进行活动，有的选择了认一认小动物，有的去修理小汽车，有的去玩磁铁。而帆帆和翔翔两人在材料架前看啊看，最后帆帆看到了架子上的地球仪，他拿了下来，坐到了一边的桌子上。翔翔看到帆帆拿了地球仪，就把另一个三球仪也拿了下来，坐在帆帆边上。一开始两人只是自己摆弄自己面前的仪器，没有交流。我观察了两人一小会儿，于是我搬了一把小椅子坐在帆帆边上。看着他转动手中的地球仪，我问：“你看得懂地球仪吗？”帆帆转了转手中的地球仪，在中国的位置停了下来，说：“看得懂啊，我家里就有。你看，这里是中华人民共和国。”说着他指了指中国所在的红色区域，这时翔翔也把脑袋探了过来，看了看地球仪上帆帆指的位置。我说：“你真聪明。”帆帆脸上露出了笑容，随即又指了指上面的俄罗斯区域，说：“这是俄罗斯。这是地球上最大的国家了。”翔翔说：“那德国在哪儿呢？”帆帆又指了指边上一个小区域，我看了看地球仪，发现他指的是对的。“那这个是什么呢？”翔翔似乎来了兴趣，一个接着一个问帆帆，帆帆把自己知道的告诉了翔翔，但是当帆帆不知道时，他就来询问坐在边上的我。两个孩子的讨论也吸引了旁边玩天平的孩子的注意，纷纷来到桌子边。辰辰指着地球仪上有箭头标志的河流流向线问：“这是什么？”翔翔说：“这是风吧？”帆帆说：“不对，这是河流的线。”帆帆问我：“我说得对吗？”我看了看地球仪，说：“是的，地球仪上有许多线，分别都有不同的意思呢。”帆帆说：“对啊，像这个是赤道……”孩子你一言我一语，讨论得不亦乐乎……活动结束了，我发现还是有孩子在转动地球仪，我说：“你们是不是很想再继续了解呢？”孩子点点头，我说：“那就请帆帆把家里的地球仪拿来学校给大家再介绍吧。”帆帆说：“好的。”

解读

在与材料的互动中建构新经验

我班绝大部分孩子对于地球仪都比较陌生，在家里也没有接触过，所以每次来科探室很少有孩子去看一看，即使看也是转一转就放好了，而通过今天的师幼互动、生生互动、幼儿与材料的互动等多向互动中，孩子们渐渐对地球仪产生了兴趣，有想要进一步了解的欲望，这是我没有想到的。在活动中，我充分给孩子提供了倾听和交流的机会，鼓励孩子们之间相互交流和质疑，我只是以一个旁观者、参与者的身份加入其中。

在日常的教育教学中，更多是以教师预设的内容为主，教师在互动中比较高控，这样孩子反而感到比较约束，失去自发的兴趣。而这次的观察给了我一些启发，我觉得教师应该多观察孩子自发产生的内容，以幼儿为主体，教师需要在幼儿兴趣和需要的基础上，进一步梳理、总结及延伸，让孩子从被动地学变为主动地学，激发孩子的学习兴趣与欲望，提高孩子学习的能力。

在今天的谈话活动中，有师生互动、生生互动、幼儿与材料的互动，在看似没有组织性的对话中，孩子们获得的信息其实是非常丰富的：地球仪上各个国家的位置、不同标记的意思、初步的空间概念等等。这样一种自由轻松的互动方式，充分激发了孩子想去初步了解地球的欲望。所以良好的互动在日常的教育教学过程中也是非常重要的。

结合孩子的兴趣点，教师可以请孩子带一个地球仪在班中一起看看说说，并且教师可以结合点读笔帮助孩子更好地了解，或者请孩子录下自己的发现，促进幼儿之间的互动交流。

（陈逸芸）

故事24　熟悉的青团　年龄段：大班

最近班级里新增了一套图书《这就是二十四节气》，自主阅读的时候总有三三两两的孩子进去翻阅。清明节来临之际，几个小伙伴对着书指指点点，识字的念字，不识字的看图说话，嘴里说着"清明、青团"等字眼。陆陆续续地，孩子加入了，可见他们对这一页产生了兴趣。

第一阶段：青团比一比

这两天孩子们的青团话题吸引了我。

恒恒说："清明节当然要吃青团啊，昨天我奶奶就给我买了。"

伊伊说："我家里的青团都是自己做的，我奶奶做的最好吃了。"

诺诺小声地说："我妈妈也做过，不过做青团太难了，家里做的和外面的不一样，还没有外面买的好吃。"

恒恒说："哪里不一样啊？"

诺诺说："颜色不好看，一点儿也不绿。"

伊伊很惊讶：“啊？不会吧，我奶奶做得很绿的，就跟买来的一样。”

恒恒问伊伊：“那你会做吗？”

伊伊说：“我不会呀，张老师会做的。”

于是孩子们朝我走来……

解读

个体经验的迁移

一群大班的孩子在自发地讨论着熟悉的青团，看得出他们对青团有着一定的经验，这些经验来自绘本《这就是二十四节气》，来自他们的生活，来自我和他们一起开展过的活动。他们发现了青团是清明节的美食，发现了青团是可以自己做的，也可以是外面买来吃的，还发现了青团的颜色是不一样的。

这些个体的已有经验在孩子们的讨论中被梳理成集体的新经验。

话题在聊聊、比比中激发了孩子们想要去做的热情，显然，“说”满足不了他们了。孩子们更希望来一场做青团的活动，不但能了解青团的做法，也许还能够解决他们对口味、颜色的疑惑。

第二阶段：青团做法大调查

孩子们和我聊着做青团。

姗姗嘟囔说：“千万不能像上次一样了，上次的青团又大、颜色又淡。”

我问孩子们：“你们知道为什么上次我们做的青团颜色淡淡的一点儿也不好看吗？”

顿时孩子们炸开了锅，想法各异。

轩轩说：“在锅里闷得久了颜色就深，水煮时间短颜色就浅。”

可可说：“榨汁机不一样，青团的颜色就会不一样。”

奕涵说：“外面卖的青团是机器做的，机器做的颜色深，手工做的颜色浅。”

游游说：“青菜本身就有两种颜色，青团就会有两种颜色。”

东东说：“有的青菜是深绿色的，有的青菜是淡绿色的，所以做出来的青团颜色不一样。”

楠楠说：“从外面买的都是有添加剂的。”

最后恒恒提议：“要不我们回去问问，或者电脑上查一查，到底青团怎么做才能像买的一样吧。”

于是孩子们回应了恒恒的要求，决定回家自己制作一张简单的调查表。

第二天，大家拿着一张张五颜六色的调查表到我面前(图 9-4)。

解读

发现孩子的兴趣，用支持的手段鼓励推进活动

从现场的讨论中能够看出孩子们有着不同的观点，这些观点正反映着孩子们实际生活的经验。他们结合经验在想象、猜测的过程中进行推理、判断、整理等思维变化。最后转化为语言，积极兴奋地与同伴交流。从这些表现中能够看出孩子有一定的科学

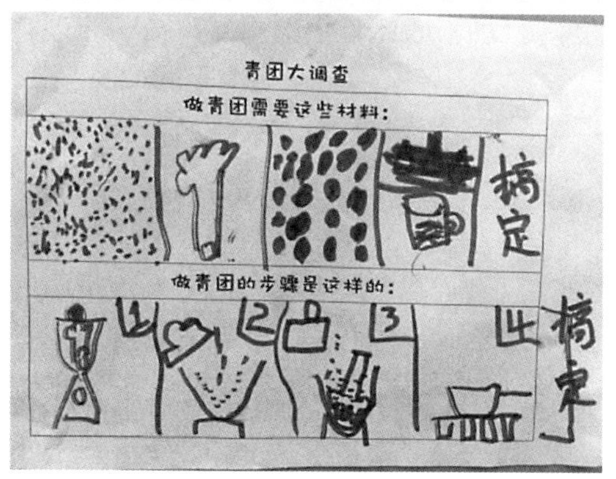

图 9-4　孩子们的调查结果

探究能力,教师需要做的就是真诚接纳、多方面支持和鼓励孩子的探索行为。

从恒恒提议利用“调查”的方式,了解更多制作青团的资料中,能够看出恒恒有着多种调查的经验。在《指南》的指引下,我鼓励孩子们自己制定一份简单的调查表,并尝试用数字、图画、图表等符号记录。这种动手动脑解决问题的方式正好满足孩子的探究欲望,支持孩子大胆猜测问题的答案,并设法验证。

从一张张的调查表中能看出孩子在调查之后的表征能力和逻辑能力。为了满足孩子对做青团的欲望,教师应该做的就是进一步地支持孩子。

第三阶段:做青团

根据调查表孩子们做了一系列准备。

轩轩说要做深绿色的青团,于是他拿来了深颜色的艾草。

恒恒说要淡绿色的青团,她拿来了淡绿的大白菜。

看来大家在挑选食材的时候真的有对比并选择。面粉、水、榨汁机、石制研磨器、蒸笼到位,我们开始洗菜、切菜,捣菜、榨汁。过程中孩子们笑声不断,手也没停下。

榨好汁了,轩轩说:“好深的绿色呀。”

恒恒一组把大白菜榨出的汁拿到轩轩面前说:“你看我的好像真的浅一点。”

玥玥说:“把汁倒到面粉里,我们揉面吧。”六人一组开始揉面了。

轩轩说:“我们的菜汁里不能再加水了,不然颜色就淡了。”他们的面粉团真的颜色比较深。

最后就是蒸青团了。轩轩说:“水不能多,蒸的时间要刚好。”我们严格遵守,最后青团出炉了……嗯!还不错!这一组的青团是很深的绿色。

解 读

让孩子成为活动的主人

吃青团是一件清明节的传统习俗,在和孩子们的讨论中我们发现孩子对做青团的兴致很高,也有一定的生活经验,但对孩子来说具有挑战。将做青团这件有价值的事情，作为一个课程来试试或许更有利于孩子的经验发展，因此我们选择支持孩子开展这一活动。

在活动一步步推进的过程中，进一步解决孩子当前的疑惑，追踪孩子的兴趣。在讨论、猜测、调查、制作的过程中，孩子的多种能力都得到发展。孩子们积极讨论，大胆想象和联想，发现生活中有很多的可能。

就像恒恒说的一样，在老师告诉大家答案之前，尝试运用调查的方法去发现事物的根本原因，会更有意义！在分享调查表的过程中，孩子们有理有据、思维越来越活跃，甚至同伴间也有小火花产生，这在帮助孩子丰富经验的同时，挑战了孩子的辩证思维能力。

《指南》里强调：“幼儿的学习是幼儿主动探索周围的社会环境、自然环境和物质世界的过程。”我想教师需要做的就是支持孩子的想法，支持孩子想做的，一起去探索这个世界。

（张嘉靖）

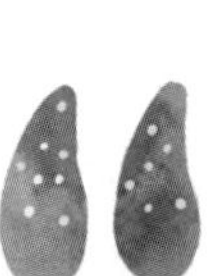
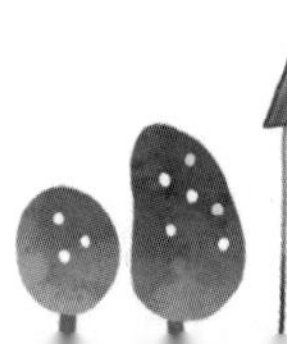

后　记

如何实践国际上先进的教育理念，让其在中国的土地上生根发芽，开花结果，一直是教育管理部门的一种追求。我们当初提出“五动教育”的研究课题，主要的目的就是想寻求让幼儿教育活泼起来的方法。一开始我们提出的五个“动”是“动脑”“动手”“动口”“动情”和“动心”，申报后被立项为区级重点课题。可做了半年多后，老师们反映做不下去了，因为这五个“动”是所有幼儿园的所有活动都讲的，没有自己的特点，而且从做法上也就是那些常规的手段，觉得没什么可以提炼总结的，难以形成个性化的成果。

正当我们困惑、迷惘的时候，区教育学院科研室为我们请来了专家——原宝山区科研室主任周龙兴老师。我们把研究中遇到的难题呈现给周老师。周老师认真听取了课题组的反映后，建议更换“五动”的内容，换成了如今的“兴趣引动”“任务驱动”“多元互动”“教学灵动”和“领域联动”，后来又结合瑞吉欧教育思想，确立了“瑞吉欧教育理念的本土化：幼儿园‘五动教育’实践”的课题，成功立项为上海市教育科研一般课题。此后，在专家的指导下，全体教师从瑞吉欧教育理念、陶行知与陈鹤琴教育思想的学习，到教学方式的变革，具体实践活动的改进，一步一个脚印，艰苦跋涉，努力前行，终于看到了今天的成果。

三年多来，我们的探索经历过初试牛刀的热情涌动，也经历过不知何往的困惑迷惘，后经专家点拨，体验了“山重水复疑无路，柳暗花明又一村”的惊喜，又经历“众里寻他千百度。蓦然回首，那人却在灯火阑珊处”的顿悟，真正体验到了教育研究的百般滋味，感受到了教育改革追求的艰辛与快乐。

实践篇中的学习故事，只是我们探索瑞杰欧教育理念本土化实践中发生的许多故事中的一小部分，它是我们“五动教育”行进中留下的一个个脚印，是我们真实的记录，它们朴实无华，但给了我们不少思考与启迪。相信各位同行阅读了这些故事以后，会有和我们同样的感悟。我们期待在以后的实践中会有更多更精彩故事！

在此，我们要由衷地感谢各级领导的关心和支持，感谢区教育学院科研室老师的扶植，专家的跟踪指导，更要感谢全体老师的积极参与和辛勤付出，正是你们的支持和参与，才有今日的成果。

作为一项课题的研究，我们已经告一段落，但作为对教育改进优化的追求，我们正行进在新的路上。

图书在版编目(CIP)数据

幼儿园"五动教育":瑞吉欧理念的本土化实践/潘晓敏主编. —上海: 复旦大学出版社,
2021.1 (2024.4 重印)
ISBN 978-7-309-15299-9

Ⅰ.①幼… Ⅱ.①潘… Ⅲ.①学前教育-教育研究 Ⅳ.①G61

中国版本图书馆 CIP 数据核字(2020)第 154418 号

幼儿园"五动教育":瑞吉欧理念的本土化实践
潘晓敏 主编
责任编辑/夏梦雪

复旦大学出版社有限公司出版发行
上海市国权路 579 号 邮编: 200433
网址: fupnet@fudanpress.com http://www.fudanpress.com
门市零售: 86-21-65102580 团体订购: 86-21-65104505
出版部电话: 86-21-65642845
上海新艺印刷有限公司

开本 787 毫米×1092 毫米 1/16 印张 11.5 字数 259 千字
2021 年 1 月第 1 版
2024 年 4 月第 1 版第 4 次印刷

ISBN 978-7-309-15299-9/G · 2152
定价: 45.00 元
